Côte d'Azur

Britta Sandberg

Reise-Taschenbuch

Inhalt

Reiseinfos, Adressen, Websites

Panorama – Daten, Essays, Hintergründe

Unterwegs an der Côte d'Azur

Inhalt

Auf Entdeckungstour

Karten und Pläne

▶ Dieses Symbol im Buch verweist auf die
 Extra-Reisekarte Côte d'Azur

Schnellüberblick

Die westliche Côte und Marseille
Die Inselparadiese Porquerolles und Port Cros, Steilklippen und Buchten der Calanques, kleine Hafenstädte und die Mittelmeermetropole Marseille. S. 246

Rund um Fréjus und St-Tropez
Römische Ruinen in Fréjus, die Wälder des Massif de Maures, das Jet-Set-Mekka St-Tropez mit den schönsten Sandstränden der gesamten Küste. S. 210

Von Nizza nach Cannes
Auf den Spuren von Picasso in Antibes, luxuriöse Villen am Cap d'Antibes, Flanieren unter Palmen auf der Croisette, Inselidylle auf den Iles de Lérins vor Cannes. S. 156

Im Hinterland von Cannes
Haarnadelkurven und Berg-
dörfer, Gourmetrestaurants
in Mougins, die Welt des
Parfums in Grasse, Wan-
dern in St-Jeannet und
Kunstbetrachtungen in St-
Paul-de-Vence. S. 188

Nizza
Bummel durch die ocker-
farbene Altstadt, Panora-
mablick vom Schlossberg,
Entspannen an der Prome-
nade des Anglais, Kunster-
lebnisse in hervorragenden
Museen. S. 92

**Die östliche Riviera und
Monaco**
Villefranche und das exklusive Cap Ferrat, Steuerparadies Monaco, Fahrt über
die Corniches, italienisches
Flair und exotische Gärten
in Menton. S. 120

Die Autorin

Mit Britta Sandberg unterwegs
Britta Sandberg hat jahrelang in Frankreich
gelebt. Sie studierte Politische Wissenschaf-
ten am Pariser Institut des Etudes Politiques
und arbeitete bei Radio France Internationale. Seit den späten 1980er-Jahren fährt
sie jedes Jahr an die Côte d'Azur, immer in
denselben kleinen Ort im Hinterland von
St-Tropez, nach Ramatuelle – für sie eines
der schönsten Dörfer der Côte d'Azur an
einem der unverbautesten Abschnitte der
ganzen Küste. Nach Jahren in Paris wohnt
Britta Sandberg nun in Hamburg.

Mythos Côte d'Azur

Allein der Name ist genial: Côte d'Azur,
azurblaue Küste – ein Werbeslogan
aus einer Zeit, in der es noch keine Slo-
gans gab. 1887 fiel er dem Schriftsteller Stephen Liégeard für die bis dahin
namenlose Landschaft am Meer ein.
Seither verheißt die Côte d'Azur tiefblaues Meer, pinienbestandene Hügel
– und Reichtum.

»Die französische Riviera, das ist die
Legende von Luxus, Glanz, rollender
Kugel, Hermelinpelz und Champa-
gnerseligkeit«, schrieben Klaus und
Erika Mann in ihren Reiseaufzeichnun-
gen von 1932 – ein Mythos, der sich bis
heute gehalten hat.

Exklusivität wird
groß geschrieben
Die Blaue Küste ist eines der teuersten
Urlaubsgebiete der Welt und eines der
wenigen, das sich mit seiner Exklusivität auch noch brüstet. »Wir sind ganz
bewusst und gerne elitär«, heißt es
dazu im Office de Tourisme von St-Tropez. Dort machte man sich vor Jahren

ernsthaft Sorgen, die sommerliche In-
vasion der 100 000 Tagestouristen
würde den 6 000-Einwohner-Ort in den
Untergang führen und die High So-
ciety langfristig vertreiben.

Dieses Schicksal blieb den Tropezia-
nern erspart: Auf der Halbinsel von St-
Tropez haben noch immer die beiden
reichsten Männer Frankreichs – François Pinault und Bernard Arnault – ihren Zweitwohnsitz. Die Preise stiegen
in den vergangenen Jahren trotz der
sogenannten *touristes-frites* auf Cap-
Ferrat-Niveau. Ein Ende des Immobi-
lienbooms ist nicht absehbar. Nach wie
vor werden Rekordpreise für Immobilien gezahlt, zuletzt 500 Mio. € für eine
Villa mit 19 Schlafzimmern am Cap Ferrat. Der Käufer war ein Russe.

Allem zum Trotz – ein kleines
Stückchen Paradies
Ausgelöst wurde dieser Boom einst
von betuchten Briten: Sie machten die
Côte im ausgehenden 19. Jh. zu ihrem
bevorzugten Alterssitz. In den 1950er-

Jahren entwickelte sich die Küste zum Mekka des internationalen Dolce Vita. Curd Jürgens, Gunther Sachs und Françoise Sagan, texanische Öl-Multis und arabische Scheichs kauften sich hier plötzlich Häuser und Villen. Die Fotos in den Boulevardblättern weckten aber auch Träume beim Normalverdiener, und so wurde in den darauf folgenden Jahrzehnten jeder Winkel der Küste systematisch für den Massentourismus erschlossen.

Die Côte verkam »zum populären, aber teuren Spielplatz der Mittelklasse«, wie der englische Autor Harold Robbins angeekelt feststellte. Vom ›gemeinen Pöbel‹ in die Flucht geschlagen, zog sich der Geldadel nach und nach ins Grüne zurück – in Villen auf den sanften Hügeln um Mougins und in Luxusresidenzen hinter hohen Hecken am Cap Ferrat, am Cap d'Antibes, im Hinterland von Cannes und auf der Halbinsel von St-Tropez.

Unzählige Male wurde der südfranzösischen Küste der endgültige Untergang prophezeit. Und nie ist er eingetreten. So verdorben, verbaut und überteuert die Côte d'Azur auch sein

mag – es ist noch immer großartig, in den Bambushütten an den Plages de Pampelonne bei St-Tropez schon im Mai gegrillte Sardinen zu essen, vom Esterelmassiv über rote Felsen auf das tiefblaue Meer zu blicken oder auf dem Blumenmarkt von Nizza einzukaufen.

Malerische Altstädte, mediterrane Natur und einmalige Museen

Die Côte d'Azur hat wunderschöne Altstädte mit ockerfarbenen Fassaden und exklusive Jachthäfen, Milchstraßen von Michelin-Sternen, Lavendelfelder, Olivenhaine, Weinberge, beschauliche kleine Inseln und im Hinterland verschlafene Dörfer. Künstler wie Picasso, Matisse, Cocteau und Léger verbrachten hier ihren Lebensabend.

Ihre Werke sind heute in den zahlreichen Museen zwischen Menton, St-Paul-de-Vence und St-Tropez zu sehen – in umgebauten Villen, Schlössern und Kapellen. An wenigen Orten der Welt findet man so viele bedeutende Sammlungen moderner Kunst so dicht beieinander. Sicher, es gibt einsamere Urlaubsgebiete auf der Welt, aber auch sehr viel langweiligere.

9

Promenade des Anglais in Nizza –
Pause am Meer, S.104

Ile St-Honorat – Inselidylle vor Cannes,
S. 182

Lieblingsorte!

Ramatuelle – Dorfleben im Hinterland
von St-Tropez, S. 238

Calanque d'En-Vau – Naturwunder in
Weiß und Blau, S. 266

Plage Notre-Dame auf Porquerolles – ein Hauch von Karibik, S. 254

Domaine du Rayol – mediterrane und exotische Gartenwelten, S. 242

Die Reiseführer von DuMont werden von Autoren geschrieben, die ihr Buch ständig aktualisieren und daher immer wieder dieselben Orte besuchen. Irgendwann entdeckt dabei jede Autorin und jeder Autor seine ganz persönlichen Lieblingsorte: Dörfer, die abseits des touristischen Mainstream liegen, eine ganz besondere Strandbucht, Plätze, die zum Entspannen einladen, ein Stückchen ursprünglicher Natur – eben Wohlfühlorte, an die man immer wieder zurückkehren möchte.

La Colombe d'Or – Kunstgenuss im Hotel, S. 206

Cimetière du Trabuquet in Menton – Friedhof mit Panoramablick, S. 146

Reiseinfos, Adressen, Websites

Gutes Essen im Freien genießen – an der Côte d'Azur fast das ganze Jahr möglich

Informationsquellen

Infos im Internet

www.franceguide.com
Gut gemachter, offizieller Internetauftritt des französischen Fremdenverkehrsamts Maison de la France, u. a. in deutscher Sprache.

www.frankreich-info.de
Ausführliches Frankreich-Portal mit vielen Informationen über die Côte d'Azur. Auf Deutsch.

www.decouverte-paca.fr
Internetauftritt der gesamten Region Provence-Alpes-Côtes d'Azur mit Hinweisen zu Natur, Kultur, Lebensart, Aktivitäten, Wellness und Unterkünften. Auch auf Deutsch.

www.cotedazur-tourisme.com
Website des regionalen Tourismusbüros Riviera Côte d'Azur mit Informationen zur Küste zwischen Cannes und Menton inklusive dem Hinterland, u. a. eine Liste der Veranstaltungen. Auch auf Deutsch.

www.visitvqr.fr.com
Offizielle Website des Départements Var mit Sehenswürdigkeiten, Sport- und Wandermöglichkeiten sowie Unterkünften. In französischer Sprache.

www.visitprovence.com
Portal des Départements Bouches-du-Rhône mit einem Überblick über die Côte von Marseille bis La Ciotat (u. a. auf Deutsch).

www.web-provence.com
www.provence.guideweb.com
Beide Websites stellen die gesamte Küste vor und geben viele praktische Tipps (Französisch, Englisch).

www.var-provence.com
Informationen über das Département Var, insbesondere zu Hotels, Campingplätzen und Restaurants (Französisch).

www.riviera-explorer.com
Hotels, Museen, Restaurants und Veranstaltungen (Französisch, Englisch).

www.ccinice-cote-azur.com
Speziell für Geschäftsreisende – Wirtschaftsdaten, Kongresse, Seminare, etc.

www.index-paca.net
Thematisch sortierte Sammlung von Internetseiten in der Region Provence-Alpes-Côte d'Azur (Französisch).

www.viamichelin.de
Routenplaner mit Hotel- und Restaurantführer, auf Deutsch.

www.nicematin.com
Portal der Tageszeitung Nice Matin mit Ausgehtipps, Kinoprogramm, Veranstaltungshinweisen, Wettervorhersage etc. für Nizza und einige andere Städte an der Côte.

www.mediterra.com
Webauftritt der Mediterraneum Editions, die u. a. die deutschsprachigen Zeitungen Riviera-Côte d'Azur und Monaco verlegt sowie den mehrsprachigen Riviera A–Z & Events Guide.

Informationsstellen

Französisches Fremdenverkehrsamt – Maison de la France
... in Deutschland
Zeppelinallee 37
60325 Frankfurt/M.

Prospektversand:
Tel. 090 01 57 00 25 (0,49 €/Min.)
info.de@franceguide.com

... in Österreich
Lugeck 1–2, Stg. 1, Top 7
1010 Wien
Tel. 09 00 25 01 15 (0,68 €/Min)
info.at@franceguide.com

... in der Schweiz
Rennweg 42
Postfach 3376
8021 Zürich
Tel. 04 42 17 46 00
info.ch@franceguide.com

Regionale Fremdenverkehrsämter
Comité Régional du Tourisme
Provence-Alpes-Côte d'Azur
10, place de la Joliette – Les Docks
13567 Marseille Cedex 2
Tel. 04 91 56 47 00
information@crt-paca.fr
Zuständig u. a. für den westlichen Küstenabschnitt zwischen Marseille und St-Raphael.

Comité Régional du Tourisme
Riviera-Côte d'Azur
400, promenade des Anglais
BP 3126
06203 Nice Cedex 3
Tel. 04 93 37 78 78
information@guideriviera.com
Zuständig für die östliche Küste und deren Hinterland von Cannes bis zur italienischen Grenze.

Informationsstellen vor Ort
In fast jedem Ort der Côte d'Azur gibt es mittlerweile ein **Office de Tourisme** bzw. ein **Syndicat d'Initiative.** Die Adressen werden im Reiseteil dieses Führers angegeben. Neben allgemeinem Informationsmaterial erteilen die Fremdenverkehrsämter auch Auskunft zu Bus- und Zugverbindungen.

Lesetipps
F. Scott Fitzgerald: Zärtlich ist die Nacht. Diogenes, Zürich 2007. Roman der ›Lost Generation‹ der 1920er-Jahre über das mühsame Dasein von Nicole und Dick Diver in Zürich und an der Côte d'Azur.
Graham Greene: Heirate nie in Monte Carlo. Zsolnay-Verlag/Carl Hanser, Hamburg 1995. Roman über den englischen Buchhalter Bertrand, der in Monte Carlo seine Spielleidenschaft entdeckt und dadurch fast seine Frau verliert.
Jean-Claude Izzo: Die Marseille-Trilogie – Total Cheops, Chourmo, Solea. Unionsverlag, Zürich 2007. Die spannenden Ermittlungen des Kommissars Fabio Montale wurden inzwischen verfilmt und sind auch als DVD erhältlich.
Erika und Klaus Mann: Das Buch von der Riviera. Rowohlt Tb, Reinbek 2004. Reisebuch der Kinder von Thomas Mann, das erstmals 1931 unter dem Titel ›Riviera – was nicht im Baedeker steht‹ erschien.
Patrick Modiano: Sonntage im August. Suhrkamp Verlag, Frankfurt/Main 1991 (nur noch antiquarisch erhältlich). Spannende Erzählung, teilweise wie ein Krimi geschrieben, die das korrupte Ambiente von Nizza beschreibt.
Patrick Süskind: Das Parfum. Diogenes, Zürich 2000. Die Geschichte von Jean-Baptiste Grenouille und dem Parfümeur Baldini, die im 18. Jh. in Paris und Grasse spielt.
Tanja Langer: Cap Esterel. dtv, München 2006.Ein deutscher Architekt unternimmt eine Reise an die Côte d'Azur, dabei werden Erinnerungen an die beiden Frauen seines Lebens wach.
Hans Scherer: Côte d'Azur. Suhrkamp Verlag, Frankfurt/Main 1998. Klassische Reiseliteratur – eine Wanderung durch Landschaft und Kultur der Küste.

Wetter und Reisezeit

Von der Sonne verwöhnt

An der Côte d'Azur herrscht ganzjährig ein sehr mildes und ausgeglichenes Klima. Die Durchschnittstemperatur an dem durch die nördlichen Gebirgszüge besonders geschützten Küstenabschnitt zwischen Nizza und Menton beträgt 16 °C.

Juli und August sind natürlich die heißesten Monate. Dann werden mittags im Schatten 26–30 °C gemessen, das Meer erwärmt sich auf 20–25 °C. Im Hinterland bleibt es auch in dieser Periode oft kühler.

Im Mai/Juni und September herrscht in der Regel ein sehr viel angenehmeres Klima. Meist hält das sommerliche Wetter sogar bis Ende Oktober an.

Kenner schwören auf den Winter und das milde Frühjahr an der Côte d'Azur – nicht umsonst kamen die Engländer im 19. Jh. ausschließlich in diesen Jahreszeiten hierher.

Klimadaten Côte d'Azur (Cannes)

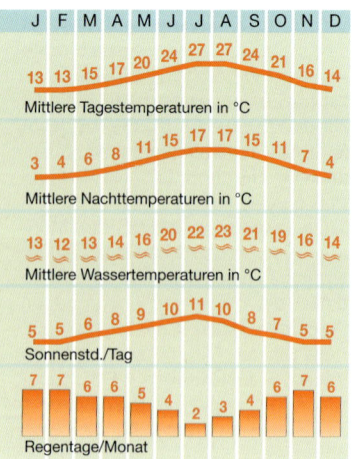

> **www.meteofrance.com**
> Wettervorhersagen für ganz Frankreich mit Informationen über die einzelnen Regionen (Französisch).

Kleidung & Ausrüstung

Das Reisegepäck kann von Mai bis September leicht und sommerlich sein, auch wenn ein Pullover und eine Regenjacke nicht fehlen sollten. Empfehlenswert sind ein Paar feste Schuhe, eine Kopfbedeckung und selbstverständlich ausreichend Sonnenschutzmittel. Auch Mückenschutz bzw. ein Mückennetz können im Sommer sehr hilfreich sein, ebenso ein Sonnenschirm für den Strand.

Reisezeiten

Man muss sich darauf gefasst machen, im Juli und August stundenlang auf den Küstenstraßen im Stau zu stehen, Strände und Altstädte mit vielen anderen zu teilen. Es ist *saison* und im August Haupturlaubszeit der Franzosen! Ab Anfang September wird es dann leerer und erträglicher. Der September ist nicht nur deshalb empfehlenswert – das Meer ist noch warm und die Abende lau. Mit etwas Glück kann man selbst im Oktober im Meer baden, garantiert ist das allerdings nicht. Um Städte und Museen zu erkunden, sind Herbst, Winter und Frühjahr ideal. Allerdings zählen Februar und März zu den regenreichsten Monaten. Zum Wandern eignen sich April und Mai: Es ist schon schön, aber noch nicht zu heiß. Bis Mitte Juni sind Strände wie Straßen noch nicht überfüllt.

Rundreisen planen

Drei bis vier Tage an der Riviera

Eine drei- bis viertägige Reise sollte man auf die klassische Côte d'Azur, also den Küstenabschnitt zwischen Menton und Cannes begrenzen. Idealer Standort ist Nizza, von wo aus Tagestouren nach Monte Carlo (24 km und Menton (32 km) im Osten sowie westlich nach Antibes (30 km) und Cannes (42 km) führen. Wer es etwas ruhiger und beschaulicher mag, quartiert sich in einem Ort im Hinterland von Nizza ein, etwa in Cagnes, St–Paul-de-Vence oder Vence. Die genannten Orte sind von Nizza zwar mit Bus oder Bahn zu erreichen, ein Auto garantiert an der Küste jedoch die größtmögliche Flexibilität.

Einen ganzen Tag sollte man in jedem Fall für **Nizza** reservieren: für einen Gang über den morgendlichen Markt auf der Cours Saleya, ein paar Schritte am Strand entlang der Promenade des Anglais und für die Besichtigung der Altstadt mit anschließendem Mittagessen. Am Nachmittag steigt

Mein Tipp

Marktatmosphäre

Das Frühstück nimmt man in Nizza am besten auf der Terrasse des Café des Ponchettes auf der Cours Saleya ein. Zu *café au lait* und *croissant* gibt es hier gratis den Blick auf den Blumenmarkt und das Palaver der Hausfrauen und Händler.

man zum Schlosshügel empor. Von dort geht es entweder hinüber zum Hafen oder in eines der vielen hervorragenden Museen. Am Rande der Altstadt liegt das Museum für Moderne Kunst, von dessen Terrasse man einen wunderschönen Blick über die Dächer von Nizza hat. Lohnenswert ist aber auch ein Besuch des Matisse-Museums in einer alten Villa im höher gelegenen Stadtteil Cimiez.

Am zweiten Tag steht **Menton** auf dem Programm, das über die Autobahn schnell zu erreichen ist. Nach einem Bummel durch die Altstadt kann entweder das Jean-Cocteau-Museum oder einer der Gärten der Stadt besichtigt werden. Besonders schön ist der exotische Jardin Botanique du Val Rahmeh. Der Rückweg nach Nizza führt über eine der drei spektakulären Küstenstraßen, die sogenannten **Corniches**, die mit James-Bond-reifen Ausblicken auf das Meer begeistern. Auf dieser Strecke sind wahlweise Zwischenstopps in Monte Carlo, Eze und Villefranche möglich oder auch eine Umrundung des Cap Ferrat.

Die Küste in westlicher Richtung wird am dritten Tag erkundet. **Antibes** besitzt ein schönes Picasso-Museum in

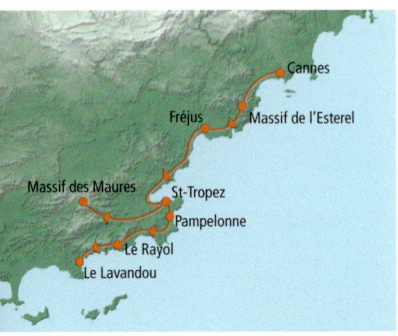

der Altstadt direkt am Meer. In **Cannes** kann man über die Croisette flanieren, im schneeweißen Hotel Carlton den teuersten Café seines Lebens trinken, in der Rue des Antibes einkaufen und auf dem Altstadthügel Le Suquet essen gehen. Alternativ bietet sich eine Bootstour zu den **Ile de Lérins** an.

Wer einen weiteren Tag zur Verfügung hat, unternimmt einen Abstecher ins Hinterland von Nizza. Die **Fondation Maeght** in St-Paul-de-Vence ist einer der außergewöhnlichsten Orte moderner Kunst an der Côte d'Azur. Das benachbarte **Vence** bewahrte eine von Wehrmauern umschlossene mittelalterliche Altstadt. Und **Tourettes-sur-Loup**, wenige Kilometer westlich, liegt als typisches *Village perché* eindrucksvoll auf steilem Fels (insgesamt ca. 50 km).

Ergänzungstage rund um St-Tropez

In einer Woche fährt man von Nizza und der klassischen Côte aus weiter durch das **Esterelmassiv** zur Halbinsel von **St-Tropez** (120 km). Entweder nutzt man die zusätzliche Zeit ganz faul für einen kurzen Strandurlaub – die Strände von Pampelonne bei St-Tropez zählen schließlich zu den

schönsten der ganzen Küste – oder aber man ist aktiv und erkundet in Wanderschuhen die Halbinsel auf den *Sentiers de Bonheur*. St-Tropez eignet sich des Weiteren als Ausgangsort für eine Rundfahrt durchs **Maurenmassiv** (30–40 km), für einen Besuch der **Gärten von Rayol** (25 km) oder für eine Weintour zu den Domainen der **Halbinsel** (10–15 km).

Die Côte komplett in zwölf Tagen

Während eines zwölftägigen Aufenthalts ist es möglich, die Küste komplett zu bereisen. Von St-Tropez geht es weiter nach **Hyères** (51 km). Hier sucht man sich eine Unterkunft, um einen ganzen Tag Zeit für die Erkundung der wunderschönen, unverbauten **Ile de Porquerolles** zu haben. Letzte Reisestation ist der kleine Fischerhafen **Cassis** (62 km). Die Mittelmeermetropole **Marseille** liegt nur einen Katzensprung entfernt. Im Rahmen eines Tagesausflugs sollte man dort den Hafen und eines der zahlreichen Museen der Stadt besuchen und anschließend zum Essen bleiben. Am letzten Tag lässt man sich von Cassis aus in die **Calanques** schippern, enge Felsenbuchten aus weißem Kalkstein mit azurblauem Wasser.

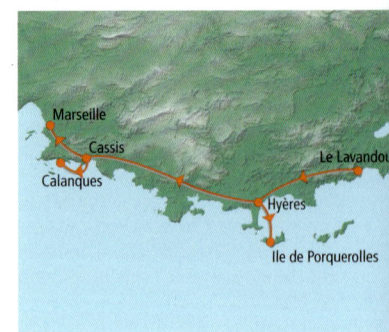

Anreise und Verkehrsmittel

Einreisebestimmungen

Einreisende aus EU-Staaten benötigen lediglich den gültigen Personalausweis bzw. Reisepass. Kinder brauchen einen eigenen Kinderpass oder müssen im Reisepass der Eltern eingetragen sein. Motorisierte müssen zusätzlich den Führerschein und die nationalen KFZ-Papiere mitführen. Die Internationale Grüne Versicherungskarte wird empfohlen, für Schweizer und Österreicher ist sie Pflicht.

Zollvorschriften

Beim Zoll gelten die üblichen EU-Bestimmungen. Folgende Richtmengen werden bei der Ein- und Ausfuhr pro Person als abgabenfrei akzeptiert: 800 Zigaretten, 400 Zigarillos, 200 Zigarren oder 1 kg Pfeifentabak. An Alkoholika dürfen 10 l Spirituosen, 20 l sogenannte Zwischenerzeugnisse (z. B. Liköre), 90 l Wein (davon maximal 60 l Schaumwein) oder 110 l Bier ein- bzw. ausgeführt werden. Entsprechende Merkblätter sind bei allen Zollämtern erhältlich (www.zoll.de).

Reisen mit Hund und Katze

Mitreisende Hunde und Katzen müssen mindestens drei Monate alt und nachweislich gegen Tollwut geimpft sein. Diese Impfung darf nicht länger als ein Jahr zurückliegen. Der EU-Heimtierpass oder ersatzweise der Impfausweis ist mitzuführen. Eine Chip-Kennzeichnung oder gut lesbare Tätowierung der Tiere ist ebenfalls vorgeschrieben. Kampfhunde der Kategorie 1 (Pitbullterrier und Tosas sowie deren Kreuzungen) dürfen nicht in Frankreich einreisen. Schutz- und Wachhunde (Kategorie 2) müssen einen Maulkorb tragen und an der Leine

geführt werden. Weitere Auskünfte erteilt u. a. der Deutsche Tierschutzbund (www.tierschutzbund.de).

Anreise

... mit dem Flugzeug

Zentraler Flughafen der Côte d'Azur ist der **Aéroport International Nice-Côte d'Azur** (Tel. 04 93 21 30 30, www.nice. aeroport.fr). Die Fluggesellschaften Air France, Austrian Airlines, Lufthansa und Swiss Air fliegen von allen größeren deutschen Städten sowie von Wien und Zürich nach Nizza. Darüber hinaus bieten die Fluggesellschaften Airberlin (www.airberlin.com), Easyjet (www.easyjet.de), Germanwings (www.germanwings.de) und TUIfly (www.tuifly.com) Billigflüge nach Nizza an.

Für einen Urlaub an der westlichen Côte d'Azur empfiehlt sich die Anreise über Marseille. Der Flughafen **CCI Marseille Provence** (Tel. 04 42 14 14 14, www.marseille.aeroport.fr) liegt 25 km nordwestlich der Stadt in Marignane und wird von der Lufthansa und Air France angeflogen. Germanwings (www.germanwings.de) bietet einen Direktflug von Köln nach Marseille an.

Der **Flughafen Toulon/Hyères** dient nur dem innerfranzösischen Flugverkehr.

... mit der Bahn

Die meisten Städte der Côte d'Azur sind mit dem Zug erreichbar. Der Hochgeschwindigkeitszug TGV fährt von Paris aus die Städte Marseille, Toulon, Cannes, Antibes und Nizza an. Fahrtdauer Paris – Marseille 3 Std., Paris – Nizza ca. 7 Std. Darüber hinaus beteht eine TGV-Verbindung aus Richtung Genf nach Marseille und Nizza.

Reiseinfos

Autoreisezüge verkehren von Düsseldorf und Frankfurt/Main nach Fréjus/St-Raphaël. Die SNCF bietet mehrere Fahrpreisvergünstigungen an: für Jugendliche unter 25 Jahren die *Carte 12–25* (halber Preis), für Familien mit Kindern die *Carte Enfant +* (1 Kind und bis zu 4 Erwachsene fahren damit zum halben Preis) und für die über 60-Jährigen die *Carte Senior* (halber Fahrpreis auf Langstrecken).

Auskunft erhalten Sie in den Service-Centern der Deutschen Bahn AG (www.db.de) sowie in allen Reisebüros. Infos zu Fahrplänen und Preisen der französischen Bahn (SNCF) erteilt Rail Europe Deutschland, Bahnhofsvorplatz 1, 50667 Köln, Tel. 018 05 00 9 0 73, www.raileurope.de. Im Internet informieren zudem die Websites www.sncf.fr und www.sncf-voyages.fr.

... mit dem Bus

Busverbindungen von Deutschland an die Côte gibt es nur im Zusammenhang mit Pauschalarrangements. Auskünfte erteilen die Reisebüros.

... mit dem Auto

Man erreicht die Côte d'Azur sowohl über Landstraßen als auch über Autobahnen. Aus dem Norden und Westen reist man am schnellsten über Lyon und die *Autoroute du Soleil* (A 7) Rich-

In vielen Serpentinen schrauben sich die Straßen von der Küste ins Hinterland empor

tung Süden. Süddeutsche, Schweizer und Österreicher wählen die Autobahn über Genf und stoßen bei Lyon oder Valence ebenfalls auf die A 7. Oder sie fahren via Italien nach Nizza. Parallel zur Küste verläuft die Autobahn A 8. Zwischen Menton und Cannes wurde sie so nah an das Meer gebaut, dass alle Küstenorte in kürzester Zeit zu erreichen sind. Weiter westlich liegen das Esterel- und das Maurenmassiv zwischen Autobahn und Küste. Die A 57 und A 50 schließen die Hafenorte zwischen Hyères und Marseille an das Autobahnnetz an.

Alle Autobahnen in Frankreich sind gebührenpflichtig. Bezahlt wird an den Mautstellen, der sogenannten *péage*, per Bargeld oder Kreditkarte.

Verkehrsmittel an der Côte d'Azur

Bahn
Die meisten Orte der Côte d'Azur sind an das Bahnnetz angeschlossen. Nur zwischen St-Raphaël und Toulon fährt der Zug durch das Landesinnere. Im östlichen Teil der Küste verläuft die Bahnstrecke von Ventimiglia/Menton über Monaco, Nizza, Antibes, Juan-les-Pins, Cannes und kleinere Orte bis nach St-Raphaël. Die Fahrzeit von Ventimiglia nach St-Raphaël beträgt 2 Std., mit dem *Train Rapide* 1,5 Std. Im Sommer verkehren die Züge fast stündlich. Weitere Verbindungen bestehen zwischen St-Raphaël und Toulon (durch das Landesinnere) sowie Toulon und Marseille.

Von Nizza kann man mit dem Pinienzapfenzug und der Tende-Bahn ins Hinterland fahren. Beide Strecken führen durch die gebirgige Voralpenregion und durch malerische Dörfer.

Bus
Alle größeren, aber auch die kleineren Orte an der Küste werden von Bussen angefahren. Eine durchgehende Busverbindung parallel zur Küste (mit mehrmaligem Umsteigen) besteht von Toulon über St-Raphaël nach Cannes und von dort über Nizza und Monte Carlo weiter nach Menton.

Viele Busse bedienen auch das nahe Hinterland. Genaue Auskünfte über Verbindungen erhalten Sie jeweils im Office de Tourisme. Der Busbahnhof heißt *Gare routière*.

Leihwagen
In allen größeren Orten der Küste kann man Leihwagen *(voitures de location)* mieten und schon vor der An-

Schiffsverkehr

Ab Hyères und Le Levandou legen regelmäßig Boote zu den Iles d'Hyères – Porquerolles, Port-Cros und Levant – ab. Von Cannes, Golfe-Juan und Juan-les-Pins verkehren Schiffe zu den Iles de Lérins – St-Honorat und St-Marguerite. Die Calanques erreicht man per Boot ab Cassis oder Marseille. Mehrere Orte der Küste sind im Sommer per Schiffslinien miteinander verbunden: Fréjus und Ste-Maxime mit St-Tropez sowie Cannes mit Fréjus und St-Tropez.

reise reservieren. In Nizza und Marseille befinden sich direkt am Flughafen Schalter von Avis, Europcar, Hertz und Sixt. Fahrzeuge der großen Mietwagenfirmen können an unterschiedlichen Orten angemietet und abgegeben werden.

Taxis

In den größeren Orten ist es kein Problem, Taxis zu finden. Im Hinterland muss man sie telefonisch vorbestellen. Wie überall zeigt das Taxameter einen Grundpreis an, in Frankreich darf zudem in den Kofferraum verladenes Gepäck extra berechnet werden. Für Tages- und Nachtfahrten gibt es verschiedene Tarife. Die Gebühren sind jeweils im Taxi sichtbar am Fenster oder an der Lehne der Vordersitze angebracht. In französischen Taxis belegt man grundsätzlich die Plätze auf der Rückbank, vorne einzusteigen ist unüblich. Trinkgeld ist Ermessenssache (ca. 10 %).

Autofahren

Straßenverhältnisse
Über die im Hinterland verlaufende Autobahn A 8 sowie die A 57 und A 50

sind alle Orte der Côte d'Azur gut zu erreichen. Die kurvigen Küstenstraßen sind in der Regel zeitraubender, aber landschaftlich reizvoller. Die schönsten Routen führen über die drei Corniches zwischen Nizza und Menton, die Corniche de l'Esterel von Cannes nach Fréjus, die Corniche des Maures von Croix-Valmer nach Le Lavandou und die Route des Crêtes bei La Ciotat.

Verkehrsvorschriften
Die Höchstgeschwindigkeit beträgt auf Autobahnen 130 km/h bzw. 110 km/h bei Nässe, auf Landstraßen 90 bzw. 80 km/h (auf vierspurigen Strecken 110 bzw. 100 km/h) und in Ortschaften 60 km/h. Die Alkoholgrenze liegt bei 0,5 Promille. Anschnallen ist Pflicht. Im Kreisverkehr besteht Vorfahrt.

Tanken
Normalbenzin heißt *essence*, Super und Super plus *essence 95* bzw. *essence 98*, Diesel *gazole*. Benzin ist bleifrei, also *sans plomb*.

Parken
In fast allen größeren Orten der Küste empfiehlt es sich, das Auto im nächsten Parkhaus abzustellen, da ›normale‹ Parkplätze ausgesprochen rar und in der Regel zeitlich begrenzt sind. Das gilt unbedingt für Cannes, Nizza, Monte Carlo und St-Tropez. In kleineren Orten mit engen Altstadtgassen gibt es meist Parkplätze am Rand der Altstadt. Viele ausgewiesene Parkplätze an der Straße sind nur mit einem Parkticket zu benutzen, das man in einem Parkautomaten ziehen muss, um es dann sichtbar mit der entsprechenden Zeitangabe innen ins Auto zu legen. In der *Zone Bleue* darf nur mit Parkscheibe geparkt werden, gelbe Streifen am Fahrbahnrand bedeuten Parkverbot.

Übernachten

Hotels

Die Côte d'Azur ist das, was man ein hochpreisiges Reiseziel nennt. Es ist so gut wie unmöglich, hier günstige Unterkünfte zu finden. Dafür ist die Auswahl an Luxushotels beachtlich. Natürlich gibt es in jedem Ort einfachere Hotels und Pensionen. Innerhalb der mit ein bis vier Sternen klassifizierten Hotels können große Qualitätsunterschiede auftreten.

Allgemein sind sehr starke Preisschwankungen zwischen Haupt- und Nebensaison üblich, es lohnt sich also, außerhalb der Saison zu kommen. Im Hinterland sind die Unterkünfte in der Regel preisgünstiger.

Während der Hauptsaison wird man ohne vorherige Reservierung kaum ein Zimmer bekommen. Und auch in der Nebensaison sind Hotels bestimmter Preisklassen wegen der zahlreichen Kongresse an der Côte d'Azur oft vollkommen ausgebucht. Eine Reservierung ist also immer anzuraten, wobei viele Hotels als Sicherheit die Vorabbezahlung einer ersten Übernachtung verlangen. In größeren Hotels reicht meist die schriftliche Reservierungsbestätigung oder die Angabe der Kreditkartennummer.

Gîtes de France

Günstiger als Hotels sind Unterkünfte der Gîtes de France. Diese Organisation bietet Häuser und Wohnungen verschiedener Kategorien an, teilweise zu überraschend niedrigen Preisen. Leider liegen die Unterkünfte meist nicht direkt an der Küste.

Die Mindestmietdauer beträgt eine Woche. Bei der Reservierung werden 30 % der Mietsumme angezahlt. Die Gîtes de France verschicken auf Anfrage ein Verzeichnis ihrer Angebote (Gîtes de France, 57, promenade des Anglais, Boîte Postale 21614, 06011 Nice Cedex 1, Tel. 04 92 15 21 30, www.gites-de-france.com).

Das Carlton in Cannes – Luxus unter Palmen

Zimmerpreise
Die in diesem Reiseführer genannten Preise beziehen sich auf ein Doppelzimmer während der Hauptsaison ohne Frühstück. In Frankreich wird das Frühstück in der Regel extra berechnet. Man ist nicht verpflichtet, im Hotel zu frühstücken.

Ferienwohnungen

Die Offices de Tourisme verschicken auf Anfrage Listen von Wohnungen und Häusern im Ort. Bei vielen Reiseveranstaltern kann man Pauschalarrangements buchen, die teilweise günstiger sind als Einzelbuchungen.

Folgende Reiseveranstalter vermitteln ausgewählte Ferienunterkünfte an der Côte d'Azur. Die Webauftritte sind alle in deutscher Sprache:
www.pv-holidays.de – Ferienwohnungen in größeren Anlagen bzw. Feriendörfern der Pierre & Vacances-Gruppe, teilweise mit Pool und Kinderbetreuung.
www.feriendomizil.com: Übersichtliche Website mit Wohnungen und Häusern entlang der Küste und im Hinterland.
www.fewo-direkt.de: Ferienwohnungen direkt vom Vermieter.
www.provence-vacation.com: Übersichtliche Seite mit Wohnungen und Häusern.
www.casa.interchalet.com: Die angebotenen Villen und Landhäuser liegen vor allem im Hinterland.
www.azur-france.de: Ferienquartiere verschiedener Preisklassen.
www.provencevillaselection.ch: Gehobenere Häuser mit und ohne Pool.
www.residenceroyale.de: Luxusferienhäuser der gehobenen Klasse.
www.domizile.de: Gehobenere Wohnungen und Häuser.

Jugendunterkünfte

Jugendherbergen findet man an der Côte d'Azur in Cassis (außerhalb des Ortes), Fréjus/St-Raphaël, Menton, Monte Carlo, Nizza und Marseille. Man sollte möglichst vorab schriftlich reservieren. Vor Ort genügt ein deutscher Jugendherbergsausweis. Auskunft und Reservierungen bei der Fédération Unie des Auberges de Jeunesse (27, rue Pajol, 75018 Paris, Tel. 01 44 89 87 27, www.fuaj.org).

Camping

An der Küste gibt es zahlreiche Campingplätze, ganz billig sind sie aber nicht. Wild campen ist verboten und wird mit Strafen belegt. Im Département Var reichen die Terrains oft bis ans Meer heran und haben direkten Zugang zum Strand. Der französische Campingverband teilt die Plätze in Kategorien von ein bis vier Sternen ein. Die der höchsten Kategorie haben Swimmingpools, Tennisplätze und sonstige Annehmlichkeiten.

Eine Liste der Campingplätze erhält man beim ADAC (Am Westpark 8, 81373 München, Tel. 018 05 10 11 12, www.adac.de), dem Deutschen Camping Club (Mandlstr. 28, 80802 München, Tel. 089 380 14 20, www.camping-club.de) und der Fédération Française de Camping et Caravaning (FFCC, 78, rue de Rivoli, 75004 Paris, Tel. 01 42 72 84 08, www.ffcc.fr).

Unter dem Label *Camping à la Ferme* machen Campingplätze auf Bauernhöfen oder Weingütern auf sich aufmerksam. Die Terrains sind meist überschaubarer, die Atmosphäre ist familiärer. Oftmals bieten die Landwirte Produkte aus eigenem Anbau zum Verkauf (www.bienvenue-a-la-ferme.com).

Essen und Trinken

Die Küche des Südens

Die Gerichte der Côte sind eine einzige Hommage an das Meer, an die Sonne, an Italien, an Thymian, Basilikum und Rosmarin. Zu den Klassikern zählen Bouillabaisse, gefüllte Sardinen, Ratatouille und Ravioli, *soupe au pistou* und *pan bagnat* – Olivenöl und Knoblauch sind hier mehr als nur Zutaten.

Die Nizzaer Küche hat ihre ganz eigenen Spezialitäten: Dazu gehören *socca* – flache, aber sehr sättigende Fladen aus Kichererbsenmehl, die man auf dem Markt an mobilen *socca*-Ständen probieren kann. Und natürlich der Nizzaer Stockfisch *(bacalhau),* der allerdings ein wenig speziell ist und sehr streng riechen kann. In vielen Restaurants darf man einen Löffel probieren, bevor man sich für Stockfisch als Hauptgericht entscheidet. Weitere Spezialitäten sind *pissalardière,* eine Art Zwiebelkuchen mit Sardellen, und *petits farcis,* mit einer Hackfleischmischung gefüllte Gemüse wie Zucchini, Auberginen und Tomaten. Besonders zart und unbedingt zu empfehlen sind gefüllte Zucchiniblüten – *fleurs de courgettes farcis.* Unbedingt probieren sollte man auch *fougasses aux olives* bzw. *aux anchoix*, kräftigeres Weißbrot mit eingebackenen Oliven oder Sardellen.

Die Qualität von Bouillabaisse kann je nach Restaurant zwischen hervorragend bis kaum genießbar variieren. Grundsätzlich ist die Bouillabaisse – eine Suppe aus verschiedenen Edelfischen wie Rochen, Dorade oder Rotbarben mit Zwiebeln, Olivenöl, Tomaten und Safran – ein Hauptgericht und überall eher teuer. Gegessen wird das Ganze mit kleinen *croûtons* (geröstete Weißbrotwürfel), die man mit *rouille* (eine Art Mayonnaise mit Paprika und Knoblauch) bestreicht und anschließend in die Suppe streut.

Restaurants

In keinem anderen Landstrich Frankreichs wurden außer in Paris so viele Restaurants mit Michelin-Sternen und Gault-Millau-Mützen, den Auszeichnungen der beiden führenden französischen Gastronomie-Guides, geadelt

Olivenöl – unentbehrlich in der mediterranen Küche

wie an der Côte d'Azur. Das hat leider seinen Preis. Aber es gibt auch genügend Bistros und günstigere Restaurants mit Terrassen neben Weinstöcken, auf Dorfplätzen oder umgeben von Altstadtfassaden. Viele Restaurants bieten mehrere unterschiedliche Menüs mit zwei bis drei Gängen an. Darüber hinaus kann man *à la carte* frei wählen, was jedoch immer teurer ist. Im Restaurant nur eine Vorspeise oder nur ein Hauptgericht zu bestellen, kommt in Frankreich einem Frevel gleich – zumindest am Abend.

Die Öffnungszeiten variieren, manche Lokale schließen sonntags, manche am Wochenanfang, andere machen gleich zwei Tage in der Woche zu. Viele Restaurants in Badeorten pausieren im Winter einige Monate. In den bekannten Gourmet-Restaurants sollte man in jedem Fall einen Tisch reservieren lassen. Es ist üblich, im Restaurant zu warten, bis man einen Tisch zugewiesen bekommt. Alles andere gilt als unhöflich. Bei Trinkgeldern gibt man 8–10 % des Betrages. Dieses Geld lässt man grundsätzlich auf dem kleinen Teller liegen, auf dem die Rechnung gereicht wird.

Bars und Cafés

Bars haben in Frankreich nichts mit Nachtlokalen zu tun und Cafés nichts mit Sahnetorten. Zwischen beidem gibt es kaum Unterschiede. In der Bar oder im Café an der Ecke trinkt man einen Kir, einen Pastis oder ein Glas Wein. Oft kann man kleine Gerichte, wie *salade niçoise, croque-monsieur* (überbackenes Sandwich) oder ein *plat du jour* (Tagesgericht) bekommen –

Das Café Sénéquier ist eine Institution am Hafen von St-Tropez

Restaurantpreise
Die in diesem Reiseführer angegebenen Preise beziehen sich immer nur auf das Menü bzw. ein Essen *à-la-carte* ohne Getränke, also ohne Wein, Mineralwasser und Kaffee.

und natürlich Kaffee (*café noir* = Espresso, *café crème* oder *café au lait* = Milchkaffee). Die Preise können je nach Platz variieren. Am billigsten ist es im Stehen am Tresen *(zinc)*, am teuersten draußen auf der Terrasse. Häufig verkaufen diese Eckbars bzw. Cafés auch Zigaretten, Briefmarken und Telefonkarten.

In die Bar kann man auch zum Frühstücken gehen, was sehr viel günstiger ist, als im Hotel zu frühstücken. Zudem schmeckt der Kaffee garantiert besser. Das Frühstück fällt in Frankreich traditionell dürftig aus und besteht in der Regel aus Kaffee oder Tee, Croissants oder Baguette, Butter und Marmelade.

Märkte

An der gesamten Côte d'Azur und selbst in den kleinsten Dörfern gibt es – meist zweimal die Woche – reichhaltige, farbenfrohe Märkte mit frischem Gemüse, Obst, Fisch, Oliven und Lavendelhonig. Zu den bekanntesten und schönsten gehört der Marché aux Fleurs (Blumenmarkt) in Nizza, dem sich ein Lebensmittelmarkt anschließt. Ebenfalls sehenswert sind die Markthallen von Menton, Antibes und Cannes. Und selbst im elitären St-Tropez findet auf der Place des Lices zweimal die Woche ein wunderbarer Lebensmittelmarkt statt. Viele Orte haben separate Fischmärkte – sie werden jeweils bei den Ortsbeschreibungen genannt.

Aktivurlaub, Sport und Wellness

Baden

Die Strände der klassischen Côte d'Azur – also jene zwischen Menton und Cannes – sind für einen reinen Badeurlaub nur bedingt geeignet. In **Menton, Nizza** und **Cannes** liegen sie mitten in der Stadt direkt unterhalb der Hauptverkehrsstraßen, die meisten sind Kieselstrände.

Ab St-Raphaël/Fréjus Richtung Westen werden die Strände weitläufiger, auch wenn sie sich in diesen beiden Orten immer noch direkt unterhalb der Uferstraße erstrecken. In **Les Issambres,** am Fuß des Maurenmassivs östlich von Ste-Maxime, findet man schöne Badebuchten.

Die **Plages de Pampelonne** bei St-Tropez gehören zu den wenigen Stränden fernab von Hauptverkehrsstraßen – kleine Stichstraßen führen zum Meer, das türkisblau glitzert. Der gesamte Küstenabschnitt östlich von **St-Tropez** bis **Le Lavandou** wird von Stränden gesäumt.

Weitere wunderbare Sandstrände gibt es auf der vorgelagerten Halbinsel **Hyères-Giens**. Traumhaft karibisch und unberührt sind die Strände auf der Insel gegenüber von Hyères – auf dem unter Naturschutz stehenden **Porquerolles**.

In den **Calanques** zwischen Cassis und Marseille kann man auf flachen Kalksteinterrassen sonnen und in den kleinen Buchten schwimmen. Allerdings kommt man nur mit dem Boot ab dem kleinen Fischerhafen von Cassis oder auf einer Wanderung dorthin.

An allen Küstenorten werden natürlich die gängigen **Wassersportarten** angeboten, selbst in Cannes kann man schon vor dem Frühstück Wasserski fahren.

Drachenfliegen

Drachenfliegen ist nur in bestimmten Regionen und Orten der Côte d'Azur erlaubt. Viele davon liegen im Nizzaer Hinterland, wie das kleine **St-André-des-Alpes**, alljährlicher Austragungsort von Meisterschaften im Drachenfliegen. Auskünfte erteilt die Fédération Française de Vol Libre (4, rue de Suisse, 06000 Nizza, Tel. 04 97 03 82 82, www.ffvl.fr).

Golfen

Wie es sich für ein Luxusreisegebiet gehört, ist an Golfplätzen an der Küste kein Mangel. Die ältesten Plätze der Küste gibt es in Mandelieu bei Cannes und in Valescure, der dortige Club wurde schon 1895 eröffnet. Allein rund um Antibes finden Golfer in weniger als einer Autostunde Entfernung 26 Plätze.

Der **Golf Pass Provence** ermöglicht den Zugang u. a. zu vier Clubs an der westlichen Côte d'Azur (www.golfpass-provence.com). Mit dem **Alpi Ri-**viera Côte d'Azur Golf Pass** können acht Plätze an der östlichen Côte bespielt werden (www.efrancegolf.com). Rund um Grasse lohnt der **Pass-Golf Pays de Grasse** (www.grasse.fr).

Die Internetseite der Französischen Vereinigung der Golfer stellt über 50 Golfplätze an der Côte d'Azur kurz vor (Fédération Francaise de Golf, 69, av. Victor Hugo, 75116 Paris, Tel. 01 44 17 63 32, www.ffgolf.fr). Eine Liste der Golfplätze erhält man auch über die regionalen Tourismusämter CRT Riviera-Côte d'Azur und CRT Provence-Alpes-Côte d'Azur.

Die Calanques – anspruchsvolle Klettersteige hoch über dem Meer

Klettern

Eine Herausforderung für Kletterer stellen die über 400 m hohen Kalksteinklippen in den **Calanques** zwischen Cassis und Marseille dar. Weitere Kletterwände befinden sich in den Felshängen um Grasse, bei La Turbie und Roquebrune.

Radfahren

Radfahren ist an der Côte d'Azur ein eher mühsames Unterfangen. Die Küstenstraße ist im Sommer meist so verstopft, dass man nur Auspuffgase einatmet, und für die steilen und kurvigen Straßen im Hinterland braucht man schon eine sehr gute Kondition. Radwege sind in den Städten selten und entstehen nur sehr zögerlich. Immerhin gibt es jetzt einen auf der Promenade des Anglais in Nizza. Wunderbar Fahrrad fahren kann man auf der Insel **Porquerolles,** ist dabei aber nicht allein. Insgesamt eignet sich das Département Var mehr für Fahrradtouren als der östlichere Teil der Küste.

Segeln

In allen Orten an der Küste bieten Segelschulen und Bootsverleiher ihre Dienste an. Aufgelistet sind sie auf der Internetseite der Fédération Francaise de Voile (www.ffvoile.org).

Surfen

Surfer wird man hauptsächlich in **St-Tropez** (Plage Bouillabaisse) und **Hyères** (Plage d'Almanarre) sehen, vereinzelt in Nizza und Cannes. Die französische Surfervereinigung, die Fédération Française de Surf, hat ein Qualitätslabel für Surfkurse eingeführt. Über die besten Gebiete informiert sie auf ihrer Internetseite (www.fedesurf.com).

Gute Segelbedingungen gibt es entlang der gesamten Küste

Tauchen

An vielen Stellen der Küste kann man schnorcheln und tauchen. Als Tauchgebiet besonders interessant und noch nicht so überlaufen ist **Cassis**. Auf der Insel **Port Cros** vor Hyères wurde für Schnorchler ein Unterwasserlehrpfad eingerichtet, der Teil des Nationalparks ist. Auch bei **Bandol** und an der **Corniche de l'Esterel** wird getaucht. Detaillierte Informationen erhält man bei der Fédération Française d'Etudes et de Sports Sous-marins (24, quai de Rive-Neuve, 13007 Marseille, Tel. 04 91 33 99 31, www.ffessm.fr).

Thalassotherapie

An der Côte d'Azur finden sich u. a. in Hyères, Fréjus, Antibes und Monaco Thalassozentren, die Meerwasserkuren anbieten. Das exklusivste mit über 6 000 m^2 ist das von Monte Carlo. Eine Thalassotherapie dauert meist fünf bis sieben Tage. Manche Zentren haben aber auch Schnupperangebote. Pro Tag werden mindestens vier Behandlungen verabreicht, dazu gehören etwa Meerwasserbäder, Massagen und Algenpackungen (www.thalassa.com und www.thalatel.com).

Wandern

Die Côte d'Azur, vor allem das Hinterland, eignet sich hervorragend zum Wandern. Die **Fernwanderwege** sind mit den beiden Buchstaben **GR** (*Chemins de Grande Randonnée*) ausgeschildert und mit einem rot-weißen Balken gekennzeichnet. Über Streckenverläufe und Wanderunterkünfte informiert die Internetseite www.gr-infos.com. Neben den GR existieren viele **Halbtages- und Tagesrouten** so-

Auskünfte für Wanderer und Kletterer
Club Alpin Français:, 14, av. Mirabeau, 06000 Nizza, www.clubalpin.com.
Comité Département de Randonnée Pédestre: 2, rue Deloye, 06000 Nizza, www.ffrandonnee.fr.
Fédération Française de la Montagne: 15, av. Jean-Médecin, 06000 Nizza, www.ffme.fr.
Mercantour Alticoop: 3–4, rue Caroline, 06100 Nizza, www.alticoop.com.

wie **Küstenwanderwege** (*sentier littoral*). Meist markiert ein gelber Balken diese als **PR** (*Chemins de Petite Randonnée*) bezeichneten Strecken.

Ein wunderschöner *sentier littoral* führt einmal um die **Halbinsel von St-Tropez,** teilweise direkt am Wasser entlang, teilweise mit atemberaubenden Ausblicken auf die Küste. Ein anderer umrundet die **Halbinsel von Giens** bei Hyères. Auch um das **Cap Martin** ist ein Rundweg ausgeschildert. Auf der Promenade Le Corbusier gelangt man vom Cap Martin nach Monte Carlo, was ungefähr eine Stunde dauert.

Der GR 90 verläuft ab Bormes nach Norden durch das **Massif des Maures,** während der GR 9 es von West nach Ost durchquert. Auf den 300 m hohen Pic de l'Ours im dunkelroten **Massif de l'Esterel** steigt man vom Küstenort Le Trayas empor. Im Hinterland von Nizza verbindet ein Wanderweg die Dörfer **Peille und Peillon.** Von dem kleinen Bergdorf St-Jeannet hinter Vence werden verschiedene Touren auf das Plateau des **Baou** angeboten.

Zu ausgesprochenen Gebirgstouren lädt der **Parc National du Mercantour** ein. Dieses geschützte Gebiet nahe der italienischen Grenze oberhalb von Menton ist ca. 68 500 ha groß und bietet 600 km Wanderwege.

Feste und Unterhaltung

Es gab Zeiten, da waren vor allem die privaten Feste an der Côte legendär. Da ließ Gunther Sachs seinen Gästen auf der Plage de Tahiti 6000 m² Rasen unter das Schuhwerk schieben, damit kein Sandkorn deren Wohlbefinden störte. Oder Prinz Léon de Lignac richtete mal eben ein *Louis-quatorze*-Kostümfest auf der Coco Beach bei St-Tropez für 9 Mio. Francs, umgerechnet 1,5 Mio. Euro, aus.

Zwar gibt es noch immer Abende, an denen in der ›In‹–Diskothek von St-Tropez innerhalb weniger Stunden Champagner im Wert von 100 000 € fließt oder neureiche Russen in auffälligem Pelz mit viel Wodka in Monaco russische Weihnachten feiern. Im Allgemeinen aber sind die verruchten Nächte der Reichen nicht mehr das, was sie mal waren.

Doch es bleiben die zahlreichen lokalen Feste der Küste: vom Mimosenfest in Mandelieu bei Cannes und dem Karneval von Nizza über die Bravade von St-Tropez bis zum Jasminfest in Grasse.

Carnaval de Nice

Der Karneval von Nizza findet alljährlich im Februar statt. Jede Menge Festwagen, kostümierte Fußtruppen und Musikkapellen ziehen dann durch die Stadt. Jeweils mittwochs und samstags werden dabei Blüten und Konfetti von den Festwagen geworfen. Am Samstagabend und Sonntagnachmittag sind die eigentlichen Karnevalsumzüge zu sehen. Sie stehen jedes Jahr unter einem anderen Motto. Den *mardi gras* (Karnevalsdienstag) verabschiedet Nizza mit einem Riesenfeuerwerk.

Fête du Citron

Ebenfalls im Februar findet in Menton das Zitronenfest statt, das mit diversen Umzügen in der Stadt gefeiert wird. Auf den Festwagen stehen Skulpturen aus Zitronen und Orangen. Zitrusfrüchte schmücken 14 Tage lang auch

die Jardins Biovès in der Stadt. Der *Korso der goldenen Früchte* zieht jeweils an drei Sonntagen an der Uferstraße entlang. Den zwei Abendkorsi folgt jeweils ein Feuerwerk.

Jazz à Juan

Frankreich entdeckte den Jazz in den 1950er-Jahren. Zahlreiche schwarze Musiker aus den Vereinigten Staaten traten damals zunächst in Paris im berühmten Vieux Colombier auf und kamen dann auch nach Juan-les-Pins an die Côte d'Azur.

Der 1897 in New Orleans geborene Saxophonist **Sidney Bechet,** der Frankreich zu seiner Wahlheimat machte, stand hier jeden Abend in einer Art Zweigstelle des Colombier auf der Bühne. 1951 heiratete er in Antibes

Das Zitronenfest in Menton steht ganz im Zeichen der goldenen Früchte

seine alte Liebe Elisabeth Ziegler. Das Ereignis wurde einen ganzen Tag und eine lange Nacht mit Jazzsessions auf der Straße gefeiert. Der kleine Ort am Cap d'Antibes entwickelte sich zu einem französischen Mini-New Orleans. In den darauf folgenden acht Jahren war Sidney Bechet jeden Sommer hier zu hören.

Als er 1959 starb und die Zeit des Jazz in Juan zu Ende zu gehen drohte, entstand die Idee eines Festivals. Im Jahr darauf fand in Juan-les-Pins das **erste europäische Jazzfestival** statt. Es wurde mit einer Hommage an Sidney Bechet und mit der Enthüllung seiner Büste in der Pinède Gould eröffnet. Schon in den ersten Jahren kamen die ganz Großen des Jazz, darunter Count Basie, Ray Charles, Dizzy Gillespie und Duke Ellington.

1963 wurde zum **Miles-Davis-Jahr** erklärt: Davis trat hier erstmals mit seinem neuen Quintett auf. Der Konzertmitschnitt »Miles à Antibes« gilt als eine der besten Live-Platten seines Lebens. Aus Antibes gibt es auch eine der schönsten Live-Aufnahmen von **Charles Mingus.** 1964 berichtete das französische Fernsehen erstmals live vom Festival und übertrug das Konzert von **Ella Fitzgerald.** Jazz à Juan-les-Pins wurde europaweit bekannt. Zahlreiche Platten mit dem Zusatz »at Antibes« kamen auf den Markt.

Heute gilt Juan-les-Pins neben Montreux als eines der wichtigsten europäischen Jazzfestivals. Alljährlich im Juli spielen die Größen des Jazz in der Pinède Gould auf.

Religiöse Feste

Überraschend ernsthaft und anrührend sind die religiösen Feste der Côte, die man hier kaum vermuten würde. So findet jedes Jahr am 5. August in Roquebrune ein **Passionsumzug** statt – als Dank für die Rettung vor der Pest im Jahr 1467. In den engen Gassen des Dorfes stellen die Bewohner Szenen aus der Leidensgeschichte Christi nach, wobei die Hauptakteure seit Jahrhunderten aus denselben Familien stammen.

Noch bekannter ist die **Bravade von St-Tropez,** ein Umzug in napoleonischen Uniformen zu Ehren des Heiligen Torpes, den die Stadt seit über 400 Jahren zelebriert. Drei Tage lang, jeweils vom 16. bis 18. Mai, liegt der Hafenort dann unter dem Rauch der abgefeuerten Musketensalven. Der Zug der Bravadeure durch den Ort erfolgt nach einem streng festgelegten Ritual, angeführt wird er von einem gewählten *Capitaine de la ville.* Am dritten und letzten Tag beschließt ein Dankgottesdienst die Bravade (s. S. 73).

Jeweils Ende Juni wird an verschiedenen Orten der Küste, unter anderem in Antibes und Villefranche, die **Fête de Saint-Pierre,** das traditionelle Fest der Fischer begangen.

Überregionale Feste

Jedes Jahr, jeweils am 21. Juni, findet in ganz Frankreich und natürlich auch an der Côte d'Azur die **Fête de la Musique** statt, die viele für das Beste halten, was Kulturminister Jack Lang in seiner Amtszeit je geschaffen hat. An diesem Abend wird auf allen Straßen und auf öffentlichen Plätzen des Landes musiziert – meist bis spät in die Nacht, von klassisch bis Free Jazz.

Am 13. und 14. Juli begehen die Franzosen landesweit den **französischen Nationalfeiertag** mit Konzerten, Dorfbällen und Feuerwerk. Traditionell organisieren die Feuerwehrwachen jeweils eigene, der Öffentlichkeit zugängliche Bälle.

Festkalender

Januar

Festival International du Cirque de Monte-Carlo: Zehntägiges Zirkusfest, (www.montecarlofestivals.com).

Rallye Monte Carlo: Autorennen in den Straßen von Monte Carlo (www.acm.mc).

Februar

Fête du Mimosa: Zehntägiges Fest zur Mimosenblüte in Mandelieu bei Cannes (www.ot-mandelieu.fr).

Carneval de Nice: Zwei Wochen lang Umzüge, jedes Jahr unter einem anderen Motto (www.nicecarnaval.com).

Fête du Citron: Zweite Monatshälfte, Zitronenfest in Menton (www.feteducitron.com).

Mai

Expo-Rose: Mitte des Monats, Rosenfest in Grasse (www.grasse.fr).

Le Festival de Cannes: Internationales Filmfestival (www.festival-cannes.fr).

Grand Prix: Formel-1-Rennen in Monaco (www.acm.mc).

La Bravade de St-Tropez: 16.–18. Mai, Fest zu Ehren des Stadtpatrons (www.ot-saint-tropez.com).

Les voiles latines: Segelregatta in St-Tropez (www.ot-saint-tropez.com).

Juni

La Fête de la Musique: 21. Juni, Musik auf öffentlichen Plätzen und Straßen (www.fetedelamusique.culture.fr).

Les Voiles d'Antibes: Segelwoche in Antibes (www.voilesdantibes.com).

Juli

Les Nuits du Sud: Vierwöchiges Open-Air-Festival mit Musikern aus aller Welt in Vence (www.nuitsdusud.com).

Jazz à Juan: Legendäres zehntägiges Jazzfestival in Juan-les-Pins (www.antibesjuanlespins.com).

Nice Jazz Festival: Mitte des Monats, acht Tage Jazz in Nizza (www.nicejazzfestival.fr).

Les Temps Musicaux: Ende des Monats, Tage klassischer Musik in Ramatuelle (www.ramatuelle-tourisme.com).

Les Nuits Auréliennes: Theaterfestival im römischen Amphitheater in Fréjus (www.frejus.fr).

Féria de la Côte d'Azur: Stierkämpfe im römischen Amphitheater von Fréjus (www.frejus.fr).

August

Festival de Ramatuelle: Theaterfestival (www.festivalderamatuelle.com).

Procession votive de Roquebrune: 5. Aug. Prozessionsumzug (www.roquebrune-cap-martin.com).

Jazz Festival: Fünf Tage Jazz in Ramatuelle (www.jazzfestivalramatuelle.com).

Fête du Jasmin: Anfang des Monats, Jasminfest in Grasse (www.grasse.fr).

Débarquement du 15 Août: Zum Jahrestag der Landung der alliierten Truppe Feuerwerk in vielen Küstenorten, z. B. in St. Tropez.

September

Vendanges: Weinlese in den Anbaugebieten der Küste mit Winzerfesten.

Oktober

Les Voiles de St-Tropez: Regatta alter und moderner Segelschiffe (www.ot-saint-tropez.com).

Dezember

Foires aux Santons: Weihnachtsmärkte in vielen Orten.

Reiseinfos von A bis Z

Apotheken

Apotheken sind an einem grünen Kreuz zu erkennen. Sie haben meist werktags 8–12.30 und 15–19 Uhr geöffnet. In jeder Apotheke zeigt eine Tafel an, welche Notapotheke *(pharmacie de nuit)* zuständig ist.

Ärztliche Versorgung

Mit der European Health Insurance Card (EHIC) der gesetzlichen Krankenkassen können auch in Frankreich ärztliche Leistungen abgerechnet werden. Das gilt sowohl für niedergelassene Ärzte als auch für Krankenhäuser.

Es kann dennoch vorkommen, dass ein Arzt auf privater Abrechnung besteht. Gegen Vorlage der Rechnung erstattet die Krankenkasse dann im Nachhinein die Kosten in Höhe des Betrages, der in Deutschland für entsprechende Leistungen üblich ist. Eine Reisekrankenversicherung, die entsprechende Differenzbeträge ausgleicht, ist daher durchaus empfehlenswert.

Über Apotheken und Zeitungen erfahren Sie die Adressen von ärztlichen Notdiensten und Krankenhäusern. Die französischen Krankenhäuser haben einen guten Standard. Die besten ärztlichen Versorgungszentren befinden sich in Nizza und Marseille.

Diplomatische Vertretungen

... von Deutschland
Konsulat
34, av. Henri Matisse
06200 Nizza
Tel. 04 93 83 55 25
nicewgz@aol.com
Mo–Fr 9–12 Uhr

Generalkonsulat
338, av. du Prado
13295 Marseille Cedex 8
Tel. 04 91 16 75 20
www.marseille.diplo.de
Mo–Fr 8.30–11.30, Mi 13.30–16 Uhr

... von Österreich
Konsulate
6, av. Verdun
06000 Nizza
Tel. 04 93 87 01 31
consulat.autriche@wanadoo.fr
Mo–Fr 10–12 Uhr

7, bd. des Moulins
98000 Monte Carlo
Tel. 93 30 23 00
cons-autriche@monaco.mc
Mo–Fr 10–12 Uhr

27, cours Pierre Puget
13006 Marseille
Tel. 04 91 53 02 08
consulatautriche@renardassocies.com

... von der Schweiz
Konsulate
Palais de l'Harmonie
21, rue Berlioz
06200 Nizza
Tel. 06 37 16 21 85
nice@honorarvertretung.ch
Mo–Fr nach Anmeldung

7, rue d'Arcole
13291 Marseille,
Cedex 6
Tel. 04 96 10 14 10
mar.vertretung@eda.admin.ch
Mo–Fr 8–12, 13.30–16 Uhr

Elektrizität

Die Spannung beträgt 220 Volt Wechselstrom. Schukostecker passen oft nicht; daher ist es ratsam, einen Adapter mitzunehmen.

Feiertage

1. Januar: Nouvel An (Neujahr)
Ostermontag: Lundi de Paques
1. Mai: Fête du Travail
(Tag der Arbeit)
8. Mai: Armistice *1945*
(Waffenstillstand Zweiter Weltkrieg)
Christi Himmelfahrt: Ascension
Pfingstmontag: Lundi de Pentecôte
14. Juli: Quatorze Juillet
(Französischer Nationalfeiertag)
15. August: Assomption
(Mariä Himmelfahrt)
1. November: Toussaint
(Allerheiligen)
11. November: Armistice 1918
(Waffenstillstand Erster Weltkrieg)
25. Dezember: Noël
(Weihnachten)

FKK

Das Nudistenzentrum der Côte d'Azur liegt auf der Insel Lévant vor Hyères. ›Oben ohne‹ ist überall üblich.

Geld

Die französische Währung ist der **Euro**. Schweizer können in Banken, die mit dem Schild *Change* gekennzeichnet sind, Geld wechseln.

In den meisten Orten gibt es **Geldautomaten,** an denen man mit der ec-/Maestro-Karte oder der Kreditkarte und seiner Geheimnummer Bargeld abheben kann.

Kreditkarten sind in Frankreich weit verbreitet und werden auch bei der Zahlung kleinerer Summen akzeptiert. Vielerorts ist es auch möglich, mit der **ec-/Maestro-Karte** und Geheimnummer bargeldlos zu zahlen.

Mit einem **Postsparbuch** kann man in den französischen Postämtern, die mit dem deutschen Posthornsymbol auf gelbem Grund gekennzeichnet sind, Geld abheben.

Kinder

Insgesamt ist Urlaub mit Kindern in Frankreich unkompliziert: In Restaurants werden sie nicht als störend empfunden, in den **Hotels** stellt man gegen oft geringen Aufpreis ein Kinderbett ins Doppelzimmer.

Es gibt kindgerechtere Urlaubsgebiete als die Côte d'Azur – trotzdem: In vielen Badeorten werden an den Stränden **Aktivitäten** speziell für Kinder angeboten. **Babysitter** können Sie über Ihr Hotel buchen, aber auch die Offices de Tourisme helfen mit Adressen weiter.

Bei Antibes gibt es den Freizeitpark Marineland mit Aquarium und Aquapark, in Menton den Vergnügungspark Koaland, in Fréjus und St-Jean-Cap-Ferrat einen Zoo. In Biot können Kinder Glasbläsern bei der Arbeit zuschauen und in Vallauris lernen, wie ein Gefäß auf der Töpferscheibe entsteht. In Grasse erklärt man ihnen, wie aus Rosenblättern Parfüm wird, in Monaco gibt es ein Puppen- und Automatenmuseum und in St-Tropez ein Schmetterlingsmuseum. Auf der Presqu'île de Giens bei Hyères können sie rosa Flamingos sehen und auf der Insel Porquerolles wunderbar Mountainbike fahren. In vielen Orten der Küste werden Touren mit dem Glasbodenboot angeboten.

Medien

Radio

France-Info (FM 105.5) heißt der Inforadiosender Frankreichs, der alle 15 Minuten Nachrichten in französischer Sprache bringt. Lokale Radiostationen der Küste sind beispielsweise Radio Monte Carlo (FM 98.8) und das englischsprachige Riviera-Radio (FM 106.5).

TV

In Frankreich gibt es sechs Fernsehsender: das privatisierte ehemalige staatliche Fernsehen TF 1, den staatlichen Sender France 2, FR 3 mit ausführlichen Regionalsendungen, Arte, La Cinquième und M6. Viele Hotels haben Satellitenempfang und damit zahlreiche Programme, darunter auch deutschsprachige Sender.

Zeitungen

Nice Matin und Var Matin sind die meistgelesenen Tageszeitungen der Côte d'Azur. Neben einem umfangreichen Lokalteil findet man in ihnen auch Veranstaltungshinweise. Viele Zeitungsläden und Kioske der Küste führen deutschsprachige Tageszeitungen sowie die Wochenmagazine Spiegel, Stern und Focus.

Notruf

Notruf europaweit: Tel. 112
Polizei: Tel. 17
Feuerwehr: Tel. 18
Ambulanz: Tel. 15
Ärztlicher Notdienst:
Département Alpes-Maritimes,
Tel. 04 93 92 55 55
Département Var,
Tel. 04 94 49 91 91
ADAC Pannenhilfe:
Tel. 04 72 17 12 22

Öffnungszeiten

Banken: Die meisten Banken sind Mo–Fr 9–16 Uhr geöffnet und schließen mittags für eine Stunde.
Cafes und Restaurants: Die Öffnungszeiten variieren. Gleiches gilt für die Ruhetage. Einige Cafés und Restaurants in den Badeorten machen im Winter Urlaub.
Geschäfte: Es gibt keine verbindlichen Ladenschlusszeiten. Kaufhäuser und größere Geschäfte schließen meist gegen 19 Uhr. Die Supermärkte und viele kleinere Einzelhandelsläden sind aber länger geöffnet, von Arabern geführte Lebensmittelläden sogar oft bis Mitternacht. Im Süden halten die meisten kleineren Geschäfte mittags Siesta und öffnen erst wieder um 15 bzw. 16 Uhr. Der Samstag ist ein normaler Geschäftstag. Auch am Sonntagvormittag kann man in Bäckereien, Gemüseläden, bei Fleischern und in anderen kleinen Geschäften einkaufen. Dafür steht man montags oft vor verschlossenen Türen.
Museen: Die meisten Museen sind 10–12 und 15–18 Uhr geöffnet. Mo oder Di sind viele von ihnen geschlossen.
Post: 9–12 und 15–18 Uhr, in größeren Orten teilweise auch durchgehend geöffnet, Sa 9–12 Uhr.

Polizei

Selbst im kleinsten Dorf gibt es eine *Station de Police* oder einen *Poste de Police*, bei der Diebstähle zu melden sind.

Post

Briefe nach Deutschland brauchen zwischen ein und drei Tagen, Postkarten oft etwas länger. Für beide reichen bei einem Gewicht bis 20 g Briefmarken zu

0,55 €. Briefmarken (timbres) gibt es nicht nur in den Postfilialen, sondern auch in allen Tabacs (Tabakläden, die durch eine rote Zigarre gekennzeichnet sind) zu kaufen. Teilweise haben die Briefkästen zwei Einwurfschlitze: einen für Post nach Paris bzw. Post innerhalb Frankreichs und einen zweiten für Post ins Ausland (étranger).

Rauchen

Seit dem 1. Januar 2008 ist das Rauchen auch in Frankreich in öffentlichen Räumen, in Restaurants, Bars und Cafés verboten. Erstaunlicherweise halten sich die meisten Franzosen an die Vorschrift.

Reisekasse und Preise

Die Côte d'Azur ist kein günstiges Urlaubsgebiet. Ein Restaurantessen unter 25 € pro Person zu bekommen, grenzt an ein Wunder. Dieser Betrag ist das Mindeste, den man hier für ein Essen ausgibt. Nach oben sind keine Grenzen gesetzt. Das gilt auch für Hotelzimmer. Für ein Doppelzimmer normalen Standards sollte man mit mindestens 80–120 € rechnen. An vielen Stränden gibt es Liegestühle und Sonnenschirme gegen Gebühr. Je nach Lage, Ort und Saison kostet auch das 10–25 € pro Person und Tag. Am günstigsten ist da noch der Eintrittspreis vieler Museen an der Küste: ca. 4–7 €.

Reisende mit Handicap

Die Association des Paralysés de France gibt einen regelmäßig aktualisierten, kostenpflichtigen Hotelführer für Behinderte heraus (www.apf.asso.fr). Auskunft erteilen auch die Offices de

Spartipps

Cafébesuch: In Cafés sind die Getränke an der Theke immer am günstigsten, auf der Terrasse ist es am teuersten.

Restaurantbesuch: Viele Restaurants bieten günstige Mittagsmenüs. Es lohnt sich also, vor allem Sterne-Restaurants am Mittag auszuprobieren.

Einkaufen: Wohnt man in einer Ferienwohnung oder in einem Haus, lohnt es sich, die Großeinkäufe in den sogenannten grandes surfaces, den großen Supermärkten wie Casino, Carrefour Leclerc oder Géant zu tätigen. Frisches Obst, Gemüse und Fisch ist jedoch auf den Märkten am besten. Wein erhält man bei den örtlichen Kooperativen oftmals günstiger als beim Winzer.

Eintrittsgelder: Der French Riviera Pass gewährt ermäßigten oder freien Eintritt zu Museen und Sehenswürdigkeiten in Nizza und Umgebung. Er ist 24, 48 oder 72 Std. gültig und kostet 24, 36 oder 52 €. Erhältlich beim Fremdenverkehrsamt in Nizza oder online unter www.frenchrivierapass.com.

Festivals: Viele Veranstaltungen sind kostenfrei – erkundigen Sie sich rechtzeitig bei den Offices de Tourisme.

Tanken: In der Regel sind den Supermärkten Tankstellen angeschlossen, bei denen das Benzin günstiger ist als an anderen Tankstellen.

Übernachten: Unterkünfte sind im Hinterland grundsätzlich preiswerter als direkt an der Küste – der Weg zum Meer ist oft trotzdem nicht weit. Auch in der Vor- und Nachsaison sind Hotels günstiger. Das Frühstück, das im Hotel meist gesondert zum Zimmerpreis hinzugerechnet wird, ist im Café nebenan oft netter und günstiger.

Tourisme. Vor allem die Häuser der großen Hotelketten verfügen über behindertengerechte Zimmer.

Sicherheit

Wie in allen gut besuchten Urlaubsgebieten empfiehlt es sich, Handtaschen im Auge zu behalten und im Restaurant nicht über die Stuhllehne zu hängen, kein Gepäck sichtbar im Auto zurückzulassen und das Autoradio möglichst mitzunehmen. Größere Mengen von Bargeld, wertvollen Schmuck und wichtige Papiere sollte man unbedingt im Hotelsafe deponieren.

Reisebüros und Versicherungsgesellschaften bieten Reisegepäckversicherungen an, mit denen man sich gegen größere Schäden durch Diebstahl absichern kann. Im Falle eines Diebstahls muss der Verlust auf jeden Fall bei der Polizei gemeldet werden. Bestehen Sie darauf, dass man Ihnen hier eine Kopie der Diebstahlsmeldung aushändigt, die Sie dann an Ihre Versicherung weiterreichen.

Souvenirs

Empfehlenswert zum Kaufen und Mitnehmen sind natürlich Olivenöl und Wein von der Côte d'Azur. Aber auch hier produzierter Honig sowie kleine Gläschen mit *tapenade* (schwarze Olivenpaste) oder *anchoïade* (Sardellenpaste). Die beiden Pasten isst man auf geröstetem Weißbrot zum Aperitif. Ebenfalls gut zu transportieren sind große Zöpfe mit rosa Knoblauch, der bis zu sechs Monaten haltbar ist, oder auch die kleinen schwarz-braunen Nizzaer Oliven *(olives de Nice),* die es nur hier gibt, sowie Lavendel für die Küche oder für die Wäsche. Typische Produkte der Côte sind des Weiteren Parfum aus Grasse, Marseiller Seife, Pfeifen aus Cogolin und die sogenannten *jarriers,* Tonkrüge, die man einst für Olivenöl benutzt hat.

Tabacs

In Frankreich gibt es keine Zigarettenautomaten. Die kleinen Tabakläden, die *tabacs,* sind an einem roten Symbol in Form einer Rhombe zu erkennen. In ihnen kann man neben Zigaretten und Zigarren auch oft Zeitungen und Zeitschriften kaufen, in jedem Fall aber die Telefonkarten *(télécartes)* sowie Briefmarken. Oft sind *tabacs* an Cafés ange-

gliedert. Seit 2008 darf aber auch hier nicht mehr gequalmt werden.

Telefonieren

Die öffentlichen Telefone in Frankreich funktionieren zunehmend nur mit *télécartes* – Telefonkarten zu 50 oder 120 Einheiten – die man an Postschaltern und in *tabacs* erhält.

Die französischen Rufnummern haben zehn Ziffern, wobei die ersten zwei einem der fünf regionalen Großräume entsprechen. Die Telefonnummern im Großraum Paris beginnen mit 01, im gesamten französischen Südosten – also auch an der Côte d'Azur – mit 04. Bei Anrufen aus dem Ausland entfällt jeweils die erste 0. Die Telefonauskunft (nur in französischer Sprache) erreicht man unter Tel. 12.

Monaco hat ein eigenes Telefonnetz. Die Telefonnummern im Fürstentum sind meist achtstellig.

Mobil telefonieren

Mobiltelefone heißen in Frankreich *portables* oder einfach *mobiles*. Normalerweise schalten deutsche Handys automatisch schon bei der Ankunft im Flughafen auf das französische Netz um. Innerhalb Frankreichs muss man nun lediglich die zehnstelligen Telefonnummern wählen. Vom französischen Netz aus sind deutsche Handys aber nach wie vor nur unter der deutschen Vorwahl, plus Mobilnummer zu erreichen. Zum Abfragen der Mailbox aus dem Ausland muss man in der Regel den entsprechenden Nummerncode des Handys kennen. Vor der Abreise den Zugang beim Provider erfragen.

Vieltelefonierer kaufen am besten vor Ort eine Prepaid-Karte einer französischen Telefongesellschaft. Das Guthaben lässt sich bei Bedarf nachladen.

Internationale Vorwahlen

Frankreich	00 33
Monaco	00 377
Deutschland	00 49
Österreich	00 43
Schweiz	00 41

Für eingehende Anrufe zahlt man sodann nicht mehr. Viele *tabacs* oder Supermärkte verkaufen die Karten, z. B. von Mobiho (www.mobiho.fr).

Trinkgeld

Taxifahrer und Gepäckträger erwarten in jedem Fall ein Trinkgeld (im Taxi ca. 10 % des Fahrpreises). Auch in Restaurants rundet man Rechnungen auf, je nach Zufriedenheit sind 5–10 % üblich. Dabei lässt man das Trinkgeld nach dem Bezahlen auf dem kleinen Teller liegen, auf dem die Rechnung überreicht wird, in Cafés auf dem Tisch.

Umgangsformen

Die Franzosen sind im Allgemeinen höfliche Menschen und legen umgekehrt Wert auf Höflichkeit und gute Umgangsformen. Dazu gehört, dass man das Strandoutfit (Shorts und T-Shirt) ausschließlich am Strand oder vielleicht zum Wandern trägt, nicht aber in Kirchen und Restaurants. Nackte Männeroberkörper und Bikini-Oberteile bei Frauen sind in Orten und Städten verpönt. In guten Restaurants erwartet man bei Männern ein Jacket, in vielen Casinos dazu eine Krawatte.

Ein freundliches *»Excusez-moi!«* oder *»s'il-vous-plaît«* am Anfang oder Ende eines Satzes können in Frankreich selbst bei holprigem Französisch Wunder wirken.

Panorama – Daten, Essays, Hintergründe

Menton bezaubert jeden Reisenden mit italienischem Flair

Steckbrief Côte d'Azur

Daten und Fakten
Name: Région Provence-Alpes-Côte d'Azur (PACA); Principauté de Monaco
Fläche: Ca. 300 km langer Küstenstreifen der Région Provence-Alpes-Côte d'Azur (31 430 km²); Fürstentum Monaco 190 ha
Einwohner: 1,9 Mio., davon ca. 30 000 im Fürstentum Monaco
Größte Städte: Marseille (800 000 Einwohner), Nizza (350 000 Einwohner), Toulon (160 000 Einwohner), Cannes (70 000 Einwohner)
Sprache: Amtssprache Französisch, Regionalsprache Provenzalisch
Währung: Euro
Vorwahl: Frankreich 0033, Fürstentum Monaco 00 377
Zeitzone: MEZ mit westeuropäischer Sommerzeitregelung
Flagge: Frankreich Trikolore blau-weiß-rot, Fürstentum Monaco weißer und roter Balken

Geografie und Natur
Die Küste zwischen Menton an der italienischen Grenze und Cassis wenige Kilometer vor Marseille ist ca. 300 km lang – ein schmaler Streifen zwischen Mittelmeer und den im Hinterland aufragenden Gebirgszügen. Der östliche Küstenabschnitt zwischen Menton und Cannes, der zum Département Alpes-Maritimes gehört, gilt als die klassische Côte d'Azur. Das karge rotfelsige Esterelmassiv bildet den Übergang zum Département Var mit der westlichen Côte d'Azur. Dieser Teil der Küste von St-Raphael bis Cassis ist insgesamt viel grüner, ländlicher und unberührter. Zwischen Toulon und Cassis wird die Küste von hellen Kalksteinfelsen geprägt. An den westlichen Ausläufern der Côte d'Azur liegt Marseille. Die Millionenstadt im Département Bouches-du-Rhône zählt streng genommen nicht mehr zur Côte d'Azur, sondern zur Provence.

Geschichte und Kultur
Es sind die Griechen, die schon 600 v. Chr. die ersten großen Städte an der Mittelmeerküste gründen: *Massalia* (Marseille), *Monoicos* (Monaco) , *Nikaia* (Nizza) und *Antipolis* (Antibes). Im 9./10. Jh. dringen Araber auf Eroberungszügen bis hierhin vor. Der östliche Küstenabschnitt zwischen Menton und Nizza untersteht lange Zeit den Italienern, ist im Besitz des Hauses von Savoyen und der Herrscher von Genua. Im 19. Jh. entdecken wohlhabende Briten die Küste, später gesellt sich der russische Adel hinzu. Es wird chic, am Mittelmeergestade zu überwintern. Ausgerechnet ein Engländer gibt dem Landstrich am Meer 1887 seinen Namen: Stephen Liégeard schreibt in die-

sem Jahr ein Buch mit dem Titel »Côte d'Azur« – azurblaue Küste.

Staat und Politik

Frankreich ist eine Präsidialdemokratie, dessen Staatsoberhaupt auf fünf Jahre gewählt wird. Regierungssitz ist Paris. Hier befinden sich alle Ministerien sowie die beiden Kammern des französischen Parlaments – Nationalversammlung und Senat. Das Land ist in 22 Regionen gegliedert, die sich ihrerseits aus insgesamt 96 Départements zusammensetzen. Die Côte d'Azur gehört zur Région Provence-Alpes-Côte d'Azur und verteilt sich auf die Départements Var und Alpes-Maritimes. Monaco ist eine konstitutionelle Monarchie. Die Exekutivmacht liegt beim regierenden Fürsten, der die Staatsminister ernennt.

Wirtschaft und Tourismus

Der Tourismus – verbunden mit einer entsprechenden Bauindustrie – ist nicht der einzige Wirtschaftsfaktor an der Küste. Im französischen Silicon Valley Sophia-Antipolis hinter Nizza haben sich seit 1969 zahlreiche internationale Unternehmen angesiedelt: Heute sind dort rund 27 000 Menschen bei mehr als 1300 internationalen Unternehmen beschäftigt. Dazu gehören Toyota, Siemens, Ericsson und Oracle, das Pharmaunternehmen Glaxo Wellcome sowie das Software-Entwicklungszentrum von Air France. Außerdem sind 64 Forschungsinstitute, darunter das renommierte Wissenschaftsinstitut des französischen Staates (CNRS), in Sophia-Antipolis vertreten sowie eine Universität und mehrere Fachhochschulen. In Monaco wurden gezielt sogenannte saubere

Unternehmen, wie die Kosmetikfirmen Lancaster und Biotherm, angesiedelt. Im Hinterland von Nizza gibt es weitere kosmetische und pharmazeutische Betriebe. Die Einnahmen aus der Landwirtschaft sind nicht mehr von Bedeutung. Jährlich kommen bis zu 10 Mio. Besucher an die Côte d'Azur. Allein das Département Alpes-Maritimes, zu dem Cannes, Nizza und Menton gehören, zählt bis zu 70 Mio. ›touristische Übernachtungen‹ jährlich, über 30 % davon in 4-Sterne-Hotels. Der Kongresstourismus ist seit Jahren ein wichtiger Wirtschaftsfaktor an der Küste: Kongressteilnehmer bleiben zwar nicht so lange wie normale Touristen, geben aber laut Statistik am Tag fünfmal so viel aus. Alle größeren Städte haben sich darauf eingestellt. So sind in Nizza, Monte Carlo, Cannes und sogar in Grasse große und moderne Kongresszentren entstanden.

Bevölkerung und Religion

Eine bedeutende Bevölkerungsgruppe an der Küste bilden die arabischen Einwanderer aus den nordafrikanischen Maghreb-Staaten. In ganz Frankreich leben über 3 Mio. Araber, die meisten kommen aus Algerien, Marokko und Tunesien. In Städten wie Marseille haben sie einen Bevölkerungsanteil von bis zu 15 %. Nach den Katholiken stellen die Muslime die zweitgrößte Religionsgemeinschaft in Frankreich. Im ganzen Land gibt es über 1000 Moscheen. Allein in Marseille leben über 120 000 Moslems, die meisten von ihnen Algerier. Damit ist die Hafenstadt Hauptstadt des Islam in Frankreich. In der Rue du Bon-Pasteur nahe der Porte d'Aix steht die größte Moschee der Stadt – allerdings ohne Minarett.

Vorgeschichte

Pleistozän   Die Höhle von Terra Amata (Nizza) und die Grotten von Monaco gehören zu den frühesten Zeugnissen menschlicher Behausung in Westeuropa (Villafranchien).

ab ca.   Griechen aus *Phokäa* gründen *Massalia* (Marseille), *Monoicos*
600 v. Chr.   (Monaco), *Nikaia* (Nizza) und *Antipolis* (Antibes); sie treffen auf eine kelto-ligurische Bevölkerung.

Von der Römerzeit bis zur Herrschaft der Anjou

2. Jh. v. Chr.   Die Römer setzen sich dauerhaft in Südgallien fest.

58–49   Julius Caesar erobert Gallien bis zum Rhein und stationiert eine
v. Chr.   Legion im heutigen Fréjus.

22 v. Chr.   Gründung der *Provincia Gallia Narbonensis*.

1.–4. Jh.   Die stark romanisierte und urbanisierte Provinz wird von einem Prokonsul verwaltet. Ihre Hauptverkehrsader ist die von Rom über Genua, Fréjus und Aix bis nach Arles führende *Via Aurelia*.

5. Jh.   Im Zuge der Germanischen Völkerwanderung dringen West- und Ostgoten, Vandalen, Burgunder und Franken an die Mittelmeerküste vor, Zusammenbruch des Weströmischen Reiches.

Antike Ruinen weisen Fréjus als wichtigen römischen Stützpunkt westlich der Alpen aus

773/774	Der Franke Karl der Große erobert das Langobardenreich, das im Westen bis an Nizza heranreicht.
9./10. Jh.	Die Araber unternehmen Plünderungs- und Eroberungszüge entlang der Küste und setzen sich im Massif des Maures bis 975 fest.
972	Wilhelm von Arles gründet die Grafschaft Provence.
1032	Die Provence fällt an das Römische Reich Deutscher Nation.
1246	Karl von Anjou regiert über die Grafschaft Provence fällt.
um 1300	Die italienische Familie der Grimaldi installiert in Monaco eine unabhängige Herrschaft.
1388	Nizza und die umgebende Region fallen an die Grafen von Savoyen, deutsche Reichsfürsten, bei denen sie bis zur Französischen Revolution bleiben. In der Folgezeit wird Nizza wiederholt von Frankreich angegriffen. Die westliche Provence bleibt beim Haus Anjou.
1434–1480	Herrschaft des ›guten Königs René‹, Graf René von Anjou, unter dem die Provence eine erneute Blütezeit erlebt.
1454	Monaco wird ein Fürstentum.

Vom Anschluss an Frankreich bis zur Revolution

1481	Das Haus Anjou stirbt aus, die Provence fällt an Frankreich.
1489	Der König von Frankreich und der Herzog von Savoyen erkennen die Unabhängigkeit Monacos an.
1562–1598	Während der Hugenottenkriege unterstützt die Provence die katholische Partei der Guise. Heinrich IV. gliedert die Provence in das französische Königreich ein. 1593 wird Französisch Amtssprache.
1763	Der britische Schriftsteller Tobias Smollet verbringt ein Jahr in Nizza und lobt in seinen Reiseberichten das milde Klima der Riviera. In England kommt das Überwintern an der Küste Frankreichs in Mode.
1789	Während der Französischen Revolution plündern die Revolutionäre im Maurenmassiv das Kartäuserkloster Chartreuse de la Verne.
1790	Frankreich wird in Départements untergliedert. In der Provence entstehen die Départements Bouches-du-Rhône, Var und Basses-Alpes.

Erste Republik und Napoleonische Herrschaft

1792 Ausrufung der Ersten Republik.

1793 Revolutionäre Truppen erobern die savoyische Grafschaft Nizza, in die viele Adlige geflüchtet sind. Sie fällt an Frankreich zurück.

1804 Napoléon lässt sich zum Kaiser der Franzosen krönen.

1814 Napoléon muss am 6. April abdanken; am 28. April wird er von St-Raphaël aus nach Elba in die Verbannung gebracht.

1815 Napoléon landet am 1. März in Golfe-Juan, um für die ›Herrschaft der 100 Tage‹ nach Paris zurückzukehren. In der Schlacht bei Waterloo erlebt er seine endgültige Niederlage. Der Bourbone Ludwig XVIII. wird König.

1834 Der englische Lord Brougham lässt sich in Cannes nieder; die Riviera entwickelt sich zur Winterresidenz des englischen Adels.

Zweite und Dritte Republik

1848 Nach Barrikadenkämpfen in Paris wird die Zweite Republik ausgerufen. Das Präsidentenamt übernimmt Prinz Napoléon Bonaparte.

1851/1852 Nach dem Staatsstreich vom Dezember 1851 wird Napoléon III. 1852 französischer Kaiser.

1860 Eine Volksabstimmung bindet Nizza nach jahrhundertelanger Zugehörigkeit zum italienischen Herrscherhaus Savoyen endgültig an Frankreich.
Die Reblausplage vernichtet auch Weinberge an der Côte.

1861 Die Städte Menton und Roquebrune lösen sich vom Zwergstaat Monaco ab und stimmen für den Anschluss an Frankreich.

1865 In Monaco eröffnet das Casino, dessen Einnahmen das Fürstentum binnen kürzester Zeit zu neuem Reichtum führen.

1868 Der *Train des Pignes* fährt erstmals von Nizza nach Digne.

1869 Das bislang isoliert gelegene Monte Carlo wird an die Eisenbahnlinie Nizza – Menton angeschlossen.

1870/1871 Deutsch-französischer Krieg, Napoléon III. muss abdanken. Die Dritte Republik wird ausgerufen.

Das Hôtel Negresco wurde Anfang des 20. Jh. für eine zahlungskräftige Klientel erbaut

1887   Das Buch »La Côte d'Azur« von Stephen Liégeards gibt der Küste ihren Namen.

1913   Der ehemalige Kellner Henry Negresco eröffnet in Nizza eines der luxuriösesten Hotels der Küste. Der Ausbruch des Ersten Weltkrieges unterbricht den einsetzenden Tourismusboom.

1919   Picasso kommt zum ersten Mal mit seiner Frau Olga an die Côte.

1928   Mit der Wahl von Jean Médecin zum Bürgermeister beginnt in Nizza die 62 Jahre dauernde Ära der ›Médecin-Dynastie‹, die erst mit dem Rücktritt seines Sohnes Jacques endet.

1929   Erstes Grand-Prix-Rennen in Monaco.

Zweiter Weltkrieg und Nachkriegszeit

1933   In Sanary-sur-Mer finden nach den Bücherverbrennungen von Berlin deutsche und österreichische Intellektuelle und Literaten ein Exil.

1939   Nach Hitlers Überfall auf Polen werden die französischen Truppen mobil gemacht. Für Frankreich beginnt *La drôle de guerre,* der seltsame Krieg, in dem zunächst nichts passiert.

1940   Nach der erfolgreichen deutschen Blitzoffensive in Frankreich kommt es im Juni zum Waffenstillstand von Compiègne. Frankreich wird in den besetzten Norden, der den deutschen Militärbehörden untersteht, und die *zone libre* im Süden aufgeteilt, die von der scheinbar unabhängigen Vichy-Regierung unter Marschall Pétain kontrolliert wird. In der ›freien Zone‹ organisiert sich der französische Widerstand. Im Hinterland der Côte d'Azur halten sich die *macquisards*, kleine Partisanengruppen, versteckt. Marseille wird zum Fluchtpunkt zahlreicher von Hitler Verfolgter, Menton von den Italienern besetzt.

1942 Die Deutschen besetzen die *zone libre* und erlangen die Kontrolle über strategisch wichtige Punkte an der Côte d'Azur. Am 27. November versenkt die französische Marine die eigene Flotte bei Toulon, damit sie nicht der deutschen Wehrmacht in die Hände fällt.

1944 Am 15. August erobern alliierte Truppen die Küste. Die Amerikaner landen vor dem Mauren- und Esterelmassiv, und die Franzosen erobern unter General Lattre de Tassigny die Halbinsel von St-Tropez. Am 26. August wird Toulon befreit, am 28. August Marseille und am 30. August Nizza. Nur in den Seealpen können sich Teile der deutschen Wehrmacht noch bis April 1945 halten.

1945 Nach der Befreiung Frankreichs wird die Vierte Republik ausgerufen.

1946 Das erste Filmfestival von Cannes findet statt.

1947 Italien muss das Gebiet am Col de Tende im Hinterland von Nizza an Frankreich abtreten.

1949 Fürst Rainier III. besteigt den Thron von Monaco und baut das Fürstentum zu einem modernen Stadtstaat aus.

1950er-Jahre bis zur Jahrtausendwende

1956 Im Beisein von 400 Journalisten heiratet Fürst Rainier III. in Monaco die amerikanische Filmschauspielerin Grace Kelly.

1958 Die Auseinandersetzungen um Algerien stürzen Frankreich in eine tiefe Krise. Auf der Grundlage einer neuen Verfassung beginnt die Fünfte Republik.

1962 Das Abkommen von Evian beendet den Algerienkrieg. Viele der Algerienfranzosen *(pieds noirs)*, die nun nach Frankreich zurückkehren müssen, lassen sich an der Côte d'Azur, nieder.

1965 Frankreich tritt aus dem NATO-Militärbündnis aus, bleibt ihm aber politisch verbunden. Der Aufbau einer eigenen Atomstreitmacht (›Force de Frappe‹) wird vorangetrieben. Daraufhin ziehen die USA die Mittelmeereinheiten der 6. US-Flotte ab. Viele Bordelle an der Côte d'Azur müssen in der Folgezeit schließen.

1968 Die Pariser Studentenunruhen machen sich auch an der Côte d'Azur bemerkbar: Godard, Chabrol und andere Jungfilmer besetzen in Cannes das Festivalauditorium. Das Filmfestival wird nach Protesten frühzeitig beendet.

1971 Staatspräsident Pompidou erwirbt mit Staatsgeldern die Insel Porquerolles und stellt sie unter Naturschutz.

1972 Im Rahmen der Regionalisierungspolitik werden die Départements Bouches-du-Rhône, Vaucluse, Hautes-Alpes, Var, Alpes-Martimes und Alpes-de-Haute-Provence in der Région Provence-Côte d'Azur-Alpes du Sud (PACA) zusammengefasst.

1973 Pablo Picasso stirbt am 8. April in seiner Villa Notre-Dame-de-Vie bei Mougins.

1981–1995 Während der Amtszeit von François Mitterrand erhalten die Départements und die Regionen im Zuge seiner Dezentralisierungspolitik größere Eigenständigkeit.

Im 21. Jahrhundert

2001 Die neue TGV-Linie Méditerranée verbindet Paris und Marseille in etwa drei Stunden.

2005 Fürst Albert II. übernimmt nach dem Tod seines Vaters, Fürst Rainier III., die Regierungsgeschäfte in Monaco.

2007 Der konservative Nicolas Sarkozy von der UMP (Union pour la Majorité Présidentielle) gewinnt im Mai die Präsidentschaftswahlen im zweiten Wahlgang mit über 53 % und löst nach zwölf Jahren Jacques Chirac im Elysée-Palast ab. Sarkozys Herausforderin, die Sozialistin Ségolène Royal, kommt nur auf knapp 47 % der Stimmen. Die einst mächtige kommunistische Partei versinkt zunehmend in Bedeutungslosigkeit, im ersten Wahlgang stimmten 17 Mio. für den Zentristen François Bayrou und damit für eine Partei der Mitte.

2008 Baubeginn des neuen Cocteau-Museums in Menton.

2010 Große Alberto Giacometti-Retrospektive in der Fondation Maeght in St-Paul-de-Vence.

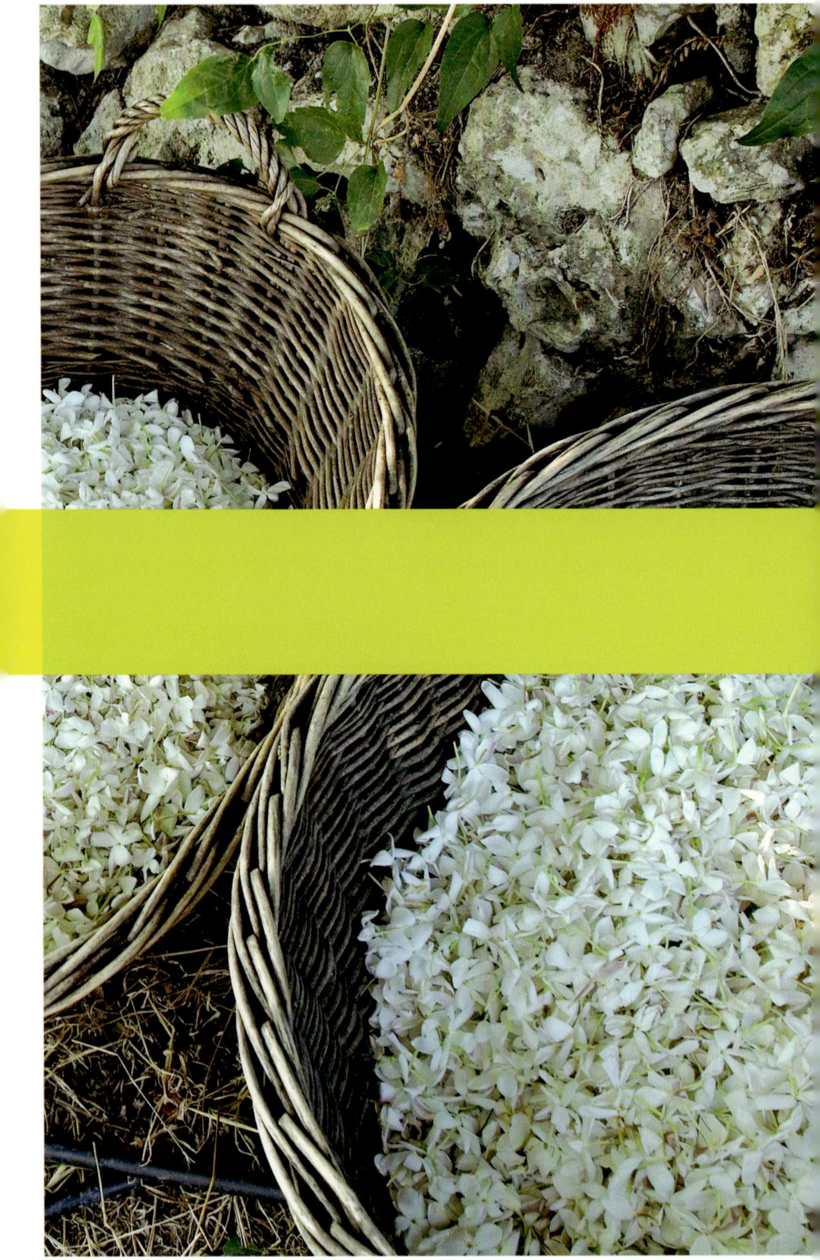

Berühmt geworden durch den Roman »Das Parfum« gilt Grasse noch immer als Stadt der Düfte. Auch wenn heute hier das wahre Geschäft mit Aromen für Lebensmittel und Kosmetika sowie mit synthetischen Duftstoffen gemacht wird.

Das gelobte Land der Parfümeure

»Dieser … Ort war die Stadt Grasse, seit einigen Jahrzehnten unumstrittene Produktions- und Handelsmetropole für Duftstoffe, Parfumerieware, Seifen men und anti-allergenen Duftstoffen zu tun, aber zumindest der Stammsitz der global agierenden Unternehmen klingt noch nach Baldini, nach Jasminblüten und Blumenfeldern unter südfranzösischer Sonne.

Seinen Ruhm als Welthauptstadt des Parfums hat Grasse einer Modeerscheinung zu verdanken, die während der italienischen Renaissance aufkam: parfümierte Handschuhe. Neben Gerbern und Handschuhmachern siedelten sich damals auch Parfümeure in Grasse an. Heute ist die Parfümindustrie neben dem Tourismus der wichtigste Wirtschaftszweig der Region.

Grasse – im Reich der Düfte

und Öle. Giuseppe Baldini hatte ihren Namen immer mit schwärmerischer Verzückung ausgesprochen. Ein Rom der Düfte sei diese Stadt, das gelobte Land der Parfumeure, und wer nicht seine Sporen hier verdient hatte, der trage nicht zu Recht den Namen Parfumeur.« (Patrick Süskind, Das Parfum).

Es gibt sie erstaunlicherweise immer noch in Grasse, die Parfumfirmen und *les nez* (die Nasen). Sie unterhalten Filialen und Fabriken in den USA, Südafrika, Südamerika und China sowie Kreativateliers in New York und Genf. Sie haben mittlerweile weniger mit handgepflückten Rosenblüten als mit der Herstellung von synthetischen Aro-

Jasminblüten aus Grasse – edler Rohstoff für das Parfum Chanel N° 5

Wie der Duft in den Flakon kommt

In Grasse beschäftigen über 60 Betriebe der Branche 3800 Mitarbeiter. Darunter auch die drei Parfumfabriken Molinard, Fragonard und Galimard, bei denen Französisch, Englisch und Deutsch sprechende Hostessen Besuchern den Weg des Parfums von der Blüte in den Flakon erklären. Das Geschäft mit den Touristen läuft so gut, dass die Unternehmen – außer Molinard – fast ausschließlich vom Gewinn aus dem Verkauf vor Ort leben.

Der entscheidende Zweig der Parfümindustrie aber ist dem Publikum nicht zugänglich. Rohstofflieferanten wie Robertet und Charabot sind auf

dem Weltmarkt der Parfumessenzen-
herstellung führend. Trotz Umstruktu-
rierung und Eröffnung von Dependan-
cen in Paris sind sie in Grasse geblieben. Dabei kommen nur noch sehr
wenige Rohstoffe für die Essenzher-
stellung aus der Umgebung des Ortes.
Die Unternehmen importieren das
Gros der Blütenextrakte aus Italien, In-
donesien (Java), den USA, Brasilien,
den Ländern der ehemaligen Sowjet-
union, China und Madagaskar.

Teure Blüten

In den 1920er-Jahren arbeiteten in den
Dörfern um Grasse noch über 5000 Blu-
menbauern auf den Feldern, ernteten
Jasmin und Rosen. Heute sind es vielleicht noch 50. Der Immobilienboom

an der Côte d'Azur hat die Anbauflä-
chen von Jasmin auf gerade mal 30 ha
reduziert. Aber noch immer gelten
Blumen und Blüten aus Grasse als die
qualitativ besseren.

So wird für die Parfumversion von
Chanel N° 5 ausschließlich Jasmin aus
Grasse, für das Eau de Toilette hingegen ägyptischer Jasmin verwendet.
50 000–80 000 Blüten benötigt man für
100 ml Chanel N° 5, per Hand gepflückt
in ca. 16 Stunden. Das ist in Frankreich
um ein Vielfaches teurer als in Nordafrika oder Indien. Für ein Kilo Mai-Ro-
senkonzentrat des Rosenbauers Joseph Mul bei Grasse zahlen die Parfümeure 8 000 €/kg. Die Blüten werden
von Hand geerntet und sortiert. Die
weitere Verarbeitung ist ähnlich der
von Wein und ebenso aufwendig.

Aromen für die Welt

Die Herstellung von Essenzen für Dior,
Yves St-Laurent, Guerlain, Chanel und
andere sorgen aber nur noch für den
geringeren Teil des Umsatzes der
großen Unternehmen. Viele Parfums
werden mittlerweile synthetisch hergestellt. Seit den 1970er-Jahren produziert Robertet vor allem Aroma-
stoffe für Joghurt, Kuchen, Eis und
Saucen, aber auch Duftstoffe für Kosmetika, Seifen, Weichspüler und
Waschpulver.

Heute ist das Unternehmen aus
Grasse – Jahresumsatz 200 Mio. € –
Weltmarktführer in der Herstellung
von Aromen. Robertet unterhält weltweit Filialen und arbeitet derzeit am
Ausbau der Herstellung von sogenan-
ten salzigen Aromen. Trotz Expansion
und weltweiten Aktivitäten ist Robertet ein Familienunternehmen geblieben, mittlerweile in der vierten Generation seit 1850.

Immer der Nase nach
Fragonard: 20, bd. Fragonard,
www.fragonard.com.
Galimard: 73, route de Cannes, Le
Plan, www.galimard.com.
Molinard: 60, bd. Victor-Hugo,
www.molinard.com.
Die Führungen in den drei Par-
fumfabriken sind gratis. Wer seine
Nase trainieren möchte, kann im
Atelier de Tarinologie bei Moli-
nard oder im **Studio des Fragran-
ces** bei Galimard unter Anleitung
sein eigenes Parfum kreieren
(Dauer 1,5–2 Std., Reservierung
erforderlich).
**Musée International de la Parfu-
merie:** 8, place du Cours Honoré
Cresp, www.museesdegrasse.com,
Juni–Sept. 10–12.30, 13.30–18.30,
Okt.–Mai 10–12.30, 14–17.30 Uhr.
Das Museum unterrichtet kurzwei-
lig über die Welt der Düfte.

Weinbau mit Tradition – von Le Bellet bis Cassis

Die Weine der Côte d'Azur waren lange Zeit von nur mäßiger Qualität, und manche sogar ungenießbar. Das hat sich entscheidend geändert. An der Küste gibt es nun hervorragende Weiß- und Rotweine – und natürlich jede Menge Rosé-Appellationen.

Das Weinanbaugebiet der Provence reicht von den Seealpen bis hinab an die Küste, konzentriert sich jedoch im Département Var. Schon um 600 v. Chr. pflanzten die Griechen hier erste Weinstöcke. Der Weinbau an der westlichen Côte d'Azur schaut damit auf die längste Tradition in ganz Frankreichs zurück.

Die Côtes de Provence, die seit 1977 eine Appellation d'Origine Contrôlée (AOC), also eine kontrollierte Ursprungsbezeichnung, tragen, nehmen mit 18 000 ha die größte Rebfläche in der Provence ein. Die Roséweine stellen mit 80 % den mit Abstand größten Teil der Appellation Côtes de Provence. Nur 15 % von ihnen sind Rotweine und verschwindende 5 % Weißweine. Über die Hälfte der Appellationsweine wird in Kooperativen vinifiziert, in denen man den Wein oftmals noch sehr günstig literweise abfüllen lassen oder bereits auf Flaschen gezogen kaufen kann.

Der Sonnenbrillen-Rosé

Der Rosé ist das Markenzeichen der Vins de Provence. Kein anderer Wein passt besser zu Aioli, Bouillabaisse und *pissalardière,* kein anderer lässt sich mittags im Sommer so gut trinken. Die Qualität des Rosé wie insgesamt der Weine der Provence hat sich in den vergangenen Jahren entscheidend verbessert. »Der Sonnenbrillen-Rosé mit zu viel Alkohol und zu wenig Geschmack«, wie Weinkritiker Hugh Johnson einst mäkelte, ist rarer geworden, wenn auch nicht ganz verschwunden.

Obwohl mit Billig-Image behaftet, ist der Rosé unter technischen Gesichtspunkten am schwierigsten herzustellen. Er wird aus roten Trauben gewonnen: Je später man den Saft von der Traubenhaut trennt, desto dunkler wird er. Saft und Traubenhaut können nach zwei Methoden getrennt werden: Entweder zieht man den Traubensaft ab, um ihn dann in einem separaten Behälter zu fermentieren, oder man presst den Rosé. In Bandol benutzt man das System der *pressée directe:* Die Trauben werden dabei sofort nach der Ernte durch die Presse geschickt, was einen sehr blassen Rosé ergibt.

Edle Tropfen aus Nizza

Eines der kuriosesten Weinanbaugebiete Frankreichs liegt hoch über Nizza und ist nur 60 ha groß: Le Bellet. Es produziert Weiß- und Rotweine – immerhin so gute, dass sie auf dem EU-Gipfel von Nizza im Jahr 2000 den Staatsgästen gereicht wurden. Viele der insgesamt 14 Weingüter des Bellet sind terrassenartig angelegt.

Château de Crémat, mit 15 ha die größte Domaine, wurde vor einigen Jahren von einem Holländer mit dem Ziel aufgekauft, die Anbaufläche zu verdoppeln (442, chemin de Crémat, Tel. 04 92 15 12 15, www.chateau-cremat.com). Das **Château de Bellet** befindet sich hingegen noch immer fest in französisch-aristokratischer Hand. Ghislain de Charnace führt es in alter Familientradition in der vierten Generation (Les Seoules, Tel. 04 93 37 81 57). Fast alle Güter organisieren Führungen

und Degustationen und präsentieren sich im Internet unter der gemeinsamen Website www.vinsdebellet.com.

Dégustation rund um St-Tropez

Gleich mehrere renommierte Weingüter liegen auf der Halbinsel von St-Tropez und können auf der *Route des Vins* angesteuert werden. Eine Broschüre mit Öffnungszeiten und anderen Informationen hält das Office de Tourisme in St-Tropez bereit.

Das **Château Minuty** teilte sich einst mit der benachbarten Domaine de Bertaud fast die ganze Halbinsel. Unter Ludwig XV. gehörten dem Weingut 2000 ha Land, das sich bis zum Meer erstreckte. Im 18. Jh. wurde das dazugehörige Schloss gebaut, 1955 erhielt das Château Minuty erstmals die Bezeichnung *cru classé,* die bis dahin großen Bordeaux-Weinen vorbehalten war. Das Gut wird in der dritten Familiengeneration geführt und kann besichtigt werden. Der Wein wird in Nachbildungen antiker Flaschen abgefüllt (Route de Bertaud, an der D 61, Tel. 04 94 56 12 09, www.minuty.fr).

Minutys Nachbar, die **Domaine de Bertaud-Belieu,** gab im Laufe der Jahre immer mehr Land ab: Über 100 ha des Besitzes wurden verkauft, zuletzt für einen 18-Loch-Golfplatz (D 61 Richtung Gassin, Tel. 04 94 56 16 83, www.bertaud-belieu.fr).

Nicht weit von hier liegt das **Château Barbeyrolles.** Einst in britischem Besitz, wurde es 1977 von der damals erst 26-jährigen Régine Sumeire übernommen – mit Erfolg! Selbst der gefürchtete amerikanische Weinpapst Robert Parker befand ihren Pétale de Rosé und den im Eichenfass ausgebauten Rotwein für gut und »von erstaunlicher Qualität« (Chemin de la Berle-Gassin an der D 61, Tel. 04 94 56 33 58, www.toureveque.com).

Zu den Aufsteigern der letzten Jahre zählen die Weine des **Château de la Rouillère,** die man auch direkt auf dem Gut kaufen kann (Route de Ramatuelle, an der D 61, Tel. 04 94 55 72 60, www.domainedelarouillere.com).

Wein von der Insel

Eines der schönsten Weingüter der Côte d'Azur dürfte La Courtade auf der Insel Porquerolles vor Hyères sein. Nachdem die Insel während des Zweiten Weltkrieges evakuiert worden war, kümmerte sich lange Zeit niemand um den Wein. Im Jahr 1981 übernahm der Pariser Architekt Henri Vidal La Courtade. Er engagierte den jungen Elsässer Winzer Richard Auther, investierte ein kleines Vermögen in neue Weinstöcke, moderne Kellereien und Lagerräume und baute sich selbst ein Wohnhaus mit Pool und Terrasse in den Weinberg. Die Rot-, Rosé- und Weißweine von La Courtade (www.lacourtade.com) werden inzwischen an der ganzen Küste verkauft; sie können online bestellt werden

Rot oder weiß – Bandol oder Cassis

Das Anbaugebiet **Bandol** am westlichen Rand der Côte ist berühmt für seine Rotweine, die mindestens 18 Monate in Eichenfässern aufgezogen werden und durchaus mit *crus* aus Burgund und dem Bordelais zu vergleichen sind. Die Weine des Château de Pibarnon von Comte Henri de Saint-Victor in La Cadière-d'Azur (Tel. 04 94 90 12 73) und von der Domaine de

Souviou in Le Beausset (Route Nationale 8, Tel. 04 94 90 57 63) gehören zu den besten unter den Bandol-Gütern.

Das benachbarte **Cassis** ist die älteste Appellation d'Origine Contrôlée der Küste. Auf sehr kalkhaltigem Boden werden hier inzwischen fast ausschließlich Weißweine produziert. Besondere Beachtung verdienen die Gewächse der Domaine Caillol (11, chemin du Bérard, Tel. 04 42 01 05 35) sowie die von Winzer François Paret auf der Ferme Blanche (Route Nationale 559, Tel. 04 42 01 00 74).

Weinprobe und Weinkauf
Nur ein kleiner Teil der Vins de Provence wird exportiert, über 60 % des Weins bleiben im Süden. Am besten kauft man also bei den Winzern vor Ort. Es empfiehlt sich, vorher anzurufen, um Öffnungszeiten und eventuelle Kellerbesuche *(visites des caves)* zu erfragen bzw. abzusprechen. Auch die Kooperativen vertreiben gute Weine, meist noch preisgünstiger als die Winzer. Insgesamt sind die Weine der Küste überteuert.

Bedrohte Natur –
Waldbrandgefahr im Süden

Die Wälder des Maurenmassivs werden alljährlich Raub der Flammen

Jedes Jahr verbrennen an der Côte d'Azur Tausende Hektar an Wald. Das französische Innenministerium hat zwar inzwischen ein Frühwarnsystem eingeführt und vorbeugende Schutzmaßnahmen verbessert – das allein aber reicht nicht, um Jahrhunderte alte Korkeichen und Pinien vor den Flammen zu retten.

Es gibt Tage an der Côte d'Azur, da ist der Wetterbericht eine einzige Ansammlung von Hiobsbotschaften für die örtliche Feuerwehr. Die Temperaturen betragen um die 40 °C, heftige Mistralwinde und geringe Luftfeuch-

tigkeit kommen hinzu. Ideales Waldbrandwetter!

Bei Trockenheit und Wind können sich die Flammen blitzschnell durch das dichte, unbeseitigte Unterholz der Wälder fressen, verkohlen Korkeichen und idyllische Pinienhaine buchstäblich in Windeseile. Es braucht mindestens 20 Jahre, bis sich die Wälder davon wieder erholen, sagen Experten. Eine Fläche von geschätzt 20 000 ha Wald verbrennt so alljährlich – oftmals aufgrund von Unachtsamkeit: Weggeworfene Zigarettenkippen, Grill- und Lagerfeuer lösen die Flächenbrände aus. Aber nicht nur.

Zündeln aus Frust und Profitgier

Ungefähr 20 % der Brände – so glauben die Behörden – werden von professionellen Brandstiftern ausgelöst, von Feuer liebenden Pyromanen, die mit Streichhölzern ganze Landstriche in Brand setzen. Vor einigen Jahren gestand ein 30-jähriger Landarbeiter der Polizei in Nizza, er habe aus Enttäuschung gezündelt: Bei der Freiwilligen Feuerwehr habe man ihn nicht aufnehmen wollen. Auch Spekulanten vernichten immer noch Waldflächen, um das Gebiet später als Bauland ausweisen zu können.

Im verheerenden Hitzesommer 2003 riefen französische Politiker zu scharfen Strafen für die Brandstifter auf: »Sollten einige der Feuer kriminellen Ursprungs sein«, so drohte der damalige Staatschef Jacques Chirac, »dann werden die Schuldigen mit außerordentlicher Härte verfolgt«. Im Schnellverfahren wurden sie verurteilt und bestraft. Bei Brandstiftung mit Todesfolge, so damals der Justizminister, könne sogar eine lebenslange Haft verhängt werden.

Mit Feuer den Brand bekämpfen

Auf anderen Ebenen aber fehlt der politische Eifer: Weite Flächen der Wälder, ob in Privatbesitz oder staatlich, bleiben unbewirtschaftet, und das leicht entzündliche Unterholz wird daher oft nicht entfernt. Im Var sind große Teile des Waldes in Privatbesitz. Früher wurden diese Wälder bewirtschaftet. Schaf- und Ziegenherden sorgten dafür, dass das leicht brennbare Unterholz nicht zu hoch wuchs.

Das gesamte Hinterland war zudem wesentlich dichter besiedelt als heute. Nachdem jedoch immer mehr Bergbauern die isolierten Regionen verließen, hat man den Wald jahrzehntelang vernachlässigt.

Nur vereinzelt lässt die französische Feuerwehr gemeinsam mit der Forstbehörde ausgewählte Strauchschichten im Winter kontrolliert und gezielt abfackeln, um großflächige Brände im Sommer zu verhindern. Ein undurchdringliches Geflecht aus Unterholz und verkrüppelten Baumwurzeln begünstigt immer wieder die Brandgefahr. Und nur zögerlich wurden Waldbesitzer in der Vergangenheit zum Ausschlagen dieses Unterholzes verpflichtet.

Rauchwolken über dem Urlaubsparadies

Besonders gefährdet ist immer wieder das Maurenmassiv mit seinen vielen Korkeichen und Kastanienbäumen – allein im Hitzejahr 2003 brannten hier über 10 000 ha ab. Es war das verheerendste Jahr für Südfrankreich seit 30 Jahren – »ein ökologisches Desaster«, wie die Regierung in Paris bemerkte. Drei Feuerwehrmänner kamen damals in den Flammen ums Leben, ebenso wie vier Touristen auf der Flucht vor dem Feuer. Tausende von Urlaubern

Plan Alarm
Während der Perioden mit erhöhter Brandgefahr werden die Wanderwege im Maurenmassiv teils gesperrt. Über die aktuelle Situation unterrichtet die Website http://ddaf.cdig-83.org oder eine automatische Ansage unter Tel. 04 98 10 55 41.

mussten ihre Campingplätze und Ferienhäuser verlassen, über St-Tropez standen dichte Rauchwolken.

Hunderte von professionellen und freiwilligen Feuerwehrleuten sind an solchen Tagen im Einsatz. Ihre Löschflotte ist in Marignane bei Marseille stationiert. Dort stehen permanent sogenannte Canadair-Löschflugzeuge bereit, die Löschwasser im Meer auftanken und so ununterbrochen Einsätze fliegen können. Darüber hinaus hält das Innenministerium zur Brandbekämpfung zwei Aufklärungsflugzeuge, Hubschrauber und über 20 Wasserbomber bereit. Viele der Piloten sind ehemalige Kampfflieger. Aufkommende Feuer werden jeweils mit Priorität gelöscht, Ferienhäuser eher als landwirtschaftliche Flächen.

Was hingegen fehlt, ist eine gezielte Vorsorge auf Gemeindeebene. Siedlungsflächen werden nicht als Risikozonen ausgewiesen, denn das könnte die Preise des Baulandes nach unten korrigieren. Der Chef des französischen Feuerwehrverbandes FNSP beklagte, die Regierung unternehme rein gar nichts gegen den Bauboom in brandgefährdeten Gebieten.

Außerdem gibt es kein regional einheitliches Frühwarnsystem. Nicht einmal die Hälfte aller Gemeinden im Département Var verfügen über einen Vorsorgeplan für den Brandfall. Und so wird es wohl nach wie vor alle Jahre wieder brennen an der Küste, werden Bäume verkohlen und Feuerstürme ganze Wälder heimsuchen. Mittlerweile ist das ein gewohntes Bild. Schlagzeilen machen die Brände nur noch, wenn das Feuer den Luxusvillen der Halbinsel von St-Tropez gefährlich nahe kommt.

Ein Haus am Meer –
das Paradies hat seinen Preis

Olivier Le Quellec ist seit Jahren Direktor von Transacmer, der exklusivsten Immobilienagentur von St-Tropez. Seine Kunden kommen aus der ganzen Welt, sind oft prominent und zahlen in der Regel ab 10 Mio. € aufwärts für ein Ferienhaus. Unter 20 Mio. gibt es nur selten Meerblick.

Britta Sandberg: Monsieur Le Quellec, wie gehen die Geschäfte?
Le Quellec: Gut. Die Preise explodieren seit Jahren. Mittlerweile können wir sie direkt von Francs in Euro umrechnen, d. h. eine Villa, die in den 1980er-Jahren vielleicht 10 Mio. Französische Francs kostete, ist heute 10 Mio. € wert.

Und was bekommt man für 10 Mio. € heute in St. Tropez?
Le Quellec: Eine normale Villa, nichts besonderes, kein Meerblick, kein besonders gutes Viertel. Für eine Villa mit Meerblick müssen Sie 20 Mio. € rechnen, eine richtig schöne, ausgefallene Villa in sehr guter Lage am Meer, also ein außergewöhnliches Haus gibt es ab 40 Mio. € aufwärts. Und das wird immer so weitergehen, irgendwann, in naher Zukunft, werden wir Preise von 70–80 Mio. € für eine Villa sehen, diese Prognose wage ich schon heute.

Damit hätte St-Tropez dann das Preisniveau des berühmten Cap Ferrat, einem der teuersten Flecken der Küste sehr viel weiter westlich erreicht?

Le Quellec: Das hat der Ort spätestens seit den 1990er-Jahren. Im Frühjahr 1998 kaufte ein englischer Banker bei mir innerhalb von 20 Minuten eine Villa im Wert von damals 50 Mio. Francs, drei Jahre zuvor hatte ich dasselbe Haus für 30 Mio. Francs verkauft. Da wusste ich, dass wir eine magische Grenze überschritten hatten. Und mittlerweile ist es so, dass viele Eigentümer vom Cap Ferrat in St-Tropez kaufen, weil sie glauben, dass es hier noch mehr Potenzial gibt.

Eine magische Grenze ist überschritten

Was bedeuten diese enormen Preissteigerungen für die ›normalen‹ Tropezianer?
Le Quellec: Es bedeutet, dass sie auf Bergen aus Gold sitzen, aber dass sie von diesem Gold nichts sehen, so lange sie nicht verkaufen. Es bedeutet aber vor allem, dass sie irgendwann der französischen Vermögenssteuer unterliegen werden, oft aber keine Mittel haben, sie zu bezahlen. Und dann müssen sie verkaufen, auch wenn sie nicht wollen.

Wer sind Ihre Kunden?
Le Quellec: Erstaunlicherweise immer mehr junge Leute zwischen 30 und 45 Jahren, die ohne Weiteres für eine Villa zwischen 20 und 40 Mio. € bezahlen können. Von den Nationalitäten

her 50 % Franzosen und an die 50 %
andere Europäer, dazu einige Amerikaner und einige wenige Russen. Die
machen allerdings die unglaublichsten
Preisgebote. Grundsätzlich aber kaufen die Russen nicht hier, sondern an
der klassischen Côte d'Azur, am Cap
d'Antibes oder Cap Ferrat – dort sind
die Häuser spektakulärer, größer und
extravaganter. In St-Tropez haben Sie
oft nur kleine Häuser von 200–300 m²,
am Cap Ferrat finden Sie ohne Pro-
bleme auch 3000 m² Wohnfläche.

*Der russische Oligarch Abramovitch
hat ein Schloss am Cap Ferrat und soll
auch auf der Halbinsel von St-Tropez
gekauft haben?*
Le Quellec: Davon habe ich auch gele-
sen, insofern scheint etwas dran zu
sein. Ich kann Ihnen dazu aber nichts
sagen, über Namen und Preise muss
ein Makler schweigen können, Diskre-
tion ist unser Job.

Diskretion versteht sich von selbst

*Sind viele Ihrer Kunden sehr promi-
nent?*
Le Quellec: Ja, sicher. Wissen Sie, die
reichen Leute dieser Welt kommen alle
irgendwann mal nach St-Tropez. Am
Anfang sind sie auf einer Jacht einge-
laden oder wohnen in einem Ferien-

haus, und irgendwann wollen dann
viele von ihnen hier etwas kaufen.

Warum eigentlich ausgerechnet hier?
Le Quellec: Erstens, weil das hier ein
kleines Paradies ist: St-Tropez ist von
größeren Bausünden verschont geblieben, die gesamte Halbinsel noch unglaublich grün und weitläufig. Das
liegt daran, dass die Gemeinden nicht
wie woanders die Grundstücke parzel-
liert haben. Im Vergleich zur westlichen Côte d'Azur haben Sie im Var
noch ziemlich viel Platz. Aber das ist
natürlich nur ein Grund. Ein Haus in
St-Tropez zu haben, steigert umge-
hend Ihr soziales Ansehen und Sie sind
auf einmal Mitglied in einem exklusiven Club. Das ist auch beruflich interessant. Die gesellschaftlichen Verbin-

dungen, die sie hier knüpfen können, sind von unschätzbarem Wert. In Paris müssen Sie dafür Vorzimmer überwinden und Sekretärinnen überreden, Sie vorzulassen. In St-Tropez steht der Mann, der Sie interessiert, in der Badehose neben ihnen. Und Sie treffen die Leute hier in einer entspannten Stimmung an, da lassen sich ganz anders Kontakte knüpfen.

Sie reden jetzt von Kontakten unter Geschäftsmännern?
Le Quellec: Von allen möglichen Verbindungen. Wissen Sie, hier gibt es verschiedene Stämme: Den der klassischen seriösen Geschäftsmänner und jene, die herkommen, um nach Frauen oder auch Männern zu jagen. Dann gibt es die, die einfach nur feiern wollen, und die Extravaganten, die für alles immer ein Publikum brauchen. Die stehen oben auf dem Podium und freuen sich, dass die hinteren Ränge besetzt sind und zugucken. Das Lustige ist, für alle ist hier Platz. St-Tropez hat immer aus diesem Widerspruch gelebt.

Was muss man tun, wenn man bei Ihnen ein Haus kaufen will?
Le Quellec: Sie gehen auf unsere Website und haben dort alle Angebote, oft mit Videoaufnahmen der Häuser. Wir schicken auch DVDs zu. Mittlerweile werden die meisten Villen inklusive Mobiliar und Bildern verkauft, viele darunter sind von berühmten Innenarchitekten eingerichtet worden. Ja, und dann müssen Sie nur noch aussuchen, was Ihnen gefällt!

Exklusive Immobilien sind an der Côte keine Mangelware

Fürstentum Monaco – Luxusleben im Zwergstaat

Monaco ist klein, nicht besonders hübsch, ziemlich verbaut, unglaublich exklusiv und damit einer der merkwürdigsten Kleinstaaten der Welt – ein Steuerparadies mit Anschluss zur Außenwelt, eines der weltweit größten Cash-Geld-Depots und Wohnort berühmter Prinzessinnen.

Das Steuerparadies Monaco ist 3,2 km lang und 190,4 ha groß – das entspricht ungefähr 195 Fussballfeldern oder der Hälfte des Hydeparks. Dafür ist es ziemlich berühmt, was zum einen an den bekannten Steuervorteilen liegt, zum anderen an einer Publicity-Maschinerie, über die kein anderer 30 000-Einwohner-Ort dieser Erde verfügt: Auf dem Felsen am Meer leben die populärsten Prinzessinnen der Neuzeit. Allein Caroline soll über 10 000 Mal Titel der Yellow Press geziert haben, ihre Schwester Stéphanie liegt nur knapp dahinter.

Reservat für Millionäre

Echte Monegassen gibt es in Monaco nur wenige, dafür aber an die 40 große Banken. An keinem Ort der Welt stehen sie so eng beieinander wie hier, an keinem Ort lagert so viel Cash-Kapital auf zwei Quadratkilometern. Das Fürstentum verwaltet nach eigenen Angaben ein Vermögen von 90 Mrd. Euro.

In dem kleinsten Staat Europas – abgesehen vom Vatikanstaat – rollen 360 Rolls-Royce über die einwandfrei geteerten Straßen. An die 4000 Millionäre und zahlreiche Prominente wohnen offiziell in den Luxusappartements des Kleinstaates. Ihre Präsenz im Steuerparadies wird u. a. am Wasser- und Stromverbrauch ihrer Wohnungen gemessen – für den sorgen in vielen Fällen jedoch nur die Hausangestellten.

Kein Finanzamt kann Verdienste von Nicht-Franzosen in Monaco kontrollieren. Dividenden, Tantiemen, Bankzinsen und Mieteinnahmen sind steuerfrei, Einkommensteuer wird nicht erhoben. Die Staatseinnahmen setzen sich aus Umsatzsteuern, Zollgebühren und Briefmarken sowie dem Gewinn des Spielkasinos zusammen.

Das Steuerparadies ist eines der wenigen mit Anschluss zur Außenwelt: Monaco hat eine eigene Oper, ein Ballett, ein Kasino, jede Menge Hotelpaläste und vor allem Schnellstraßen, die ins benachbarte Frankreich führen. Das gibt es weder auf Guernsey noch auf den British Virgin Islands. Und genau deshalb gehört das Fürstentum zu den reichsten Staaten der Erde.

Blanc gewinnt immer

Das war nicht immer so: Noch vor 160 Jahren galt Monaco als arm – ein Felsen mit ein paar Zitronenbäumen da-

Luxuslimousinen sind in Monaco ein alltäglicher Anblick

HOTEL DE PARIS

Der Zwergstaat schießt in die Höhe

rauf und gerade mal 1500 Einwohnern. Herrscher Karl III. holte damals den Bad Homburger Bankier François Blanc in den Süden und übertrug ihm die Verantwortung für die dahinsiechende, staatseigene Société des Bains de Mer (SBM), der heute noch immer das Kasino und mehrere Hotels unterstehen. Sowohl in Frankreich wie in Italien war damals das Roulettespiel verboten – innerhalb kürzester Zeit sanierte das Glücksspiel die Staatsfinanzen, getreu dem Motto des Monsieur Blanc: »Rot verliert, Schwarz verliert, Blanc gewinnt immer«.

Als Fürst Rainier III. 1949 auf den Thron stieg, kamen noch gut die Hälfte der Staatseinnahmen aus dem Kasino, bekannt war das komische kleine Land am Meer da immer noch nicht. Das änderte sich erst, als der Fürst 1956 die amerikanische Filmschauspielerin Grace Kelly ehelichte – unter Teilnahme von über 500 weltweit angereisten Journalisten. Vater Kelly war damals überhaupt nicht begeistert: »Ich brauche keinen verdammten bankrotten Prinzen eines stecknadelkopfgroßen Landes, das kein Mensch kennt«, schimpfte er.

Fürstliche Visionen

Anfang der 1960er-Jahre ließ Fürst Rainier III. Monaco zum modernen Stadtstaat ausbauen: 22 ha Meer wurden mit Sand aufgeschüttet und durch einen Deich gesichert. Auf der hinzugewonnenen Fläche steht heute das Industrieviertel der Stadt, Fontvieille, in dem vor allem sogenannte saubere Unternehmen mit umweltfreundlicher Produktion angesiedelt wurden. Auch dort, wo sich das neue Kongresszentrum Grimaldiforum befindet, war einst Meer.

Die Steuervorteile haben in der Stadt auf dem Felsen einen wahren Bauboom ausgelöst. Wunderschöne Belle-Epoque-Villen wurden rücksichtslos abgerissen und an ihre Stelle Hochhaustürme mit so viel steuerfreiem Wohnraum wie möglich gesetzt.

Wenn gen Himmel kein Platz mehr ist, wird der Mini-Staat eben gen Horizont erweitert. In den vergangenen Jahren entstanden so neben dem Grimaldiforum mit einer Stahlkonstruktion, die unteriridisch 20 m tief ins Wasser reicht, auch ein schwimmendes Kreuzfahrtpier im Hafen, gebaut aus Fertigteilen. Gleich neben dem legendären Sporting Club wurden dem Meer mehrere 1000 m² für das neue Bay Hotel abgerungen – einer modernen Luxusherberge mit hoteleigener Lagune, Innen- und Außenpools.

Seit dem Tod von Rainier III. im Jahr 2005 hat sein Sohn Fürst Albert II. die Regierungsgeschäfte Seit Jahren verspricht Albert, übernommen. Seither setzt das Fürstentum auf die Verbesserung seines Rufes als internationaler Finanzplatz und auf Umweltfreundlichkeit. Albert führte die Quellensteuer auf Zinseinkünfte ein, darüber hinaus aber auch Biodieselbusse und die obligatorische Mülltrennung. Der Fürst selbst fährt ein japanisches Hybridauto und ließ seinen 235-Zimmer-Palast – nur die Queen hat mehr – mit Solarkollektoren zur Warmwassergewinnung ausstatten. Seit Jahren verspricht Albert, dass Monaco nicht länger ein »sunny place für shady people«, (ein sonniger Platz für zwielichtige Leute) sein werde und erklärte: »Unser Finanzplatz muss mustergültig sein«.

Außerdem denkt der neue Fürst über eine schwimmende Stadterweiterung nach – mit Büros, Grünflächen und Wohnhäusern. Lange Zeit blieb der Prinz ohne Frau, die Monegassen sahen es ihm nach. Im Juni 2010 gab er dann seine Verlobung mit der südafrikanischen Ex-Schwimmerin Charlene Wittstock bekannt. Unter Alberts Führung gewann die Anti-Geldwäsche-Einheit Siccfin an Bedeutung, die Zahl der Fahnder und der laufenden Verfahren wurde erhöht. Auch das war nicht immer so: Diverse Mafiosi wie internationale Waffenhändler nutzen Monaco seit jeher zur Geldwäsche. Pasquale Galasso, gestand das vor Jahren öffentlich.

Der sicherste Ort in Europa

Trotzdem – man ist überall relativ sicher im Fürstentum: Jedes Parkhaus, jeder Aufzug, jeder Winkel des Millionärsreservats wird von 85 Kameras videoüberwacht und ein großer Teil des monegassischen Lebens live in die örtliche Polizeizentrale übertragen. Dort können die Beamten auf ihren Monitoren Nummernschilder entziffern und dank Zoom sogar die Speisekarte des Café de Paris lesen. Monaco ist seine Art Hochsicherheitstrakt Europas. Es hat angeblich die niedrigste Kriminalitätsrate der Welt. »Innerhalb von 109 Sekunden«, sagt der Polizeichef, »kann ich den gesamten Staat abriegeln lassen.« Und so kennen reiche amerikanische Erbinnen durchaus triftigere Gründe als schnöde Steuerprivilegien, um auf dem Felsen zu wohnen: »Nur in Monaco kann man schon ab Mittag unbesorgt seine schönsten Abendkleider und kostbaren Schmuck tragen«, gestand eine von ihnen. Was will ein Millionär noch mehr?

Châteaux und neue Zaren – die Russen kommen

Russen lieben Luxus – und deshalb lieben Russen die Côte d'Azur. Über 238 Mio. € investierten sie laut offiziellen Angaben innerhalb von vier Jahren in exklusive Immobilien an der blauen Küste. Die teuersten Liegenschaften sind dabei die beliebtesten.

Boris Beresowski, Exil-Oligarch und unter Putin in Ungnade gefallener Freund Boris Jelzins, war einer der ersten, der hier kaufte: »Möglicherweise begründe ich ja damit die Avantgarde der russischen Kapitalisten«, sagte er stolz und hatte damit wahrscheinlich auch noch Recht. Beresowskis Hauptwohnsitz ist London, an der Côte d'Azur kaufte er für 22 Mio. € das Château de la Garoupe am Cap d'Antibes als Zweitdomizil. Es ist eines der schönsten Anwesen der Halbinsel. Das konnten auch die Polizisten feststellen, die das Schloss vor wenigen Jahren im Rahmen eines Geldwäscheverfahrens gegen Beresowski durchsuchten.

Was kostet die Welt?

Das Cap d'Antibes gilt als bevorzugte Lage bei den neuen russischen Zaren, wie Le Monde die Neureichen aus dem Osten nennt. Hier hat auch der reichste Mann Russlands, der auf elf Milliarden Euro Vermögen geschätzte Roman Abramowitsch, gekauft. Der Besitzer des englischen Fußballvereins Chelsea ist ein Freund und enger Geschäftspartner von Beresowski, mit dem er 1995 den russischen Erdölkonzern Sibneft erstand. An der Côte d'Azur legte er sich neben einem Anwesen in St-Tropez das Château de la Croe am Cap d'Antibes zu – einst gehörte es dem Herzog und der Herzogin von Windsor, dann erwarb es Aristoteles Onassis.

Nicht weit weg wohnt der Multimillionär Andrei Melnichenko, dessen Hochzeitsfest mit einer ehemaligen Miss Yugoslavia 20 Mio. € gekostet haben soll. Gefeiert wurde selbstverständlich an der Côte. Vor wenigen Jahren erwarb ein russischer Geschäftsmann die oberhalb von Villefranche gelegene Villa Leopolda, die einst dem belgischen König Leopold II gehörte, und zahlte dafür den rekordverdächtigen Preis von einer halben Milliarde Euro.

Orthodoxer Kult in Nizza

Die neuen Zaren folgen den alten, die zu Beginn des vergangenen Jahrhunderts die Küste aufsuchten – nicht zu-

Eglise St-Nicolas
Bis heute gibt es in Nizza eine russisch-orthodoxe Gemeinde, die sogar ein eigenes Gotteshaus besitzt. Der auffällige Kuppelbau, der den Grundriss eines griechischen Kreuzes hat, birgt in seinem Innern eine Sammlung russischer Ikonen.

Die Zwiebeltürme von St-Nicolas in Nizza – russische Architektur an der Côte

letzt, um dem kalten, russischen Winter zu entfliehen. Sichtbarstes Vermächtnis dieser Zeit ist die russisch-orthodoxe Kirche in Nizza, 1912 erbaut und von den russischen Zaren in Auftrag gegeben. Damals diente sie über 3000 Russen, die vor der Oktoberrevolution geflohen waren, als Zufluchtsstätte. Vor einigen Jahren entbrannte ein erbitterter Rechtsstreit um die Kultstätte: Russland beanspruchte den Besitz der Kirche, deren Grund einst von Zar Nikolaus II. in Nizza erworben wurde.

Die Besitzverhältnisse der neuen Russen an der Côte sind überschaubarer: Die Oligarchen kaufen von ihrem, in Zeiten des russischen Raubtierkapitalismus angehäuften Privatvermögen. Zahlreiche Hotels, Restaurants und Luxusboutiquen haben sich seit langem auf die wohlhabende russische Kundschaft eingestellt. So bedienen in den Juwelierläden an der Croisette in Cannes fließend russisch sprechende Verkäuferinnen und in Monacos Ho-

tels wird im Januar mit viel Wodka russisches Weihnachten gefeiert.

Der Rubel rollt

Auch russische Normaltouristen haben die Côte seit Jahren für sich entdeckt. Ihre bevorzugten Reiseziele sind Nizza, Cannes und Monaco. Mittlerweile stellen sie an die 20 % der ausländischen Touristen im Département Alpes Maritimes und geben zudem wesentlich mehr Geld aus als andere.

Als in einem Sommer die französische Botschaft in Moskau nur sehr schleppend Reisevisa ausstellte und auf dreiwöchige Wartezeiten verwies, beklagte sich der Vorsitzende der Hotelgewerkschaft Nice Côte d'Azur: »Uns gehen Hunderte Millionen Euro verloren. Allein durch die entgangene Mehrwertsteuer verliert Frankreich 20 Mal weit mehr, als ein zusätzlicher Botschaftsangestellter kosten würde«.

1955 wurde St-Tropez von zwei bleichgesichtigen Großstädtern entdeckt. 1956 drehte Regisseur Roger Vadim hier einen Film. Kurz darauf stürmten die Pariser den Ort und deklarierten ihn zur Hauptstadt unerlaubter Freuden. Seither ist St-Tropez internationaler Jet-Set-Treff, einer der teuersten Flecken der Côte – und noch immer einfach ein schönes Dorf.

»St-Tropez ist eine Stadt, ein Dorf, das eine Träumerei auslöst, einen sanften oder auch weniger sanften Wahnsinn, jedenfalls etwas, das nach einstimmiger Aussage der Fans kein anderer Ort der Welt auszulösen vermag.« (Françoise Sagan).

richteten sich dort ein. Blasse Pariser Freunde besuchten sie bald regelmäßig. Sie liebten die Stille und Einsamkeit des Ortes, in dem alte Frauen strickend vor ihren Häusern saßen und Fischer gemächlich ihrer Arbeit nachgingen.

Ein früher Künstlertreff

Dem Charme des Fischerdorfes waren zuvor bereits andere Franzosen aus dem Norden erlegen: Ende des 19. Jh. steuerte der Schriftsteller Guy de Maupassant mit seiner Jacht den Hafen an. 1892 kam der Maler Paul Signac nach St-Tropez und kaufte sich die Villa La

St-Tropez – ein Fischerdorf mit Weltruhm

Es war ein Frühlingsmorgen im Jahr 1955: An diesem Tag kam die blutjunge Skandalautorin Françoise Sagan mit ihrem Bruder zum ersten Mal nach St-Tropez, in einem alten Jaguar-Cabriolet. Beide waren müde von der langen Fahrt auf der Route Nationale 6, einem besseren Feldweg, eng und kurvenreich – der einzigen Straße, die von Paris nach St-Tropez führte. Im L'Escale, der damals einzigen Bar am Hafen, stießen sie auf ihre Ankunft an, bevor sie den einzigen Immobilienhändler des Ortes aufsuchten.

Sie kauften eine Villa in der Nähe des Fischereihafens La Ponche und

St-Tropez weckt noch immer Träume

Hune, in der ihn Malerfreunde wie Matisse, Manguin, Bonnard und Camoin besuchten. Sie alle waren fasziniert vom Licht und den Farben des Ortes, den sie immer wieder malten. Viele ihrer Werke hängen heute im Musée de l'Annonciade am Hafen. 1926 richtete sich die Schriftstellerin Colette in der Villa La Treille Muscate an der Bucht von Canebiers ein und schrieb hier – zwischen Olivenbäumen, Lavendel und wildem Wein – ihre schönsten Romane.

In den Nachkriegsjahren wurde am kleinen Hafenbecken von La Ponche eine Art Außenstelle der Pariser Existentialistenszene gegründet, der Club St-Germain des Prés à la Ponche. Ju-

liette Gréco, Boris Vian, Picasso und andere, die im legendären Le Tabou in
Paris zusammenkamen, verbrachten in
dieser Zeit wilde Nächte im Café de la
Ponche am Hafen, das heute ein Hotel
ist.

Zügellose Freiheit

Im Jahr 1956 filmte Roger Vadim in St-
Tropez und drehte am Hafen mit der
jungen Brigitte Bardot »Et Dieu créa la
femme« (Und immer lockt das Weib).
Der Film wurde ein Erfolg und für die
Clique um die Geschwister Sagan waren die ruhigen Tage am Meer gezählt.
   Die Pariser entdeckten St-Tropez auf
der Leinwand und fielen schon im
nächsten Sommer in Scharen in den
Ort ein, der unversehens zur Hauptstadt unerlaubter Freuden, zum Symbol für Freizügigkeit und Zügellosig-
keit wurde. >BB< ging in kurzen Vichy-
Karo-Shorts auf dem Markt einkaufen,
alle Welt fand es plötzlich chic, barfuß
zu laufen. Barfuß tanzte man selbstverständlich auch den galop zur Auto-

matenmusik des Palmyre, einer traditionellen Matrosenbar in der Rue du
Petit-Bal. Die Idylle hielt nicht lange an.
   Immer mehr Cafés, Restaurants, Hotels und Nightclubs wurden eröffnet.
Vor dem traditionsreichen Café Sénéquier legten jetzt Millionärsjachten an,
Brigitte Bardot kaufte das Anwesen La
Madrague, Gunther Sachs eine Villa im
Hinterland, die Fischer vermieteten
ehemalige Lagerschuppen für viel Geld
an Boutiquenbesitzer. Die Magazine
Life und Paris Match berichteten über
den neuen Treffpunkt an der Küste
zwischen Cannes und Toulon. St-Tro-
pez wurde zu einem Fischerdorf mit
Weltruhm.

Hideaway der Reichen

Das ist bis heute so geblieben, auch
wenn Gunther Sachs schon lange keine
Champagnerfeste mehr auf der Plage
de Tahiti gibt oder per Hubschrauber
Hunderte roter Rosen über dem Haus
der Bardot abwirft.
   Zwei der reichsten Männer Frankreichs, der Chef des Luxusunterneh-
mens Louis Vuitton et Moët Hennessy
(LVMH), Francois Pinault, und sein
ärgster Feind und Konkurrent, Bernard
Arnault, unterhalten Zweitresidenzen
auf der Halbinsel von St-Tropez. Der
dritte auf der Liste, der Industrielle und
Sarkozy-Freund Vincent Bolloré, hat
gleich ein ganzes Weingut samt Strand
gekauft. SPIEGEL-Herausgeber Rudolf
Augstein hatte hier ein Haus, gleich
neben dem Grundstück der Bardot an
der Bucht von Canebiers.
   Die Prominenz lebt heute zurückgezogen in ihren Villen und hat den Pau-
schaltouristen die Strände überlassen.
Trotz allem: St-Tropez besitzt noch immer eine unzerstörbare Schönheit – vor
allem in den ruhigen Jahreszeiten.

Die Bravade von St-Tropez – Schießpulver für einen Heiligen

Jedes Jahr Mitte Mai offenbart St-Tropez eine andere, unbekannte Seite: Der Ort begeht mit großem Ernst das religiöse Fest der Bravade zu Ehren seines Namenspatrons. Das eigens zusammengestellte Stadtcorps zieht dann drei Tage durch die Straßen und gibt Musketensalven ab.

Es ist ein Fest, das nicht zum Klischee von St-Tropez passt – nicht zu dem Ort, in dem rotgebrannte Touristen in Mannschaftsstärke durch den Hafen ziehen, nicht zu dem exklusiven Jet-Set-Treff und den Jachten der Neureichen, die für unverschämt hohe Liegegebühren im Hafen dümpeln. Die Bravade gehört zu den wenigen Momenten im Jahr, in denen sich das ka-tholische, erzbürgerliche St-Tropez zeigt. An zwei Nachmittagen jagen die Bravadeurs dabei an die 500 kg Schießpulver in die Luft – und sie tun das nach einem streng festgelegten Plan. Mit sehr viel Ernst und Inbrunst begehen die Tropezianer seit über vier Jahrhunderten dieses dreitägige Fest zu Ehren des Lokalheiligen Torpes.

Ein kopfloser Offizier

Der Legende zufolge wurde Torpes, ein römischer Offizier, in Pisa auf Befehl von Kaiser Nero enthauptet. Er war zum Christentum übergetreten und weigerte sich, seinen neuen Glauben zu verleugnen; sein Rumpf wurde

Mit viel Pulverrauch wird das Fest des Dorfheiligen in St-Tropez gefeiert

73

in ein Boot gelegt und dem Meer überlassen. Torpes' Leichnam samt Kopf – wie durch ein Wunder unversehrt – landete an der Küste von St-Tropez. Das ehemalige Fischerdorf trägt seither seinen Namen und verehrt den gestrandeten Offizier als Ortsheiligen.

Seine Büste wird das Jahr über in der Eglise paroissale, der Pfarrkirche, aufbewahrt. Während der Bravade – der kleinen am 16. Mai und der großen am 17. Mai – wird sie in feierlichen Prozessionen durch die engen Straßen und Gassen der Stadt getragen. Als Zeichen

der Reue schultern ganz in Rot gekleidete Bürger aus Pisa das Gestell mit der Büste. Insbesondere am Tag der großen Bravade liegt ganz St-Tropez unter Pulverrauch und überall hallt der Lärm der Gewehrsalven.

St-Tropez profond

Angeführt wird die beeindruckende Prozession durch das etwa 180 Mann starke Corps des Bravadeurs in napoleonischen Uniformen. An der Spitze des Corps, das auf die historische Bürgermiliz von St-Tropez zurückgeht, stand und steht der Capitaine de la Ville, der Stadthauptmann. Dieses Ehrenamt wurde 1558 zur Verteidigung von St-Tropez geschaffen. Erstaunlicherweise blieb es bis zum heutigen Tag erhalten.

Jeweils am Ostermontag wird der Capitaine de la Ville gewählt. Bestimmt wird er von Serge Astezon, dem auf Lebenszeit gewählten ›Bewahrer der Traditionen von St-Tropez‹. Monsieur Astezon ist Vorsitzender des gleichnamigen Vereins, der Association pour la Sauvegarde des Traditions Tropéziennes und eine sehr angesehene Person im Ort.

Immerhin sind fast die Hälfte der Einwohner von St-Tropez Mitglied der Association, die ein kleines Vereinslokal schräg gegenüber der Kirche unterhält. Ehrenamtlich tätige Damen sind das ganze Jahr mit den Vorbereitungen beschäftigt, nähen neue Knöpfe an alte Uniformen, vermessen Stoffe und bügeln die Schoßjacken mit Salzwasser auf. In dem altmodischen Raum liegt der Schlüssel zu einem ganz anderen St-Tropez. Es ist das St-Tropez profond, wie Serge Astezon sagt. Ein St. Tropez, wie man es zur Hauptsaison im Juli und August nie kennenlernen wird.

Das Festprogramm

16. Mai – Petite Bravade: Um 8 Uhr vor dem Rathaus Waffenweihe und Fahnenübergabe unter Abfeuern von 21 Musketensalven. Anschließend Prozession zum Hafen und von dort weiter durch den Ort. Am Abend Defilee des Offizierskorps vor der Büste des Heiligen in der Pfarrkirche.

17. Mai – Grande Bravade: 9 Uhr hl. Messe. Im Anschluss Prozession zum Hafen, weiter durch die Rue Allard, rue Clémenceau zur Place des Lices, über die Rue Gambetta zurück zur Kirche (ca. 11.30 Uhr). 16 Uhr Beginn der Großen Bravade vor dem Rathaus, die den gleichen Weg nimmt wie die morgendliche Prozession, aber mehr Pausen einlegt. Gegen Mitternacht Rückkehr der Torpes-Büste in die Kirche.

18. Mai: Um 8 Uhr Versammlung des Corps des Bravadeurs vor dem Rathaus und Prozession zur etwas außerhalb gelegenen Chapelle Ste-Anne. Dort um 9 Uhr Dankgottesdienst, gefolgt von einem Picknick.

Roter Teppich und goldene Palmen – Filmfestival Cannes

Das Festival von Cannes ist nach wie vor das berühmteste Filmfestival der Welt. Die Biennale von Venedig ist kleiner, die Berlinale bodenständiger und urbaner, Cannes noch immer glamourös – nirgendwo ist der rote Teppich besser besetzt als hier.

Venedig, 1937: Auf der Biennale wird der für den Hauptpreis nominierte Film »La Grande Illusion« von Jean Renoir uraufgeführt – sehr zum Missfallen Hitlers. Eine Szene, in der sich ein deutscher Wachposten weigert, auf einen flüchtigen französischen Kriegsgefangenen zu schießen, erbost ihn. Im Italien Mussolinis Grund genug,

den Preis anderweitig zu vergeben. Die französische Delegation reist empört ab.

Der Vorfall bleibt jedoch nicht folgenlos: Frankreich will ein eigenes, unabhängiges Filmfestival, 18 Monate später werden die ersten Einladungen für Cannes verschickt. Das Plakat für das Festival International du Film ist fertig, die Filmauswahl steht fest, und an Bord eines weißen Ozeandampfers treffen die ersten Stars aus Hollywood ein.

Die Eröffnung ist für den 1. September 1939 geplant, aber genau an diesem Tag überfällt Hitler Polen – der Zweite Weltkrieg steht kurz bevor. Das

Filmfestival wird abgesagt, bevor es richtig angefangen hat.

Erst sieben Jahre später, am 19. Mai 1946, kann das erste Festival in Cannes eröffnen. Grace Moore singt zur Premiere die Marseillaise, Roberto Rossellini reist mit den Filmrollen von »Roma, città aperta« (Rom, offene Stadt) an, Michèle Morgan und Ray Milland erhalten die ersten Darstellerpreise.

Bis in die späten 1950er-Jahre bleibt Cannes ein Festival der Stars des amerikanischen Kinos. Es avanciert zum Ort mondäner Cocktailparties, zum gesellschaftlichen Höhepunkt des Jahres. Die wahren Kinoliebhaber schwören nach wie vor auf Venedig.

Stars und Starlets

1954 fallen an der Croisette zum ersten Mal die Hüllen – die junge Schauspielerin Simone Silva wirft am Strand vor dem Festivalpalast ihr Bikini-Oberteil von sich und fällt anschließend Robert Mitchum um den Hals. Das Bild geht um die Welt und begründet die Tradition der Starlets.

Zwei Jahre später hat Cannes einen neuen Star: die 22-jährige Brigitte Bardot ist der *chouchou* des Festivals. Im selben Jahr lässt sich Sophia Loren von einer 250-Wagen-Eskorte an die Croisette fahren und die amerikanische Schauspielerin Grace Kelly heiratet Fürst Rainier von Monaco, den sie 1955

In der Stretchlimousine über die Croisette

während des Festivals kennen gelernt hat. Da die 400 Journalisten, die über die glanzvolle Hochzeit in Monaco berichten, gleich nach Cannes weiter reisen, übertrifft das Festival in der Presseberichterstattung erstmals die Biennale von Venedig.

Die Revolution im Festivalpalast

1958 kündigen sich mit François Truffaut und seinen Mitstreitern von der Zeitschrift »Cahiers du Cinéma« Veränderungen an, erstmals gewinnt der Autorenfilm an Bedeutung. Im selben Jahr wird Alain Resnais' »Hiroshima, mon amour« gezeigt – allerdings außer Konkurrenz. Noch traut man sich nicht, Filme wie diesen in den Wettbewerb aufzunehmen.

Erst ein Jahr später wird in Cannes mit Truffauts »Les Quatres Cents Coups« und mit dem Beginn der Nouvelle Vague Filmgeschichte geschrieben. Jean Cocteau, zweimaliger Jury-Präsident, telefoniert seinen Freund Picasso aus dem nahen Mougins herbei, damit er an diesem historischen Ereignis teilnehmen kann. So schreitet Pablo Picasso in Smoking mit dem 14-jährigen Hauptdarsteller des Films, Jean-Pierre Léaud, und François Truffaut die Marmorstufen des Festivalpalais hinab. Eine neue Generation hat in Cannes nun das Sagen.

1968 hält die Revolution Einzug in den Festivalpalast. Während ganz Frankreich im Mai 68 unter einem Nationalstreik erlahmt, besetzen Godard, Truffaut und Louis Malle in Cannes das Festivalauditorium und die Vorführkabinen: Am 19. Mai um 11.45 Uhr wird das Festival nach neun Tagen frühzeitig beendet. Viele glauben nicht daran, dass es jemals wieder stattfinden wird.

Aber schon 1969 erscheinen sie alle wieder in Cannes, Diskussionen und Kritiken fallen politischer aus als je zuvor. Die Reihe *Quinzaine des Réalisateurs* wird gestartet, die junge Talente vorstellen soll. Regisseure wie Wim Wenders und Werner Herzog werden später über dieses Forum entdeckt.

Sex, Legenden und großes Kino

Während der 1980er-Jahre gesellen sich immer mehr Geschäftemacher zu den Regisseuren und Autoren: Auf den Hotelterrassen des Carlton und Majestic sitzen Anwälte, Banker, Broker und Produzenten zusammen, die millionenschwere Video- und Fernsehrechte verkaufen. Der seit 1959 parallel stattfindende Filmmarkt *(Marché du Film)* wird zur wichtigen Handelsbörse.

Über ein halbes Jahrhundert nach seiner Entstehung ist das Festival International du Cinéma immer noch das wichtigste Filmfestival der Welt. Etwa 30 000 Gäste kommen jährlich, darunter über 2000 Journalisten, über 1000 Filme werden im offiziellen Programm gezeigt. Hinzu kommen die außer Konkurrenz laufenden Reihen der Quinzaine de Réalisateurs, der Semaine de la Critique und der Perspectives. Cannes, so schrieb ein Kritiker zum 60. Jubiläum des Festivals, das ist noch immer »eine unentwirrbare Mischung aus Sex, Legenden und großem Kino« – auf der Leinwand sowie davor und dahinter.

Sanary-sur-Mer – deutsche Schriftsteller im Exil

Ein kleiner Küstenort wird in den 1930er-Jahren zum Exil für berühmte deutsche und österreichische Schriftsteller. Thomas Mann, Lion Feuchtwanger und Franz Werfel – sie alle wohnten in Sanary-sur-Mer, zunächst im Hotel, dann in Villen mit großen Gärten – für viele von ihnen eine letzte, aber vergnügliche Zwischenstation vor der Überfahrt in die USA.

Die Villa Valmer von Feuchtwanger steht noch, und auch die Villa Le Moulin Gris von Franz und Alma Mahler.

Am Hôtel de la Tour am Hafen hängt heute eine Gedenktafel aus Stein – darauf die Namen der großen deutschen und österreichischen Schriftsteller des 20. Jh. Selten hat es ein literarisch exklusiveres Exil gegeben als das in dem ruhigen, kleinen Sanary.

Bis heute weiß niemand genau, warum ausgerechnet dieser Ort in den 1930er-Jahren ein Flucht- und Sammelpunkt für deutsche Schriftsteller wurde. Als erste Literatin ließ sich die Neuseeländerin Katherine Mansfield hier nieder. Sie zog wegen ihrer Herz-

Für Thomas Mann war Sanary die glücklichste Etappe seines Exils

krankheit in den Süden und wohnte bis 1917 in der Villa Pauline am Boulevard Clémenceau. 1932 kam dann der Elsässer René Schickele, der während des Ersten Weltkrieges in der Schweiz seine pazifistischen »Weißen Blätter« veröffentlicht hatte. Schickele hatte gerade seinen Roman »Die Witwe Bosca« geschrieben, der im benachbarten Bandol spielt. Zum Freundeskreis des Elsässers gehörten Lion Feuchtwanger sowie Thomas Mann und dessen Familie. Vielleicht war also Schickele der Auslöser dafür, dass Sanary in den nächsten Jahren zur heimlichen Hauptstadt der deutschen Literatur wurde.

Warten unter Palmen

Thomas Mann traf am 10. Mai 1933 mit seiner Frau Katja in dem westlich von Sanary gelegenen Bandol ein. Seine Kinder Erika und Klaus Mann wohnten schon seit längerer Zeit im Hôtel de la Tour am Hafen. Sein älterer Bruder Heinrich arbeitete hier vorübergehend an seinem »Henri IV.«. Der viereckige Hotelturm war für viele Emigranten die erste Anlaufstation in Sanary. Und so richtete sich auch Thomas Mann in den ersten Wochen hier ein. Er bat um ein Bett mit Aussicht und wohnte dann in dem einzigen Zimmer mit Balkon im zweiten Stock.

Das La Tour wird auch heute noch von der Familie Mercier geführt, mittlerweile in vierter Generation. Das Livre d'Or, das Gästebuch des Hauses mit Eintragungen der Emigranten ist leider verschwunden. Jetzt wollen die Merciers Fotos ihrer ehemaligen Gäste über der Rezeption aufhängen.

Die Manns fanden relativ schnell die Villa La Tranquille und richteten sich in

Gedichte aus der Hafenbar

In Sanary saßen damals die Vertreter des ›anderen‹ Deutschland – vom Kurfürstendamm in einen kleinen südfranzösischen Hafenort vertrieben. Einige Monate nach Thomas Mann kamen Lion Feuchtwanger und seine Frau Marta. Auch Ernst Bloch, Arthur Koestler, Franz Werfel, Joseph Roth und Alfred Kantorowicz ließen sich in Sanary nieder. Ernst Toller und Arnold Zweig wohnten vorübergehend in der Villa Valmer der Feuchtwangers. Der kleine Ort an der Küste war zum Fluchtpunkt geworden – das Leben war relativ günstig hier.

Treffpunkte der Exilliteraten waren die Bar Nautique und das Café de la Marine am Hafen – einfache Cafés mit kleinen Bistrotischen und Regalen voller Flaschen vor der Spiegelwand hinter dem Tresen. Hier trug Bertolt Brecht, der seinen Freund Feuchtwanger in Sanary besuchte, Gedichte gegen Goebbels und Hitler vor. Und hier, nicht etwa in Paris oder London, suchte Fritz Landshoff, der bis 1933 Direktor des Kiepenheuer-Verlages in Berlin war, nach Autoren für seinen neuen Exilverlag Querido.

Für viele Flüchtlinge bedeutete die Zeit in Sanary ein Leben zwischen zwei Welten. Den Bücherverbrennungen und anderen Greueln Nazi-Deutschlands waren sie vorerst entkommen, noch dachte man nicht an ein Exil in den Vereinigten Staaten und an die Grausamkeiten eines neuen Krieges. Sanary war eine zufällig gewählte Zwischenstation, aber auch eine Gnadenpause zwischen Vertreibung und erneuter Flucht.

»Ich habe während der sieben Jahre meines Aufenthalts an der französi-

ihr ein. Am 12. Juni 1933 schrieb Thomas Mann in sein Tagebuch: »Ich glaube, dass wir in diesem Haus glücklich sein werden. Zunächst tut mir nur die private Existenzform unendlich wohl, nach dem Hoteldasein von vier Monaten.« Später wird Thomas Mann sagen, Sanary sei die glücklichste Etappe seines Exils gewesen. In der Villa Tranquille arbeitete er an seinem Roman »Joseph und seine Brüder«.

Vom Bouleplatz am Rand des Hafens führt ein steil ansteigender Weg zu der Stelle, an der die Villa stand. 1944 wurde sie – wie die umliegenden Villen – von den Deutschen gesprengt, weil sie mit der Landung der Alliierten am Cap Nègre rechneten und sich ein freies Schussfeld verschaffen wollten. Mittlerweile steht an derselben Stelle ein sehr ähnliches Privathaus.

schen Küste des Mittelmeers die Schönheit der Landschaft und die Heiterkeit des Lebens dort mit allen Sinnen genossen«, schreibt Lion Feuchtwanger in seinem Buch »Der Teufel in Frankreich«. »Wenn ich etwa, von Paris mit dem Nachtzug zurückkommend, des Morgens das blaue Ufer wiedersah (...), dann atmete ich tief auf und freute mich, dass ich mir diesen Himmel gewählt hatte, unter ihm zu leben.«

Das bittere Ende

Feuchtwanger blieb von allen Emigranten am längsten in Sanary. Seine Villa steht noch heute unverändert am Boulevard Beausoleil. Hier, im großen Garten des mediterranen Hauses posierte er im Schatten der Olivenbäume für ein Foto mit Heinrich Mann. Hier schrieb er 1933 seinen Roman »Die Geschwister Oppermann«.

In der Villa Valmer hörte der von Goebbels als »ärgster Feind des deutschen Volkes« beschimpfte Schriftsteller im Mai 1940 über Radio die Nachricht, dass sich auf Anordnung von Marschall Pétain nun alle in Frankreich lebenden Deutschen bei den französischen Behörden zu melden hätten: Der Anfang vom Ende der Idylle von Sanary. Es folgte die Internierung in einem der berüchtigsten Lager der Vichy-Regierung.

Die Franzosen hatten sich verpflichtet, Gegner des Dritten Reiches, nach denen gefahndet wurde, auszuliefern. Am 21. Mai 1940 wurde Lion Feuchtwanger in der umfunktionierten Ziegelei Les Milles bei Aix-en-Provence unter der Häftlingsnummer 187 eingetragen. Mit drei Leidensgenossen – mit Alfred Kantorowicz und mit dem Maler Anton Räderscheidt sowie dessen

17-jährigem Sohn Franz – fuhr er im Taxi von Sanary nach Les Milles.

Für Feuchtwanger war ohne sein Wissen in den USA eine Rettungsaktion angelaufen. Mit amerikanischer Hilfe konnte seine Ehefrau die Flucht aus dem Lager organisieren. Als Frau verkleidet, wurde der Schriftsteller in einer Limousine nach Marseille gebracht. Varian Frey, ein amerikanischer Journalist und Abgesandter des Hilfskomitees, das unter Vorsitz von Thomas Mann in New York gebildet worden war, sollte die Flucht in die Staaten organisieren.

Der Weg führte über die Pyrenäen nach Spanien, von dort über Madrid zum Hafen von Lissabon. Feuchtwanger hatte darauf bestanden, auch Heinrich Mann und dessen Neffen Golo Mann zu retten. Hinzu kamen Franz Werfel und seine Frau Alma Mahler-Werfel. Sie alle sollten auf Schleichwegen zu Fuß die Pyrenäen überqueren. Am 13. September 1940 traten Heinrich und Golo Mann sowie das Ehepaar Werfel die Flucht an. Man traf sich am Friedhof des grenznahen Seebades Cerbère. Einen Tag später machten sich die Feuchtwangers auf den Weg über die Pyrenäen. Dank der Zigaretten, die sie für die Bestechung der Zollbeamten eingepackt hatten, schafften sie es bis nach Lissabon, der letzten europäischen Fluchtstation der vertriebenen Literaten.

Orte der Erinnerung
Ein Spazierweg führt zu den Villen und Treffpunkten der Emigranten in Sanary. 40 Gedenktafeln erinnern an die Zeit des Exils. Das Office de Tourisme hält eine Wegbeschreibung sowie eine dreisprachige Broschüre bereit.

Verspielte Fassaden zieren die alten Villen an der Promenade des Anglais in Nizza

Verspielte Belle-Epoque-Bauten in Nizza, klassische Art-déco-Häuser an der Croisette und eine kubistische weiße Villa in Hyères – die Architektur der Côte ist erstaunlich abwechslungsreich.

Paläste für die Aristokratie

An der klassischen Côte d'Azur zwischen Cannes und Menton gibt es zahlreiche architektonische Hinterlassenschaften aus der Zeit der Belle Epoque (1860–1920). Die verspielten Villen mit runden Pavillons, Türmchen, geschwungenen Freitreppen und orientalischen Zierelementen kann man vor allem in Nizza an der Promenade des Anglais und im Stadtviertel Cimiez entdecken, aber auch im Viertel Garavan in Menton.

Zahlreiche Architekten der Belle Epoque haben sich an der Küste verewigt: Sébastien-Marcel Biasini baute das opulente Winterpalais Régina in Nizza in nur 15 Monaten. Ursprünglich als Residenz für Queen Victoria errichtet, wurde es Ende der 1930er-Jahre in ein exklusives Appartementhaus umgewandelt. Edouard Niermans entwarf das Hotel Negresco mit rosa Kuppel, und Charles Garnier, Architekt der Pariser Oper, 1880 die Villa Maria Serena in Menton.

Einige Belle-Epoque-Villen in Nizza sind unverständlicherweise der Abrissbirne zum Opfer gefallen, darunter das ehemalige Hotel Ruhl. Andere sind bis heute zu besichtigen – zumindest von außen. Teilweise erkennt man sie schon von weitem an ihren verschiedenfarbigen Dachziegeln. Erbaut wurden diese Villen und Paläste für die reichen Aristokraten, die um die Wende zum 20. Jh. die milden Winter an der Côte genossen. Queen Victoria stieg zwischen 1897 und 1899 dreimal im Hotel Régina ab, begleitet von 50 Leibgarden, Kammerdienern und Gesellschaftsdamen.

und Haustüren aus dunklem Akazienholz sind sehenswert.

Schlichte Eleganz

1924 baute der Architekt Robert Mallet-Stevens in Hyères für das reiche Mäzenen-Ehepaar Charles und Marie-Laure de Noailles sein erstes Haus, eine Villa im Zentrum der Stadt. Die klaren, kubistischen Formen der Fassade waren eine Revolution in der Architekturgeschichte der Côte. Die Villa Noailles

Weltläufiges Flair

Als lehrbuchgerechte Beispiele für die Architektur des Art déco gelten u. a. das Martinez und Hôtel Majestic an der Croisette in Cannes. Typisch für den Baustil der Jahre zwischen 1920 und 1940 auch die Fassade des Palais de la Méditerranée an der Promenade des Anglais in Nizza. Nur sie blieb beim Umbau des einstigen luxuriösen Spielbankgebäudes erhalten.

In purem Art déco erbaut ist die außergewöhnliche Wohneinheit Gloria Mansions in Nizza (125, rue de France). Sie entstand 1934 – mit einer Fassade aus Beton, wellenförmigen Balkonen und falschen Säulen. Im Inneren befindet sich eine monumentale, kühn geschwungene Treppe, über ein Glasdach fällt das Licht ein. Selbst die Briefkästen

entwickelte sich zu einem Gesamtkunstwerk: Pierre Chareau entwarf die Möbel, Guévrékian legte einen kubistischen Garten an. Ursprünglich als kleine Dépendance im Süden geplant, wurde das Projekt immer umfangreicher. 1927 ließen die Noailles ein über-

Belle Epoque in Nizza
Mehrere sehenswerte Villen im Stil der Belle Epoque stehen am Boulevard de Cimiez: Majestic (Nr. 4), El Paradisio (Nr. 24), Villa Raphaeli-Surany (Nr. 35), Alhambra (Nr. 46) und Winter Palace (Nr. 84). Weiterhin stammen das Hermitage (42, av. Bieckert), die Villa Les Palmiers (7, av. de Fabron) und das Château des Olliéres (39, av. des Baumettes) aus dieser Zeit.

Funktionelle Häuser für die Masse

Ein weiteres, wenn auch sehr kleines
Monument moderner Architekturgeschichte befindet sich am Cap Martin
bei Roquebrune: die 1951 von Le Corbusier entworfene Holzhütte Le Cabanon. Die 3,66 m mal 3,66 m große Behausung entstand als Prototyp für ein
Feriendomizil auf engstem Raum. Sie
entspricht in ihren Maßen dem Modu-
lor, einem harmonischen Maß, das Le
Corbusier auf der Basis der menschli-
chen Grundmaße entwickelt hatte. Zu-
grunde lag diesem Maßsystem, nach
dem er Deckenhöhen, Türgriffe und
die Größe von Räumen errechnete, ein
1,83 m großer Mensch.

Am westlichen Rand der Côte
d'Azur, in der Hafenstadt Marseille,
hat Corbusier seine Vision des modernen Wohnens erbaut: Zwischen 1946
und 1952 entstand hier mit der Unité
d'Habitation Verticale eine seiner drei
Cités Radieuses, die sogenannten
Wohnmaschinen.

dachtes Schwimmbad nach Plänen
von Mallet-Stevens ergänzen, ein Jahr
später folgten ein Gymnastik- und
Squashraum. Seit 1973 ist die Villa im
Besitz der Stadt Hyères, die sie in den
vergangenen Jahren umfassend res-
taurieren ließ und damit vor dem dro-
henden Verfall rettete. Im Haus werden Ausstellungen gezeigt und auch
architektonische Führungen organisiert (www.villanoailles-hyeres.com).

Auf dem Dach der Cité Radieuse in Marseille gibt es sogar einen Pool

Das größte Atelier Europas – Maler an der blauen Küste

Frédéric Ballester, Kurator der Villa Malmaison in Cannes, gilt als Kenner der Kunstszene an der Côte – sowohl der heutigen wie der vergangenen. Seit Jahren organisiert er in dem Haus für Moderne Kunst direkt an der Croisette bemerkenswerte Ausstellungen.

Britta Sandberg: Monsieur Ballester, warum hat die Côte d'Azur eigentlich immer wieder Künstler angezogen?
Ballester: Ich glaube, es hat ganz einfach etwas mit dem Licht zu tun. Das fing schon 1880 an. Damals gab es eine erste Welle von Künstlern, darunter Claude Monnet, die sich an der Côte umschauten. Monnet ist bis nach Antibes gereist und hat viele Landschaftsbilder gemalt. Andere Impressionisten folgten ihm, darunter auch Paul Cézanne. Wieder andere, u. a. Paul Signac, fuhren nach St-Tropez. Sie alle waren immer fasziniert von den unglaublichen Farben und dem ganz speziellen Licht des Südens. Das wollten sie entdecken und in ihren Bildern festhalten – übrigens zu einer Zeit, als gerade die Fotografie erfunden wurde. Parallel dazu kam Ende des 19. Jh. die Mode auf, hier zu überwintern. Ab 1860 reisten auf einmal Engländer, Russen und auch Deutsche an die Küste und brachten Kultur und etwas sehr Städtisches mit.

Was geschah dann im folgenden, dem 20. Jh.?
Ballester: Das 20. Jh. wurde regelrecht zum Jahrhundert des Mittelmeers. Matisse lebte und arbeitete hier, später dann Picasso. Künstler, die auch aus dem besetzten Teil Frankreichs in die *zône libre,* das nicht besetzte Frankreich, flohen. Viele der großen Künstlerbewegungen dieses Jahrhunderts sind eng mit der Côte d'Azur verbunden – es gab die *Ecole de Nice* und auch die Bewegung *support-surfaces* nahm von hier ihren Ausgang.

Das Jahrhundert des Mittelmeers

Was hat einen Rebell wie Picasso ausgerechnet hierher gebracht?
Ballester: Picasso hatte schon einiges hinter sich, bevor er sich in Antibes niederließ. Er hatte bereits die »Demoiselles d'Avignon« gemalt – ein unglaublich wichtiges Bild, mit dem er den Kubismus begründete. Die neue Bewegung der Fauvisten, die ihn ebenfalls interessierte, war zuvor von Marseille ausgegangen. Als Picasso 1920 zum ersten Mal nach Golfe-Juan und Antibes reiste, entdeckte er ein kleines Paradies, eine faszinierende Landschaft. Außerdem war die Küste zu dieser Zeit Treffpunkt und Sammelbecken für viele Künstler, ein Ort der Freiheit. Moderne Architekten wie Robert Mallet-Stevens, Eileen Gray und Le Corbusier arbeiteten hier. Die Côte war damals in der Tat ein Ort der Avant-

garde. Und diese Kombination von Landschaft, Licht und Künstlerkolonie war es wohl, die viele zum Bleiben anregte. Sie mussten nur noch ihre Leinwände mitten in der Natur oder direkt gegenüber dem Mittelmeer aufstellen.

Inwieweit hat die Küste das Schaffen dieser Künstler beeinflusst?
Ballester: Die Côte hatte einen enormen Einfluss. Das Mittelmeer hat die Künstler in ihrem Schaffen beflügelt und inspiriert. Sie haben neue Arbeitsformen entdeckt, noch farbenfrohere Bilder gemacht. Picasso begann auf einmal, in Vallauris an der Töpferscheibe zu arbeiten. Matisse wagte sich an die Ausgestaltung der Chapelle du Rosaire in Vence. Der Surrealist André Masson hat an den Stränden von Cassis Sand gesammelt und anschließend diesen als Material in seine Leinwände eingebracht. Damit war er seiner Zeit weit voraus.

Es gab dann in den 1950er-Jahren sogar eine fast revolutionäre Bewegung in Nizza – die sogenannte Ecole de Nice – warum ausgerechnet hier?
Ballester: Bis dahin fanden alle entscheidenden Dinge in der Kunst immer in Paris statt. Man musste über Paris gehen, um als Künstler überhaupt wahrgenommen zu werden – von der Kritik, von den Galeristen. Dagegen haben sich die Nouveaux Réalistes um den Maler Yves Klein gewehrt. Der Künstler Arman gehörte dazu, und auch der Bildhauer César. Sie probten den Aufstand gegen die allmächtige Hauptstadt, sie waren aggressiv in ihrem Schaffen und haben letztendlich bewiesen, dass man auch mit dem Standort Côte d'Azur in den Galerien von New York ausstellen kann. Es war eine kleine Revolution, aber eine gelungene.

Was bedeutet die Präsenz all dieser Künstler heute für die Region?
Ballester: Die Dinosaurier von damals sind zwar nicht mehr am Leben, aber sie haben an manchen Orten der Côte d'Azur ihre Spuren hinterlassen. Viele Städte profitieren heute von ihrem künstlerischen Erbe. Schauen Sie sich die vielen Museen an – eine unglaubliche Sammlung moderner Kunst. Die Künstler waren sehr großzügig und haben den Museen sehr umfangreiche Schenkungen vermacht. Denken Sie an Fernand Léger mit seiner Stiftung in Biot. Die letzte in dieser Reihe ist die Bildhauerin Niki de St-Phalle, die dem

Museum für Moderne Kunst in Nizza über 120 Werke übergab. Ein großer Teil dieser Künstler hat im Übrigen hier seinen Lebensabend verbracht – vielleicht hat das ja irgendetwas mit der Sonne zu tun, der man sich am Schluss nähern möchte ...

Eine unglaubliche Sammlung

Haben Sie selbst Ihre Lieblingsmuseen an der Küste – Orte der Kunst, die man gesehen haben muss, wenn man hier war?

Ballester: Ja, natürlich, die Fondation Maeght in St-Paul-de-Vence gehört sicher zu den Kunststätten, die man besuchen sollte. Das Museum für Moderne Kunst in Nizza ist sehenswert mit seiner umfangreichen Sammlung zur *Ecole de Nice*. Die Fondation Fernand Léger in Biot hat nach sechs Jahren Renovierung wieder eröffnet, ebenso das Picasso-Museum in Antibes. Und das Musée de l'Annonciade am Hafen in St-Tropez mit seiner Sammlung von Impressionisten ist tatsächlich ein kleines Schmuckstück. Egal, was man mag, an dieser Küste wird man als Kunstliebhaber nicht enttäuscht werden.

Kunsterlebnis im Museum für Moderne Kunst in Nizza

Fondation Maeght –
Gesamtkunstwerk im Pinienhain

Eine der größten privaten Kunstsammlungen der Welt hat ihren Sitz in dem kleinen Dorf St-Paul-de-Vence im Hinterland von Nizza – die Fondation Maeght.

»Was hier versucht wurde«, sagte Kulturminister André Malraux bei der Eröffnung 1964, »das hat noch nie jemand zuvor versucht: Eine Welt zu schaffen, in der die moderne Kunst ihren Platz findet.« Tatsächlich war die Fondation Maeght die **erste private Kunststiftung Frankreichs**. Der Pariser Galerist Aimé Maeght gründete sie gemeinsam mit seiner Frau.

Am Puls der Zeit

Der 1981 verstorbene Maeght hatte auf dem Gebiet der zeitgenössischen Kunst schon immer mehr als andere gewagt. Er lernte Braque, Léger, Matisse und Picasso während der deutschen Besatzung an der Côte d'Azur kennen. Schon kurz nach Kriegsende, im Oktober 1945, eröffnete er eine Galerie in der Pariser Rue Téhéran und stellte ihre Arbeiten aus. Es waren Arbeiten, die das moderne Frankreich re-

präsentierten. Maeght verkaufte, verlegte Kunstbücher, gab eine Zeitschrift heraus und sammelte. 1960 beschloss er, seine bemerkenswerte Sammlung öffentlich zugänglich zu machen – aber nicht irgendwie.

Ein Haus der Kunst

Für den Bau der Fondation engagierte Maeght den katalanischen Architekten Josep Lluis Sert, ein Freund von Miro. Sert hatte zuvor mit Le Corbusier und Walter Gropius gearbeitet und stellte ein sehr funktionelles Gebäude in die Natur auf den Hügel über St-Paul: Ein Haus aus weißem Beton mit rosa Ziegeln, geraden Formen, versetzten Ebenen und großen aufgeschnittenen Röhren auf dem Dach, die das grelle Sonnenlicht abhalten sollen.

Zahlreiche namhafte Künstler beteiligten sich auf Bitten Maeghts an der Ausgestaltung des Hauses. Chagall und Tal-Coat schufen Wandmosaiken. Braque entwarf ein Bassin mit Fischmosaiken. Miró legte ein Labyrinth an – ein wilder Garten mit Skulpturen aus hellgrauem Marmor, aus Beton oder Bronze. Und die unverkennbar langen Bronzefiguren von Giacometti bevölkern einen offenen Hof.

Der Versuch des Ehepaars Maeght, eine Begegnungsstätte der modernen Kunst zu schaffen, ist hier geglückt.

Außergewöhnlich – Fondation Maeght

www.maeght.com
Die Website informiert über Geschichte und Gegenwart der Fondation, allerdings auf Französisch.

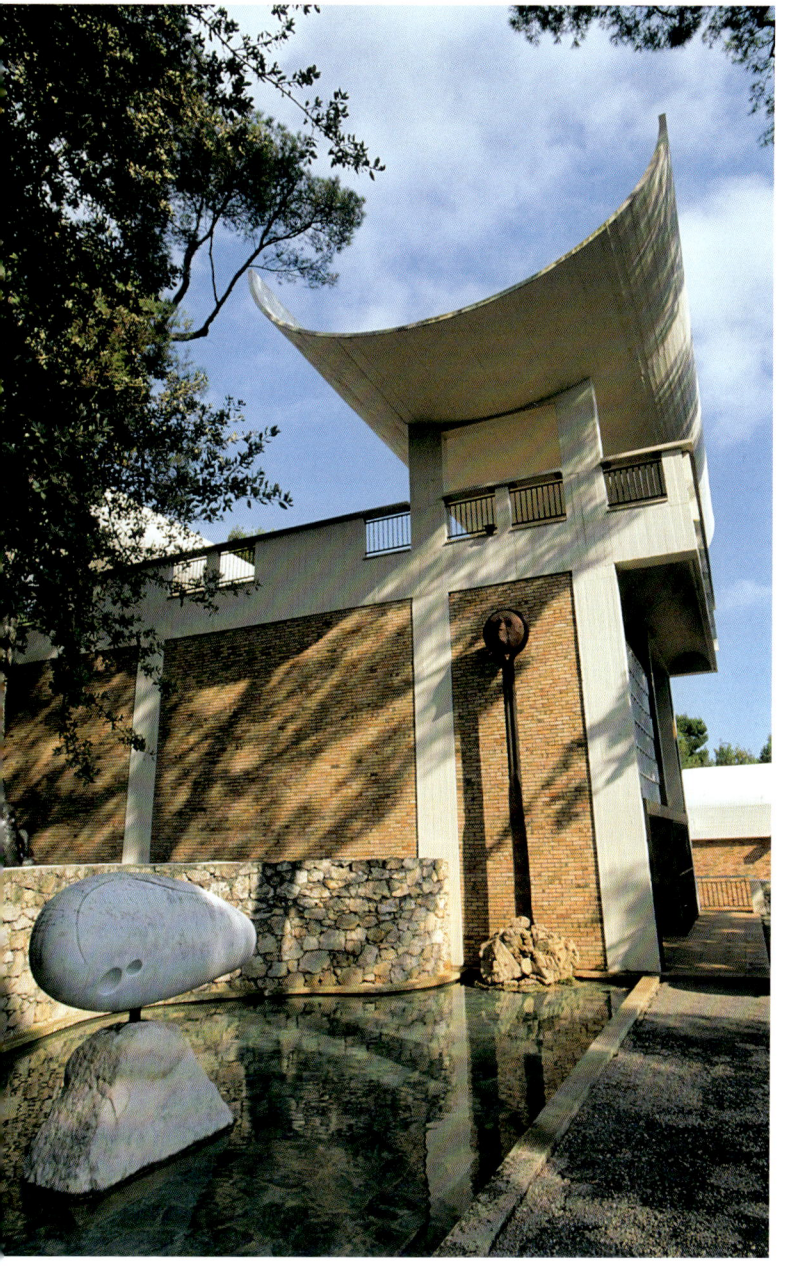

Unterwegs an der Côte d'Azur

Die idyllischen Buchten von Porquerolles sind ein beliebter Ankerplatz

Nizza

Highlight !

Nizza: Die Stadt an der Engelsbucht ist eine richtige Metropole, und hat dennoch viel Dörfliches. Nizza ist altmodisch und jung, hat Szenekneipen und Designhotels, aber ebenso Restaurants und Läden, in denen sich seit Jahrzehnten nichts verändert hat. An der Promenade des Anglais kann man wunderbar baden, anschließend auf dem Markt zu Mittag essen, nachmittags in eines der zahlreichen Museen gehen und sich abends ins Nachtleben stürzen. S. 94

Auf Entdeckungstour

Nizza kulinarisch – Dégustation in der Altstadt: In der Altstadt laden unzählige kleine Bistros, aber auch feine Restaurants dazu ein, die Spezialitäten der Stadt zu probieren: *fleurs de courgettes*, *petits farcis* und *fougasses*. S. 98

Auf schmaler Spur – unterwegs mit dem Train des Pignes: Der Pinienzapfenzug fährt vom Gare de Provence ins gebirgige Voralpenland, vorbei an malerischen Dörfern und Festungen. S. 118

Kultur & Sehenswertes

Musée d'Art Moderne et d'Art Contemporain: Eine moderne Architektur am Rande der Altstadt mit Exponaten der neuen Nizzaer Schule, darunter viele Bilder von Yves Klein. 16 S. 108

Musée Matisse: Gemälde, Zeichnungen und Briefe von Matisse in einer wunderschönen, ockerfarbenen Villa aus dem 17. Jh. Das Museum zeigt die persönliche Sammlung des Künstlers, der von 1917 bis 1945 in Nizza lebte. 25 S. 111

Aktiv & Kreativ

Colline du Château: Aufstieg zum Schlossberg, der eine wunderbare Aussicht bietet – ein großer Park mit Wasserfall, Hügeln und Treppen mitten in der Stadt. 6 S. 102

La Fêtes des Mai: An allen Maiwochenenden Tanzvergnügen in den Gärten von Cimiez, mit Folkloredarbietungen und Picknick. S. 117

Genießen & Atmosphäre

Cours Saleya: Hier ist Nizza pittoreskschön – Marktstände mit Blumen, Obst und Gemüse oder hausgemachten *socca*-Fladen verführen zum Kaufen, rundum gibt es zahlreiche Cafés. 1 S. 96, 99

Cantine Bio des Hi Hôtel: Küche und leichte Gerichte in ultramodernem, bunten Design. Die Philosophie des Hauses lautet *sain et simple,* also gesund und einfach – dennoch trifft sich hier die Szene. 3 S. 114

Abends & Nachts

Strandbar des Hotels Beau-Rivage: Wunderbar für einen Aperitif mit Blick auf die Engelsbucht an einem der luxuriösesten Strände der Stadt. 1 S. 116

Liqwid Bar: Sehr kosmopolite Bar unter Gewölbedecken. Die Sofas hier sind sehr bequem. 5 S. 117

Nizza ! – die Metropole an der Riviera ▶ O 4

Nizza, mit ca. 500 000 Einwohnern einzige Großstadt der Côte d'Azur, vereint so viele Gegensätze wie keine andere Stadt der Côte. Während vom zweitgrößten Flughafen des Landes mehrmals wöchentlich Direktflüge nach New York starten, geht es in manchen Ecken der Altstadt immer noch zu wie in einem süditalienischen Dorf – ein Überbleibsel der bewegten italienischen Vergangenheit der Stadt. Nizza ist heute das größte Wirtschaftszentrum der Küste und inzwischen auch eine bedeutende Kongressstadt. Auf der Promenade des Anglais hat man an manchen Sommertagen jedoch eher das Gefühl, sich in einem Badeort an der italienischen Adria zu befinden.

Es ist vor allem diese merkwürdige Mischung aus Stadt und Strand, die das Besondere der Hauptstadt der Côte d'Azur ausmacht. Während sich Touristen im Fallschirm hängend vom Motorboot hinziehen lassen, sitzen auf der Promenade Rentner mit Strohhut und ältere Damen in dicken Stützstrümpfen in der Sonne und lesen den *Nice Matin,* die wichtigste und auflagenstärkste Tageszeitung der Côte d'Azur, bei der grundsätzlich nur Lokales auf dem Titel steht.

Nizza ist sicher nicht der ideale Ort für einen Badeurlaub an der Côte d'Azur, dazu sind die Kieselstrände an der Uferpromenade viel zu laut und ungemütlich. Aber die Stadt eignet sich hervorragend für ausgiebige Museumsbesuche, lange Spaziergänge durch die verwinkelte Altstadt und dreigängige Abendessen auf einer der Restaurantterrassen des Vieux Nice.

Infobox

www.nicetourisme.com
Ausführliche Infos des Fremdenverkehrsamtes, auch in Deutsch.

Office de Tourisme
Büros gibt es am Flughafen, am Bahnhof und an der Promenade des Anglais in Altstadtnähe.

Verkehr
Innerstädtisch: Alle Sehenswürdigkeiten sind mit Bussen oder der Straßenbahn *(tramway)* zu erreichen. Die Straßenbahnlinie T 1 fährt vom Gare Thiers über die Place Masséna, durch die Altstadt und weiter zum Palais des Expositions. Die Verkehrsbetriebe Ligne d'Azur bieten Einzeltickets, Streifenkarten für zehn Fahrten (MULTI), Tagesfahrscheine (PASS 1 jour) oder Wochenfahrscheine (PASS 7 jours) an, erhältlich in Vorverkaufsstellen und an Ticketautomaten. Verkehrsplan und weitere Infos im Office de Tourisme oder unter www.lignedazur.com.
Autofahren: Die Altstadt ist weitgehend Fußgängerzone und mit dem Auto kaum zugänglich. Sehr zentral liegt das Parkhaus unter der Cours Saleya.

Geschichte

Cro-Magnon-Menschen, Griechen und Römer

Nizza war Standort frühester menschlicher Behausungen in Westeuropa: In einer Grotte nahe dem Hafen wurde

eine Wohn- und Feuerstätte der sogenannten **Cro-Magnon-Menschen** gefunden. Sie lebten als Nomadenjäger
vor ungefähr 40 000 Jahren an der
Bucht von Nizza. An der Fundstelle
steht heute das Terra-Amata-Museum.
Im 5. Jh. v. Chr. gründeten die **Griechen**
die Handelsniederlassung *nikaia*, die
›siegreiche Stadt‹. Die **Römer** siedelten
sich auf einem der Hügel von Nizza an
und nannten ihn *Cemenelum* (Cimiez).

Italienische Vergangenheit

1388 fiel Nizza zum ersten Mal an Savoyen. Sechs Jahre zuvor war die Com-
tesse der Provence, Reine Jeanne, er-
mordet worden. Seitdem kämpften
ihre beiden Söhne unerbittlich um die
Macht in der Provence. Von diesem
Streit profitierte ein dritter: Amadeus
VII., Comte von Savoyen, konnte die
Grafschaft im Komplott mit dem Stadt-
gouverneur Jean Grimaldi erobern.
Nizza wurde Savoyen und damit Italien
angegliedert. Bis auf kurze Unterbre-
chungen blieb die Stadt bis 1860, also
fast fünf Jahrhunderte, italienisch und
fungierte als **vorgeschobene Festung
Italiens.**

1543 unternahm der französische
König François I. zusammen mit seinen
türkischen Verbündeten den vergebli-
chen Versuch, Nizza zu erobern. Son-
nenkönig **Ludwig XIV.** gelang es dann
gegen Ende des 17. Jh., die Festung auf
dem Schlossberg und damit die Grafschaft Nizza in seine Hand zu bringen
und die Kontrolle über die Provinz
Alpes-Maritimes zu übernehmen. Ein
Großteil der Nizzaer Oberstadt wurde
bei den Kämpfen zerstört, der mittelalterliche Stadtkern vernichtet. Auf
Dauer konnte jedoch auch Ludwig XIV.
Nizza nicht halten und verlor es wieder
an Savoyen.

Unter **Napoléon Bonaparte** war die
Stadt von 1792 bis 1814 französisch,
wurde jedoch im **Pariser Vertrag** dem

Comte von Savoyen und König von
Sardinien zugesprochen. In Schulen
und Behörden benutzte man nun wieder Italienisch als Amtssprache.

Anschluss an Frankreich

Erst mit der Einigungsbewegung Italiens unter der Führung von Camillo
Benso Graf von Cavour zeichnete sich
eine langfristige Lösung ab. Die Befür-
worter der italienischen Einheit, darunter auch der Nizzaer Bürger und
Freiheitskämpfer **Giuseppe Garibaldi,**
wollten die abgelegene Grafschaft abtreten. Eine von Cavour inszenierte
Volksabstimmung brachte 1860 mit
überwältigender Mehrheit den end-
gültigen **Anschluss Nizzas an Frankreich.** Er wurde im Vertrag von Turin
schriftlich besiegelt und in den Straßen
von Nizza ausgelassen gefeiert.

Die Gegend um **Tende** und **Brigue**
im Nizzaer Hinterland hingegen blieb
noch 87 Jahre lang italienisches Terri-
torium und gehört erst seit 1947 offiziell zu Frankreich.

Kulturhauptstadt der Côte d'Azur

Nizza ist auch die Kulturhauptstadt der
Küste: Hier gibt es mehr als ein Dut-
zend großer **Museen.** Das Musée Matisse, das Musée Chagall oder auch
Musée d'Art Moderne et d'Art Contemporain sind von internationaler Bedeutung. Darüber hinaus besitzt die
Stadt eine **Oper,** ein **Theater** und mehrere kleine Bühnen. Im Juni findet in
der Oper und in diversen Kirchen das
Festival der Kirchenmusik statt, und im
Juli sind die Arenen der Römersiedlung
von Cimiez Schauplatz eines *Jazzfestivals.* In Nizza gibt es eine **Universität,**
eine **Kunstschule** und ein **Zentrum für
Zeitgenössische Kuns**t (Centre National d'Art Contemporain), das in Zu-
sammenarbeit mit dem französischen
Kulturministerium in einer Villa oberhalb der Stadt eingerichtet wurde.

Auf dem Cours Saleya schlägt das Herz des alten Nizza

Vieux Nice

Die Altstadt ist der schönste Teil von Nizza. In ihren verwinkelten engen Gassen fühlt man sich nach Italien versetzt. Die Häuser haben dunkelrote und gelbe Fassaden, fast an jeder Ecke steht eine kleine Barockkirche oder Kapelle. Vor den Fensterläden hängen Wäscheleinen und Vogelkäfige. In Krämerläden werden die kleinen Nizzaer Oliven, Wein, frische Pasta und Gnocchi verkauft, und auf Caféterrassen genießen die Flaneure ihren Cappuccino in der Sonne.

Noch immer leben in der Altstadt neben Arabern und *pieds noirs* (Algerienfranzosen) viele italienische Ein-

wanderer: Die Namen auf den Klingelschildern enden oft auf o und i. Die italienische Vergangenheit Nizzas wird an jeder Ecke lebendig. Die Straßen und Plätze heißen Rosetti, Garibaldi oder Colonna d'Istria. Und die rechteckige Place Masséna erinnert an eine Piazza in Turin.

Cours Saleya 1

Das Herz der Altstadt ist der Cours Saleya, ein lang gestrecktes Rechteck, auf dem jeden Vormittag außer montags der Blumenmarkt von Nizza stattfindet. Neben Schnittblumen, Orangen- und Zitronenbäumchen, Oleander und ganzen Büschen von Thymian werden aber auch frisches Gemüse und regio-

Ponchettes 4

Zur Meerseite hin wird der Cours Saleya von einer flachen Häuserzeile, den sogenannten Ponchettes begrenzt. Ursprünglich sollen in ihnen Werftbetriebe untergebracht gewesen sein. Später zogen Fischhandlungen, kleine Lebensmittelläden und eine Polizeiwache ein. Inzwischen werden die Händler immer mehr von trendigen Restaurants verdrängt.

Die flachen Dächer der Ponchettes konnte man früher begehen. Nach einer Seite blickte man aufs Meer, zur anderen auf den Markt. Heute sind sie offiziell gesperrt und nur noch an einer Stelle zugänglich: Ungefähr in der Mitte des Cours Saleya hat ein Fischrestaurant Tische und Stühle auf das Flachdach gestellt.

In den Ponchettes sind zwei städtische Galerien untergebracht, in denen Wechselausstellungen stattfinden: Die **Galerie des Ponchettes**, die 1950 mit einer Matisse-Ausstellung eingeweiht wurde, und die **Galerie de la Marine** im ehemaligen Fischmarkt der Stadt. An den Steinsäulen im Inneren sind noch die eingeritzten Nummern der Fischstände zu erkennen.

nale Spezialitäten angeboten (s. auch Entdeckungstour S. 98).

Am Cours Saleya stehen zwei der schönsten Sakralbauten von Nizza. Die **Chapelle de la Miséricorde** 2 wurde 1740 im klassischen Barock erbaut, mit viel Gold und runden Formen an der Fassade. Leider ist das Gotteshaus fast immer geschlossen (Besichtigung nur nach Anmeldung im Palais Lascaris, s. u.).

Ebenfalls aus dem Barock stammt die **Chapelle St-Suaire** 3, auch Chapelle des Pénitents Rouges genannt. Sie liegt gleich neben dem ehemaligen Senat, früher hatten daher die Senatoren reservierte Plätze auf den Kirchenbänken.

Palais Lascaris 5

15, rue Droite, Mi–Mo 10–18 Uhr, Fei geschl., Eintritt frei

Dieses sehenswerte Stadtpalais aus dem 17. Jh., einst Sitz der Adelsfamilie Lascaris-Ventimiglia, ist inzwischen ein Museum. Das Wappen der Familie ziert noch das wunderschöne, offene Vestibül. Im Erdgeschoss ist eine alte Apotheke von 1793 untergebracht, im dritten Stock ein Heimatmuseum.

Die **Rue Droite** liegt mitten im Gassenlabyrinth des Vieux Nice. In diesem Teil der Altstadt gibt es Straßenstände mit frischer Pasta, Lavendelhonig und Oliven, Couscous-Restaurants, Bars mit arabischer Musik und Cafés mit Glasvi-

Auf Entdeckungstour

Nizza kulinarisch –
Dégustation in der Altstadt

Nizzaer Spezialitäten gibt es nicht nur in den Restaurants der Altstadt, man kann sie auch auf dem Wochenmarkt und in vielen Geschäfte entdecken und probieren.

Dauer: 2–3 Std.

Markt: Di–So vormittags.

Start: Auf dem Cours Saleya, Nizzas traditonsreicher Marktplatz.

Der Bauch von Nizza

Auf dem bunten Obst- und Gemüsemarkt, der **Cours Saleya** `1`, kaufen die Nizzaer Hausfrauen ein. Hier gibt es die köstlichen Nizzaer Oliven, schwarz und fest. Hier kann man *violets* – kleine violette Artischocken – im Bund kaufen, und natürlich Honig, Kräuter und frischen Ziegenkäse. Eine besondere Spezialität der Nizzaer Küche sind die gelben *fleurs de courgettes*. Die zarten Zucchiniblüten werden mit einer Kräuter-Hackfleischmischung oder Frischkäse gefüllt und anschließend im Ofen erwärmt. Überall auf dem Markt wird *socca* angeboten. Die dünnen Fladen aus Kichererbsenmehl *(pois chiches)* sind sehr sättigend. Laufend fahren *socca*-Händler auf dem Motorrad vor, um ofenfrischen Nachschub zu liefern.

Die Säfte des Südens

Gleich mehrere Olivenöl- und Weinhändler haben Ladenlokale in der Altstadt. **Oliviera** `9` in der Rue du Collet nördlich der Kathedrale vertreibt verschiedene AOC-Öle aus Nizza und der Provence, die man auch online bestellen kann. Außerdem hat Oliveira eine große Auswahl an Weinen aus der Provence auf Lager, darunter der Bellet aus dem Nizzaer Hinterland und ein Wein der Alpes Maritimes. Im kleinen Imbiss des Hauses werden in einer offenen Küche regionale Gerichte, etwa Linsensuppe mit Mangold oder *raviolis niçois*, zubereitet.

Eines der ältesten Weinhäuser der Stadt liegt in der Rue Raoul-Bosio. Die **Caves Bianchi** `14`, die ein überwältigendes Angebot an Weinen des Südens präsentieren, wurden schon 1860 eröffnet. Gleich vis-à-vis befindet sich eine weitere lokale Institution – das kleine Restaurant **La Mérenda** `3`, bekannt und geschätzt für seine unverfälschte Nizzaer Küche.

Bei **A l'Olivier** `8` neben der Oper in der Rue St-François-de-Paule findet man mit Zitronen, Ingwer oder Basilikum aromatisierte Öle. Neben Oliven, Olivenseifen und Olivenölen gibt es selbstverständlich auch hier köstliche Olivenpasten: *tapenade* aus schwarzen, zerstampften Oliven, und *anchoïade,* eine Creme aus Sardellenfilets und Olivenöl. Sie werden zum Aperitif auf gegrilltem Weißbrot gereicht.

Wenige Schritte weiter verkauft das Nizzaer Traditionshaus **Alziari** `4` Olivenöl aus eigener Mühle. Alle Öle können vor dem Kauf von einem kleinen Löffel probiert werden. Jahrzehntelang wurde das Öl aus riesigen, silbernen Tanks in blau-gelbe, kleine Metallkanister abgefüllt. Das ist seit 2003 per Gesetz in Frankreich verboten. Die hübschen kleinen Kanister gibt es aber immer noch bei Alziari. Nebenan, im Restaurant **La Table d'Alziari**, stehen auf einer schwarzen Schiefertafel preisgünstige Tagesgerichte: Sardinen, Mangoldtarte oder *petits farcis* – mit einer Hackfleisch-Kräutermischung gefüllte und überbackene Gemüse, ein typisches Gericht der mediterranen Küche.

Süße Früchte und schwarze Diamanten

Die **Pâtisserie Auer** `10`, ebenfalls in der Rue St-François-de-Paule, ist berühmt für ihre *fruits confits* – reife, kandierte Früchte, die man zum Dessert essen kann. Sie passen aber ebsenso zu Fleischgerichten. Darüber hinaus gibt es hier Gewürze, Gänsestopfleber, Liköre und Weine.

Beim Nachbarn **Terre de Truffes** werden die schwarzen Diamanten Frankreichs in allen Varianten verarbeitet – pur, als Trüffelcreme, in Olivenöl – oder im angeschlossenen Restaurant **La Petite Maison** `1` als Tellergericht.

trinen, in denen klebrige, kleine Kuchen liegen.

Tour Bellanda 7
*Zugang per Aufzug vom Quai des
Etats-Unis aus, Mi–So 10–12, 14–17
Uhr, Juni–Sept. bis 19 Uhr*
Über die Altstadt erhebt sich die Colline du Château, der Schlossberg. Vom
sogenannten Château sind nur noch
Ruinen zu sehen, denn die **Festung**
wurde 1706 auf Anordnung von Ludwig XIV. geschleift. Am äußersten Zip-
fel des Hügels steht die 1825 erbaute
Tour Bellanda, in der heute ein **Marinemuseum** untergebracht ist, das Mo-

Nizza Zentrum

Sehenswert

1 Cours Saleya
2 Chapelle de la Miséricorde
3 Chapelle St-Suaire
4 Ponchettes
5 Palais Lascaris
6 Colline du Château/Terrasse Nietzsche
7 Tour Bellanda
8 Eglise St-François-de-Paule
9 – **26** s. Karte S.106

9 Oliviera
10 Pâtisserie Auer
11 Fischmarkt
14 Cave Bianchi
15 Caves Caprioghlio
2, **7**, **12**, **13** s. Karte S.106

Abends & Nachts

1 La Bodeguita
3 Le Comptoir
5 Liqwid Bar
2, **4** s. Karte S.106

Übernachten

1 Beau Rivage
2 Vendôme
3 – **9** s. Karte S.106

Essen & Trinken

1 La Petite Maison
2 L'Univers
3 La Mérenda
4 La Nissarda
5 Acchiardo
6 Nissa-Socca
7 Le Pain Quotidien
8 Chez Pierre
9 Theresa
10 – **13** s. Karte S.106

Einkaufen

1 Galeries Lafayette
3 Village Ségurane
4 Alziari
5 Ardoino
6 Chez Gilles
8 A l'Olivier

---

delle von Segelbooten, Passagierdampfern und Kriegsschiffen sowie Dokumente zur Schifffahrt und Fischerei in Nizza zeigt.

Rue St-François-de-Paule

In der westlichen Verlängerung des Cours Saleya, der Rue St-François-de-Paule, gibt es zwischen der **Oper** und der **Eglise St-François-de-Paule** **8** aus dem 18. Jh. wunderbar altmodische Läden (s. Entdeckungstour S. 98). In diesem Teil der Altstadt stehen auch noch mehrere Stadtpalais aus dem 17. und 18. Jh., wie das **Palais Hongrand** (2, rue St-François-de-Paule) und das **Palais**

Mein Tipp

Colline du Château 6

Über die Rue Rosetti führt ein Weg in ca. 20 Minuten hinauf zum Schlossberg. Über steile Treppen, vorbei an künstlichen Wasserfällen kommt man zum zentralen Aussichtspunkt des ca. 100 m hohen Hügels, der **Terrasse Friedrich Nietzsche**. Sie wurde nach dem deutschen Philosophen benannt, der hier während seiner Aufenthalte in Nizza gern spazieren ging. Von der Terrasse hat man einen herrlichen Blick über die roten Ziegeldächer der Altstadt, auf die goldenen Kuppeln der russischen Kathedrale und auf das tiefblaue Meer in der sanft geschwungenen Baie des Anges, der Engelsbucht. An der Meerseite des Hügels bei der Tour Bellanda befindet sich ein **Aufzug,** mit dem man bequem herunter zum Quai des Etats-Unis fahren kann.

Héraud (15, rue A. Mari). Ihre wunderschönen Treppenhäuser sind jedem zugänglich.

Promenade des Anglais

Die Promenade der Engländer, einst eleganter Boulevard am Meer, ist noch immer Aushängeschild und Wahrzeichen, inzwischen aber auch eine der Hauptverkehrsachsen der Stadt. Sie erstreckt sich von der Altstadt bis ungefähr auf Höhe des Flughafens. Teils private, teils **öffentliche Kieselstrände** liegen an der Promenade. Anders als die elegante Croisette in Cannes ähnelt die 6 km lange Küstenstraße allerdings inzwischen mehr einer Stadtautobahn

als einer Uferpromenade. Appartementblocks mit eintönigen Glasfronten wurden an die Stelle prachtvoller Belle-Epoque-Bauten gesetzt. Selbst in den 1970er-Jahren riss man hier noch wahllos hübsche kleine Stadtvillen ab.

Die Promenade stammt aus einer Epoche, in der Nizza als das Altersheim betuchter Briten galt. Seit Beginn des 18. Jh. kurierten **englische Aristokraten** sowie Schriftsteller und Künstler hier während der Wintermonate ihr Asthma und ihre Bronchitis aus. Im Jahr 1763 kam auch der **schottische Schriftsteller Tobias Smollet** auf Anraten seiner Londoner Ärzte nach Nizza. Nach seiner Rückkehr schrieb er ein Buch über die Côte d'Azur – das hatte Folgen: Zu Beginn des 19. Jh. erlebte Nizza einen wahren Bauboom.

Die Engländer legten die zunächst nur 2 m breite Küstenpromenade an, die 1844 ihren heutigen Namen erhielt. Aus dieser Zeit stammen die kleinen **Villen** am östlichen Abschnitt der Promenade, dem **Quai des Etats-Unis**. Auch einige andere Bauten blieben bis heute erhalten, so die Nr. 5, hinter deren Art-déco-Fassade der Festausschuss der Stadt tagt, die verspielte Belle-Epoque-Villa mit der Nr. 105 und die Nr. 139, eine 1910 erbaute Villa im sogenannten Nudelstil *(style nouille)*. Die Hotels Royal (Nr. 23), Westminster (Nr. 27) und West-End (Nr. 31) sind ebenfalls in ehemaligen Belle-Epoque-Residenzen untergebracht.

Palais de la Méditerranée 9

13–15, promenade des Anglais, Bus 11, 60, 62 (H Congrès/Promenade)
Das gewaltige Palais de la Méditerranée gehörte zu einem der prägenden Bauten der Promenade des Anglais. Es wurde 1929 im Auftrag des amerikanischen Millionärs Frank Jay Gould, Sohn des Eisenbahnerkönigs Jason Gould, als eine der luxuriösesten Spielbanken

der Welt erbaut. 1989 sollte das Gebäude abgerissen werden, nachdem
das Kasino jahrelang leer gestanden
hatte und zunehmend verfallen war.
Nach langem Ringen konnte der damalige Kulturminister Jack Lang sich
durchsetzen und zumindest die Fassade unter Denkmalschutz stellen.
Heute verbirgt sich dahinter ein Hotel.

Hôtel Negresco 10

*37, promenade des Anglais, Bus 11,
60, 62 (H Congrès/Promenade)*
Die beiden Vorzeigepaläste sind nach
wie vor das berühmte Grandhotel mit
seiner auffälligen roten Kuppel und
das Palais Masséna gleich nebenan,
während das einstige Pendant zum
Negresco, das Hôtel Ruhl am Jardin Albert I., 1970 abgerissen und durch den
einfallslosen Kasino-Neubau ersetzt
wurde. Das Negresco steht seit 1974
unter Denkmalschutz.

1913 wurde es in Anwesenheit von
sieben gekrönten Staatsoberhäuptern
eröffnet. Für den einstigen Kellner
Henry Negresco aus Bukarest ging damit ein Traum in Erfüllung. Ein französischer Industrieller hatte sein Vorha-
ben, das beste und luxuriöseste Hotel
der Côte zu eröffnen, unterstützt.
Doch die besten Zeiten seines Hotels
erlebte der arme Henry leider nie.
Denn kurz nach der Eröffnung begann
der Erste Weltkrieg, das Negresco
wurde ein Lazarett und Henry bank-
rott und krank. Er starb 1920.

Erst 1957 wurde das Hotel dann von
der Nizzaer **Familie Augier** gekauft
und aufwendig renoviert. Madame
Jeanne Augier steckte sogar die Portiers in napoleonische Reiterkostüme,
was sie zu den meistfotografierten
Männern von Nizza machte. Bei einem
Drink an der Hotelbar, kann man einen
Blick in das Negresco werfen. Dort
zechten schon Hemingway, die Dietrich und Coco Chanel.

Palais Masséna 11

*65, rue de France, Tel. 04 93 911 910,
Mi–Mo 10–18 Uhr, Eintritt frei, Bus
11, 60, 62, (H Congrès/Promenade)*
Das Palais Masséna, um 1900 als Stadt-
residenz für den Prinzen von Essling
(mit bürgerlichem Namen Victor Masséna) erbaut, ging 1918 in städtischen
Besitz über. Der Prinz machte zur Be-
dingung, dass die Villa mit ihrem wunderschönen Rundbalkon und einem
großen Palmengarten als Museum der
Öffentlichkeit zugänglich gemacht
wird.

Heute ist hier das **Musée d'Art et
d'Histoire** untergebracht, in dem Rit-
terrüstungen aus drei Jahrzehnten,
Porzellan und Fayencen aus der Region
sowie eine Gemäldesammlung der Nizzaer Schule der Primitiven zu sehen
sind. 2008 wurde das Museum nach
umfangreichen Renovierungsarbeiten
wieder eröffnet.

Musée des Beaux Arts 12

*33, av. des Baumettes, www.musee-
beaux-arts.nice.org, Di–So 10–18 Uhr,
Fei geschl., Führungen auf Franzö-
sisch jeden Di/Mi um 15 Uhr, auf
Englisch Fr um 15 Uhr, Eintritt frei,
Bus 3, 9, 10, 12, 22 (H François
Grosso), Bus 38 (H Chéret)*
Hinter der Promenade des Anglais, im
ruhigen Wohnviertel Quartier des Bau-
mettes, ist im ehemaligen Privatwohn-
sitz der russischen Prinzessin Kot-
schubey das **Museum der Schönen
Künste** untergebracht. Die Belle-
Epoque-Villa mit Garten ist ebenso se-
henswert wie die kleine, aber feine
Sammlung des Museums.

Zu den Exponaten gehören Gemälde des Rokokomalers Jean-Honoré
Fragonard aus Grasse, der Impressionisten Boudin, Degas, und Sisley sowie
Skulpturen von Rodin und Carpeaux.
Ein Teil des Museums ist den Werken
von Jules Chéret, einem Wegbereiter

Lieblingsort

Promenade des Anglais – Pause am Meer

Auf der Promenade am Ufer kann man eine Pause einlegen und so herrlich eine Viertelstunde aufs Meer blicken. Hinter der Promenade liegt die Altstadt, davor der Strand. Schaut man zur Seite, sieht man die geschwungene Engelsbucht, den Schlosshügel und die kleinen Belle-Epoque-Villen. Die älteren Damen von Nizza sitzen hier gerne. Es gibt keinen besseren Ort, um diese merkwürdige Mischung von Stadt und Strand, die Nizza ausmacht, in sich aufzunehmen.

Nizza Stadt

Sehenswert

1 – **8** s. Karte S. 100
9 Palais de la
Méditerranée
10 Hôtel Negresco
11 Palais Masséna
12 Musée des Beaux Arts
13 Musée International
d'Art Naïf Anatole
Jakovsky
14 Musée des
Arts Asiatiques
15 Parc Floral
de l'Arénas Phoenix
16 Musée d'Art Moderne et
d'Art Contemporain
17 Place Garibaldi
18 Le Port
19 Museum Terra Amata
20 Gare du Sud
21 St-Nicolas
22 Musée Marc Chagall
23 Palais Régina
24 Musée et Site Archéolo-
giques de Cimiez
25 Musée Matisse
26 Franziskanerkloster

Übernachten

1, **2** s. Karte S. 100
3 Hi
4 Hôtel Ellington
5 Petit Palais
6 Le Grimaldi
7 Hôtel Windsor
8 Hôtel Georges
9 Hôtel Floride

Essen & Trinken

1 – **9** s. Karte S. 100
10 L'Ane Rouge
11 Sapore
12 La Zucca Magica
13 Côté Sud

Einkaufen

2 Nice Etoile
7 Confiserie Florian

12 Marché de la Buffa
13 Marché Malausséna
1, **3** – **6**, **8** – **11**, **14**, **15**
s. Karte S. 100

Aktiv & Kreativ

1 Aigle Nautiques
2 Moorings Sail Meds
3 Nice Diving

Abends & Nachts

2 Casino Ruhl
4 La Havane
1, **3**, **5** s. Karte S. 100

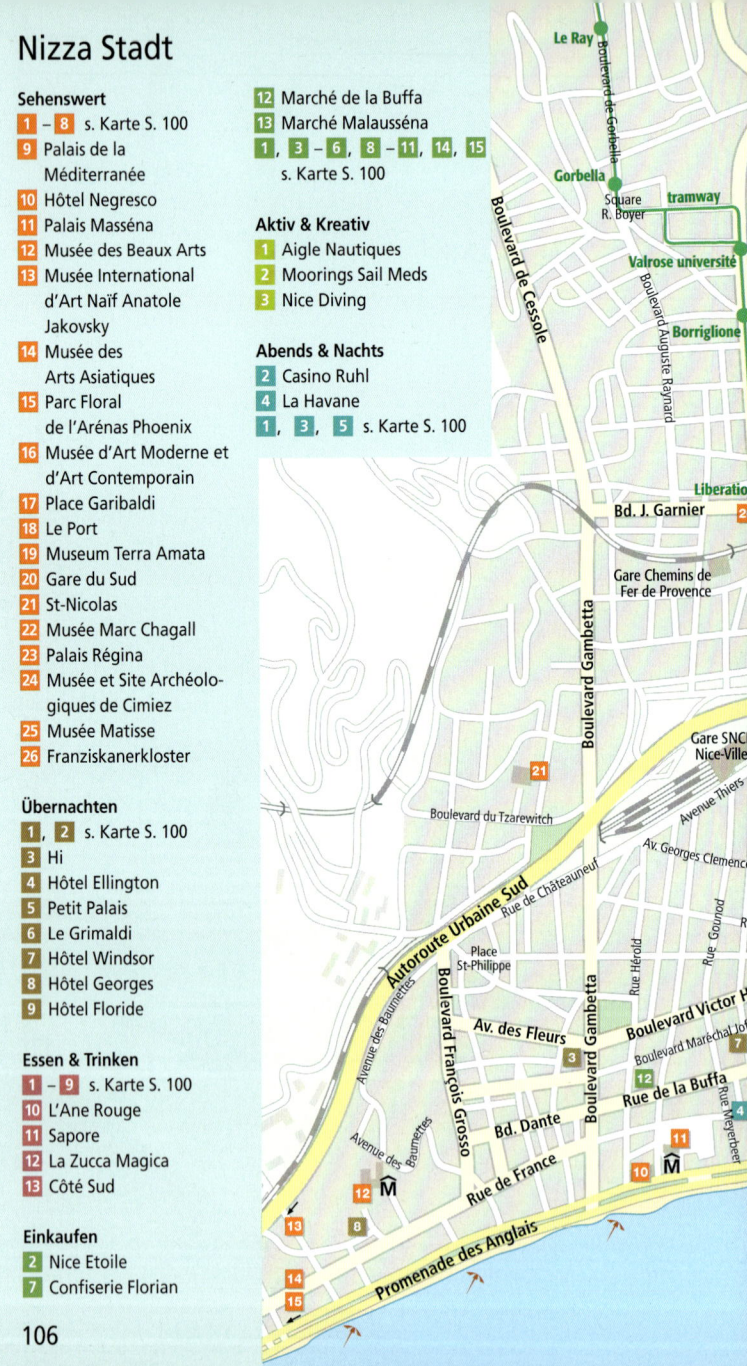

106

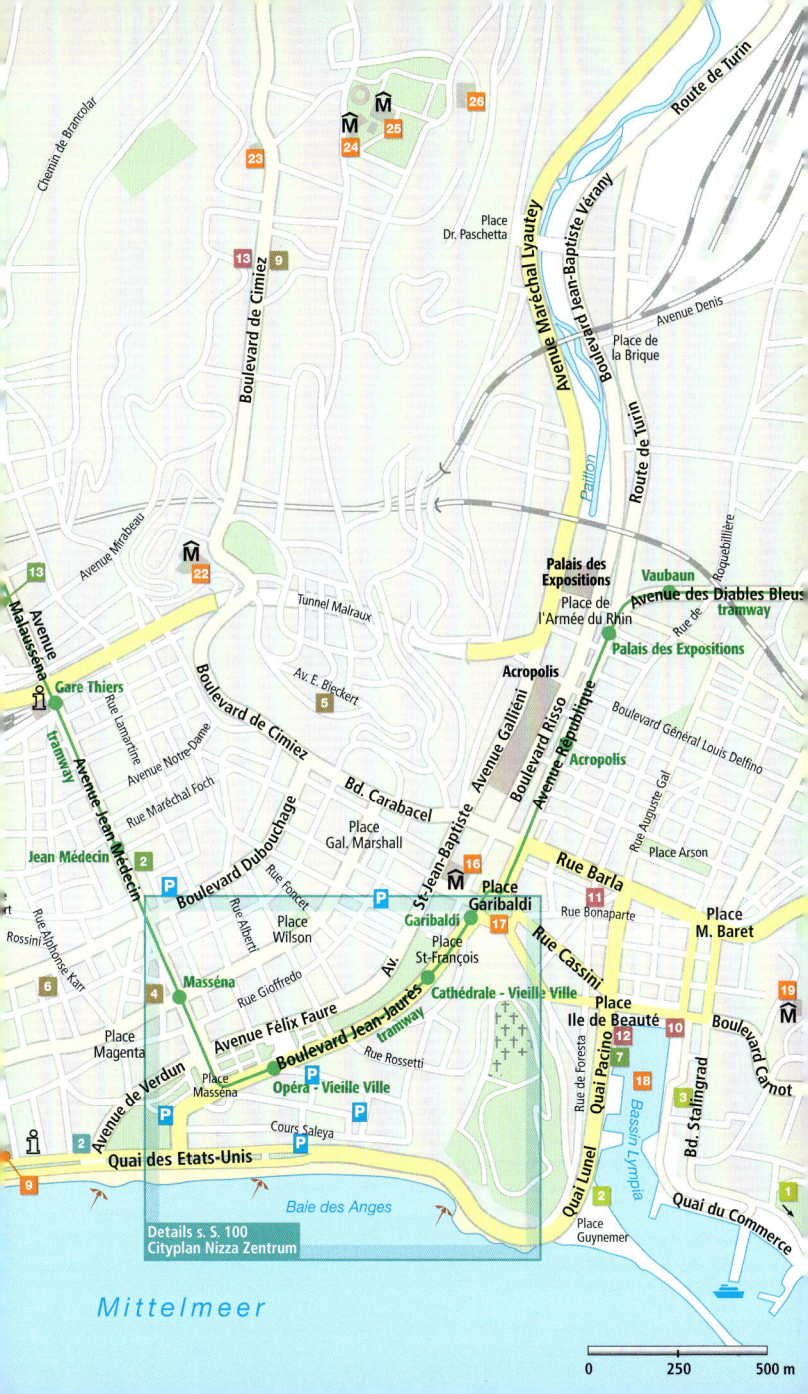

Mittelmeer

Baie des Anges

Details s. S. 100
Cityplan Nizza Zentrum

Quai des Etats-Unis

Cours Saleya

Opéra - Vieille Ville

Place Masséna

Avenue de Verdun

Place Magenta

Avenue Félix Faure

Masséna

Boulevard Jean-Jaurès tramway

Rue Rossetti

Cathédrale - Vieille Ville

Place St-François

Place Garibaldi

Garibaldi

Rue Gioffredo

Place Wilson

Rue Alberti

Boulevard Dubouchage

Rue Foncet

Jean Médecin

Rossini

Rue Alphonse Karr

Avenue Jean-Médecin tramway

Rue Maréchal Foch

Rue Notre-Dame

Rue Lamartine

Gare Thiers

Avenue Malausséna

Avenue Mirabeau

Boulevard de Cimiez

Tunnel Malraux

Av. E. Bieckert

Bd. Carabacel

Place Gal. Marshall

St-Jean-Baptiste

Avenue Gallièni

Boulevard Risso

Avenue République

Place Garibaldi

Rue Bonaparte

Rue Cassini

Rue Pacino

Ile de Beauté

Quai Lunel

Place Guynemer

Quai du Commerce

Bassin Lympia

Bd. Stalingrad

Boulevard Carnot

Place M. Baret

Rue Barla

Boulevard Général Louis Delfino

Place Arson

Rue Auguste Gal

Rue de Foresta

Palais des Expositions

Vauban

Avenue des Diables Bleus tramway

Palais des Exposition

Acropolis

Place de l'Armée du Rhin

Acropolis

Roquebillière

Rue de

Place de la Brique

Avenue Denis

Route de Turin

Pailton

Avenue Maréchal Lyautey

Boulevard Jean-Baptiste Vérany

Route de Turin

Route de Turin

Place Dr. Paschetta

Chemin de Brancolar

Boulevard de Cimiez

0   250   500 m

der modernen Plakatmalerei, gewidmet.

Darüber hinaus zeigt das Museum Werke von zwei Nizzaer Malern: dem von Cézanne beeinflussten **Raoul Dufy,** der 1877 in Le Havre geboren wurde, aber einen Großteil seines Lebens in Nizza verbrachte, und dem in Nizza geborenen Künstler **Gustav-Adolf Mossa.** Die Dufy-Sammlung besteht aus Ölbildern und Aquarellen sowie Zeichnungen und Stoffentwürfen, die Dufy für den Pariser Couturier Paul Poiret anfertigte. Mossas Gemälde zeigen vor allem den Nizzaer Karneval und Alltagsszenen, die an Werke von Toulouse-Lautrec erinnern.

Musée International d'Art Naïf Anatole Jakovsky 13

Av. de Fabron, Mi–Mo 10–18 Uhr, Fei geschl., Eintritt 4 €, Bus 9, 10, 12, (H Fabron)

Hinter den Mauern des **Château Ste-Hélène,** jenseits der Schnellstraße *(voie rapide),* verbirgt sich das Museum für Naive Kunst. Die umfangreiche Sammlung, die die Entwicklung der naiven Kunst ab dem 17. Jh. dokumentiert, verdankt die Stadt einer Schenkung von Anatole Jakovsky. Das schlossähnliche Anwesen war einst Residenz des Parfümeurs François Coty.

Musée des Arts Asiatiques 14

405, promenade des Anglais, Tel. 04 92 29 37 00, www.arts-asiatiques. com, Mi–Mo Mai–Mitte Okt. 10–18, Mitte Okt.– April 10–17 Uhr, Eintritt frei, Bus 9, 10, 23 (H Arénas)

Am westlichen Ende der Promenade des Anglais gen Flughafen liegt das **Museum für asiatische Kunst** des japanischen Architekten Kenzo Tangé. Zu sehen sind Objekte aus China, Japan, Kambodscha und Indien. Im Haus finden auch Teezeremonien und Tanzveranstaltungen statt.

Parc Floral de l'Arénas Phoenix 15

405, promenade des Anglais, Di–So 10–17 Uhr, Eintritt frei, Bus 9, 10, 24, 26 (H Arénas)

Schräg gegenüber vom Flughafen befindet sich das 7 ha große Gelände eines **botanischen Gartens** mit Vogelvolieren und dem angeblich größten Gewächshaus der Welt – es hat eine Größe von 7000 m^2.

Neustadt

Die Neustadt von Nizza beginnt nördlich vom **Boulevard Jean-Jaurès.** Eine Grenze bildet der **Paillon** bzw. sein überdachtes Flussbett. Denn nachdem der aus den Bergen kommende Fluss immer wieder über seine Ufer getreten war, entschied man sich 1860, ihn Stück für Stück verschwinden zu lassen und zu überbauen. Heute befinden sich an seiner Stelle Grünanlagen wie die **Jardins Albert I.,** die sich bis zur Promenade des Anglais hinziehen, ein Parkhaus mit hängenden Gärten sowie die rechteckige **Place Masséna,** ein italienisch anmutender Platz mit dunkelrot gestrichenen Stadthäusern.

In der **Rue Masséna** beginnt die wenig attraktive **Fußgängerzone** von Nizza mit ihren Modeboutiquen und Straßencafés, die später in die Rue de France übergeht.

Musée d'Art Moderne et d'Art Contemporain 16

Promenade des Arts, www.mamac-nice.org, Di–So 10–18 Uhr, Fei geschl., jeden Mi um 16 Uhr Führung, Eintritt frei, Bus 3, 4, 5, 7, 9, 10, 16, 17, 25 (H Promenade des Arts)

Das **Theater** von Nizza, ein kompakter Marmorblock, und das **Museum für Moderne Kunst** sind schon von weitem zu erkennen. Beide Gebäude stehen auf einem roten Sockel und sind von

Olivenbäumen und Wasserbecken umgeben. Auf dem großen Marmorvorplatz, der **Promenade des Arts,** dreht sich ein Mobile von Alexander Calder im Wind. Temporäre Installationen machen hier zudem auf aktuelle Ausstellungen aufmerksam.

Das **Kunstmuseum** ist in vier durch Glasgänge miteinander verbundenen Blöcken aus hellgrauem Carrara-Marmor untergebracht – ein Entwurf der südfranzösischen Architekten Yves Bayard und Henri Vidal.

Noch unter der Regie des ehemaligen Bürgermeisters Jacques Médecin kaufte die Stadt für die Sammlung des Museums zeitgenössische Kunstwerke für Millionen von Francs auf, und zwar sowohl Bilder von französischen Künstlern der Region wie Ben, Arman und Yves Klein als auch von Amerikanern wie Jasper Johns, Warhol und Lichten-

stein. So kam eine bemerkenswerte Auswahl der europäischen und amerikanischen Avantgarde von den 1960er-Jahren bis heute zustande. Yves Klein bekam einen eigenen Saal, nachdem seine Erben dem Museum zahlreiche Werke vermachten. Das Museumsmobiliar entwarf der französische Stardesigner Jean-Yves Wilmotte

Place Garibaldi 🔢

Die Place Garibaldi, ein geometrischer Platz mit ockerfarbenen Fassaden und Arkadengängen, wurde im 18. Jh. angelegt, als die Monarchen von Piemont-Sardinien über die Grafschaft Nizza herrschten. Er ist nach einem prominenten Sohn der Stadt benannt: dem 1808 geborenen Freiheitskämpfer Giuseppe Garibaldi. Dieser trat entschieden für die italienische Einigung ein, mit der Nizza dann allerdings an

Das Musée d'Art Moderne et d'Art Contemporain – erbaut in weißem Marmor

Frankreich zurückfiel. Das **Reiterstandbild des Freiheitskämpfers** thront heute über den Blumenrabatten der Place Garibaldi.

Le Port 18

Von dem Platz ist es nicht mehr weit bis zum alten Hafen **Port Lympia,** in den 1751 die ersten Schiffe einliefen. Heute legen von dort die Fähren nach Korsika ab.

Museum Terra Amata 19

25, bd. Carnot, www.musee-terra-amata.org, Di–So 10–18 Uhr, Fei geschl., Eintritt frei, Bus 32, 14 (H Port)
Das Musée Terra Amata liegt genau an der Stelle, an der Archäologen Überreste einer vorgeschichtlichen Siedlung gefunden haben. Das prähistorische Museum zeigt Karten, Schaubilder und Rekonstruktionen, u. a. von der Grotte von Mont Boron.

Im Osten der Neustadt

Den gesichtsloseren Teil von Nizza direkt hinter der Place Masséna durchzieht die **Avenue Jean Médecin** als zentrale Verkehrsader, die den Namen des langjährigen Bürgermeisters der Stadt trägt. An dieser großen Ausfallstraße Richtung Norden reihen sich Banken, Kaufhäuser, Reisebüros und große Einkaufszentren wie das **Nice Etoile** an einander.

In ihrer Verlängerung, der Avenue Malaussèna, steht die ehemalige **Gare du Sud** 20, ein etwas heruntergekommener, aber dennoch schöner alter Bahnhof, von dem früher die sogenannten Pinienzapfenzüge ins Hinterland abfuhren. Mittlerweile steht er unter Denkmalschutz, die Stadt erarbeitet zurzeit verschiedene Konzepte für eine neue Nutzung. Der neue Bahnhof der Chemins de Fer de Provence liegt nur wenige Schritte westlich.

Im Osten der Neustadt steht auch die 1912 eingeweihte **russisch-orthodoxe Kirche St-Nicolas** 21, die im Innern eine Sammlung russischer Ikonen beherbergt (Tel. 04 93 96 88 02, www.acor-nice.com, Mai–Sept. 9–12, 14.30–18, MItte Febr.–April, Okt., 9.15–12, 14.30–17.30, Nov.–Mitte Febr. 9.30-12, 14.30–17 Uhr; s. auch S. 68).

Cimiez

Das Stadtviertel Cimiez liegt nördlich von Alt- und Neustadt auf einem Hügel hoch über der Stadt. Es ist nur mit dem Bus oder Auto zu erreichen, gehört aber zum Pflichtprogramm von Nizza-Besuchern. Hier befindet sich nicht nur eines der schönsten Museen der Stadt, das Musée Matisse, und die gut erhaltenen Ruinen einer Römersiedlung, hier stehen auch noch die luxuriösen **Winterresidenzen des europäischen Hochadels.** Während im unteren Teil Nizzas vieles abgerissen wurde, lassen die alten Villen von Cimiez mit Freitreppen, Wintergärten und Privatparks erahnen, wie Nizza im 19. Jh. aussah.

Im unteren Abschnitt des **Boulevard de Cimiez,** der den Hügel mit der Stadt verbindet und einst als breite Kutschenzufahrt für die königlichen Gäste angelegt wurde, sind noch mehrere Villen aus der Zeit zu sehen, als Nizza die Winterhauptstadt Europas war.

Musée Marc Chagall 22

Av. du Docteur Ménard/Ecke bd. Cimiez, www.musee-chagall.fr, Mi–Mo 10–17 Uhr, Juli–Sept. bis 18 Uhr, Fei geschl., Eintritt 6,50 €, Bus 17, 20, 22 (H Musée Chagall)
Auf halbem Weg zwischen der Stadt und Cimiez liegt das Musée Marc Chagall, ein moderner Bau und eines der wichtigsten Museen der Stadt. Es be-

sitzt 17 große Ölgemälde des Künstlers zum Thema der biblischen Botschaft. Chagall hatte die Bilder ursprünglich für eine Kapelle in Vence gemalt. Durch Vermittlung von André Malraux kamen sie jedoch nach Nizza. Neben den Bildern der »Message Biblique« sind Skulpturen, Glasfenster und ein großes Mosaik über dem Wasserbecken zu sehen, außerdem Skizzen, Gouachen und Lithografien

Palais Régina 23

71, bd. Régina, Bus 17, 20, 22
(H Arènes/Musée Matisse)
Das prächtigste aller Palais auf dem Hügel, das von dem Architekten Sébastien-Marcel Biasini für Queen Victoria erbaute Winterpalais Régina l, wurde 1897 fertig gestellt. Es besitzt die schönste Fassade von Cimiez – mit einer Veranda aus Glas und Balkonen mit schmiedeeisernen Gittern und Türmchen auf dem Dach. Hier lebte und malte **Matisse** von 1938 bis 1943 und dann noch einmal ab 1949. Und hier starb er 1954.

Wie fast alle Winterresidenzen des europäischen Hochadels wurde das Palais inzwischen in ein luxuriöses Appartementhaus für betuchte Rentner und reiche Nizzaer Familien umgewandelt und ist deshalb nur von außen zu besichtigen.

Musée et Site Archéologiques de Cimiez 24

Av. Monte Croce, www.musee-archeologique-nice.org, Mi–Mo 10–18 Uhr, Fei geschl., Eintritt frei, Bus 17, 20, 22 (H Arènes)
Unweit des Palais Régina befinden sich die Überreste einer anderen bedeutsamen Epoche der Stadt: Im 3. Jh. n. Chr. sollen in *Cemenelum* (Cimiez) 20 000 Menschen gewohnt haben. Die Größe der entdeckten Thermen und Arenen lassen auf diese Zahl schließen. Ob-

wohl man seit langem von einer römischen Siedlung auf dem Hügel wusste, wurde hier erst ab Ende des 19. Jh. systematisch gegraben. 1985 entdeckte man dann sogar noch eine prähistorische Siedlung von etwa 3500 v. Chr.

Auf dem Ausgrabungsgelände befindet sich das **Archäologische Museum.** In den modernen Räumen ist ausgestellt, was Archäologen auf dem Hügel von Cimiez fanden, aber auch Objekte aus dem griechischen Nikaia. Die Sammlung umfasst Fundgegenstände von der Bronzezeit bis zum frühen Mittelalter.

Die **Thermen** auf dem archäologischen Gelände stammen aus dem 3. Jh. v. Chr. und gehören zu den besterhaltenen Überresten von *Cemenelum*. Sie sind in drei Bereiche unterteilt, die Magistratsthermen, die Männer- und die Frauenthermen. Diese sind jeweils mit zwei Heißwasser-, einem Warmwasser- und einem Kaltwasserbecken ausgestattet. Besonders sehenswert ist das Frigidarium der Magistratsthermen mit einer 16 m langen und 10 m hohen Wand.

Die **römischen Arenen,** ein von Olivenbäumen umgebenes Oval, liegen auf dem höchsten Punkt von Cimiez. Mit 67 m Länge und 56 m Breite boten sie etwa 5000 Zuschauern Platz. Im Juli findet hier alljährlich das Jazzfestival von Nizza statt (in dieser Zeit keine Besichtigung).

Musée Matisse 25

164, av. des Arènes, www.musee-matisse-nice.org, Mi–Mo 10–18 Uhr, Fei geschl., Eintritt frei, Bus 17, 20, 22 (H Arènes/Musée Matisse)
Wer sich in Nizza aufhält, sollte keinesfalls einen Besuch des Musée Matisse in der ehemaligen **Villa des Arènes** versäumen. Das im 17. Jh. erbaute Wohnhaus eines Konsuls aus Nizza wurde komplett renoviert. Die Samm-

lung besteht aus Schenkungen von Matisse bzw. von seiner Frau und seiner Familie. Sie umfasst das nahezu vollständige bildhauerische Werk, darüber hinaus 218 Gravuren, 236 Zeichnungen sowie 68 Ölgemälde und gibt einen hervorragenden Überblick über das Werk des Künstlers – darunter sein erstes Ölbild, ein 1890 entstandenes Stillleben.

Franziskanerkloster 26

22, place du Monastère, Mo–Sa 10–12, 15–18 Uhr, Fei geschl., Eintritt frei, Bus 17, 20, 22 (H Près Catalan)
Auf dem Cimiez-Hügel steht ein Franziskanerkloster *(monastère)* aus dem 16. Jh. Die neogotische Fassade entstand später. Zu den Schätzen des Museums gehören Altarbilder von Louis Bréa und eine Pietà von 1475. Es gibt Einblicke in die Geschichte des Ordens. Vom Klostergarten hat man einen herrlichen Ausblick auf das Peillon-Tal.

Strände

Die Strände von Nizza sind reine Kieselstrände. Sie liegen unterhalb der Promenade des Anglais, einer Schnellstraße. Es gibt privat betriebene und unbewirtschaftete Abschnitte. An den Privatstränden, die alle jeweils einen eigenen Namen haben und oft auch zu Hotels gehören, werden gegen Gebühr Liegen und Sonnenschirme verliehen (je nach Strand ab 8 €/Person für einen halben Tag). In den Strandrestaurants kann man sowohl abends als auch mittags essen, das muss nicht immer ein Menu sein. Am Strand gibt es auch Salate und andere Kleinigkeiten.

Übernachten

Nizza bietet Unterkünfte aller Preiskategorien, für Touristen sind besonders die Hotels unweit der Altstadt interes-

Die Strände in Nizza erstrecken sich vom Flughafen bis an den Schlosshügel

sant – oder auch solche auf dem Hügel von Cimiez, wo es etwas ruhiger ist.

Zentrum

Stylish und sehr zentral – **Beau Rivage** **1**: 24, rue St-François-de-Paule, Tel. 04 92 47 82 82, www.nicebeaurivage. com, DZ 180–300 €. Sehr gut gelegenes Haus, das der französische Designer Jean-Michel Wilmotte renoviert und verjüngt hat – mit Holz-Shuttern vor den Fenstern und modernen Badezimmern. Hoteleigenes Restaurant und Privatstrand.

Altmodisch – **Vendôme** **2**: 26, rue Pastorelli, Tel. 04 93 62 00 77, www. vendome-hotel-nice.com, DZ 100–130 €. 3-Sterne-Haus in einem ehemaligen Stadtpalais mit Garten.

Croisette, Neustadt, Cimiez

Designhotel – **Hi** **3**: 3, av. des Fleurs, Tel. 04 97 07 26 26, www.hi-hotel.net, DZ 210–440 €. Designhotel mit 38 Zimmern, die Happy Day oder auch Techno Corner heißen. Sehr schöner Pool auf dem Dach, e-Shop, Bio-Restaurant und Bar für Nicht-Hotelgäste.

Brandneu – **Hôtel Ellington** **4**: 25, bd. Dubouchage, Tel. 04 92 47 79 79, www. ellington-nice.com, DZ 175–300 €. 2006 eröffnetes Hotel im 1950er-Jahre-Dekor mit marrokanischen Spiegeln und Farben, Bibliothek, hoteleigener Bar und Patio.

Im Grünen – **Petit Palais** **5**: 17, av. E.-Bieckert, Tel. 04 93 62 19 11, www.pe titpalaisnice.com, DZ 95–155 €. Belle-Epoque-Bau in Cimiez mit 25 klimatisierten Zimmern.

Provenzalisch – **Le Grimaldi** **6**: 15, rue Grimaldi, Tel. 04 93 16 00 24, www.le-grimaldi.com, DZ 85–205 €. Zentral gelegenes, charmantes Haus, dessen 44 Zimmer mit provenzalischen Stoffen dekoriert sind.

Kunst im Hotel – **Hôtel Windsor** **7**: 11, rue Dalpozzo, Tel. 04 93 88 59 35,

www.hotelwindsornice.com, DZ 90–175 €. Kleines Haus im Zentrum, in dem jedes Zimmer von einem Künstler gestaltet wurde: die N° 65 mit farbig beschriebenen Wänden von Ben, die N° 79 von Jean-le Gac, weiß-blau wie ein Bild von Matisse. Dazu gehören ein exotischer Garten, ein kleiner Pool und ein Restaurant.

Nahe der Promenade – **Hôtel Georges** **8**: 3, rue H. Cordier, Tel. 04 93 86 23 41, hotel-georges@wanadoo.fr, DZ 60–100 €. Einfaches, aber gut gelegenes 18-Zimmer-Haus mit einer kleinen Terrasse. Die Zimmer haben alle Dusche oder Badewanne.

Auf dem Hügel von Cimiez – **Hôtel Floride** **9**: 52, bd. Cimiez, Tel. 04 93 53 11 02, info@hotel-floride.fr, DZ 49–66 €. Günstiges 2-Sterne-Hotel oberhalb der Stadt.

Essen & Trinken

Zentrum

Nizzaer Spezialitäten – **La Petite Maison** **1**: 11, rue St-François-de-Paule, Tel. 04 93 92 59 59, à la carte 50–80 €. Eine der authentischsten Küchen der Stadt. Hier kostet man einen Nizzaer Vorspeisenteller mit *petits farcis* für zwei Personen, Bouillabaisse oder Trüffelrisotto. Hübscher Speisesaal, kleine Terrasse.

Gehobene Küche mit viel Fisch – **L'Univers** **2**: 54 Bd. Jean-Jaurès, Tel. 04 93 62 32 22, Menü 44, 70 €. Provenzalische Küche von Christian Plumail: Rotbarbensuppe, Hummerfrikassee und Seewolf in Kokossauce.

Eine Institution der Stadt – **La Mérenda** **3**: 4, rue Raoul Bosio, kein Telefon, Sa./So. geschl., à la carte 30–40 €. Sicherlich eines der eigenwilligsten Restaurants Frankreichs. Der Patron, Dominique Le Stanc, früher Starkoch im Negresco, verweigert hartnäckig Telefonanschluss und nimmt keine Reservierungen entgegen. In seinem Mini-Bistro gibt er sich der Nizzaer Küche hin.

Nudeln und mehr – **La Nissarda** 4 : 17, rue Gubernatis, Tel. 04 93 85 26 29, Menü um 30 €. Regionale Spezialitäten, frische Nudelgerichte , Ravioli, Lasagne und auch Fisch.

Traditionell – **Achiardo** 5 : 38, rue Droite, Tel. 04 93 85 51 16, Menü ca. 20 €. Die ›Kantine‹ der Altstadt – in einer ihrer engsten Gassen – serviert Nizzaer Spezialitäten.

Typisch und günstig – **Nissa-Socca** 6 : 7, rue Ste-Réparate, Tel. 04 93 80 18 35, Menüs ab 15 €. In diesem Bistro in der Altstadt gibt es eines der günstigsten Mittagsmenüs der Stadt und einfache Nizzaer Küche, darunter natürlich auch die traditionelle *socca* und die köstlichen *petits farcis.* Die Wände zieren Schwarzweiß-Fotos des Stadtlebens.

Gut für Kleinigkeiten – **Le Pain Quotidien** 7 : 1, rue St-François-de-Paule, Tel. 04 93 62 94 32, Menü 15–20 €. Salate, Ziegenkäse und eingelegte Tomaten an langen Holztischen. Gut für eine Kleinigkeit zwischendurch.

Gefüllte Weißbrottaschen – **Chez Pierre** 8 : Place Rossetti. Hier soll es das mit Abstand beste *pan bagnat* von Nizza geben.

Kichererbsenfladen – **Theresa** 9 : 28, rue Droite. Theresa ist berühmt für ihre *socca* und fährt jeden Tag mit einem ›Soccamobil‹ zum Blumenmarkt, um die Fladen dort zu verkaufen.

Croisette, Neustadt, Cimiez

Klassiker am Hafen – **L'Ane Rouge** 10 : 7, quai des Deux-Emmanuel, Tel. 04 93 89 49 63, Menü 26 € (mittags), à la carte 40–80 €. Im Sommer kann man auf der Terrasse essen: z. B. Fischgerichte und mit Hummer gefüllte Zucchiniblüten.

Sehr trendy – **Sapore** 11 : 19, rue Bonaparte, Tel. 04 92 04 22 09, Menü 20–40 €. Modernes Design gepaart mit mediterraner Küche, die nach der spanischen Tapas-Formel aus jeweils sechs bis acht kleinen Gerichten zusammengestellt wird.

Italienisch – **La Zucca Magica** 12 : 4 bis, quai Papacino, Tel. 04 93 56 25 27. Menü mittags 17 €, abends 29 €, keine Kreditkarten. Eine der besten Adressen unter den günstigen: Rucola-Cannelloni, Kürbis-Risotto, Pasta und italienischer Hauswein. Der freundliche römische Patron Marco Folicaldi bietet jeden Tag ein *menu de confiance* an, zusammengestellt je nach Marktangebot, Reservierung empfohlen.

Alles Bio – **Cantine Bio** im Hi Hôtel 3 : 3, av. des Fleurs, Tel. 04 97 07 26 26, Menü 26 €, à la carte etwas teurer, Brunch 25, 35 €.In dem futuristisch anmutenden Hotel-Restaurant sitzt man an hellen Holztischen mit blauen, roten oder grünen Aufsätzen und isst nach Philosophie des Hauses *sain et simple,* also gesund und einfach. Alle Produkte komme garantiert aus biologischer Produktion: Es gibt Fisch, Fleisch, Salate und Suppen. Man darf auch nur Kleinigkeiten essen. Jeden Sonntag lädt von 11–17 Uhr ein großes Buffet zum Bio-Brunch ein, dann kann man sogar das hauseigene Hammam benutzen und bekommt eine viertelstündige Massage.

Fusion-Food – **Côté Sud** 13 : 2, rue du Prof. M. Sureau, Tel. 04 93 01 36 40, à la carte um 25 €. Bistro mit Terrasse nahe des Cimiez-Hügels. Gambas-Spieße mit Gemüse-Nems und Wachtel mit Polenta.

Einkaufen

Alles unter einem Dach – **Galeries Lafayette** 1 : Place Masséna. Klassisches,

Ultramodern – das Design im Hi Hôtel und in der Cantine Bio

gut sortiertes Kaufhaus, viele Designerlabels, große Parfümerieabteilung. **Nice Etoile** 2: 24, av. Jean Médecin. Großes Einkaufszentrum mit Geschäften und Boutiquen aller Art, Tiefgarage im Haus.

Antiquitäten – **Village Ségurane** 3: Die Rue Antoine Gauthier, rue Ségurane und Rue Philibert in Hafennähe bilden mit 80 Antiquitäten- und Trödelläden das Antiquitätenviertel von Nizza.

Delikatessen – **Alziari** 4: 14, rue St-François-de-Paule, Olivenöle. **Ardoino** 5: 4, rue Raoul-Bosio. Italienisches Olivenöl. **Chez Gilles** 6: 6, rue Ste-Réparate. Frische Pasta, Nizzaer Ravioli und hausgemachte Saucen in einer kleinen Gasse der Altstadt. **Confiserie Florian** 7: 14, quai Papacino. Hier kann man bei der Herstellung der zuckersüßen *fruits confits* zuschauen. **A l'Olivier** 8: 7, rue St-François-de-Paule, Olivenöle. **Oliviera** 9: 8, rue du Collet, Olivenöle und Wein. **Pâtisserie Auer** 10: 7, rue St-François-de-Paule. Konfitüren,, Schokolade und *fruits confits.* **Terre des Truffes:** 11, rue St-François-de-Paule im Restaurant La Petite Maison 1 (s. Entdeckungstour S.98).

Kleidung – In der **Rue Alphonse Karr,** der **Rue Paradis** und der **Rue Masséna** findet man zahlreiche Läden für Prêt-à-Porter, Designermarken und Schuhe.

Märkte – **Lebensmittel- und Blumenmarkt:** Di–So vormittags auf der Cours Saleya 1. **Fischmarkt** 11: Place St-François, Di–So vormittags. **Marché de la Buffa** 12: Rue de la Buffa, Di–So bis 13 Uhr. Überdachter Markt, auf dem es Käse, frische Pasta, Fisch, Fleisch, Obst und Gemüse gibt. **Marché Malausséna** 13: Im oberen Teil der Av. Malaussena, Di–So von frühmorgens bis 13 Uhr. Der günstigste Markt in Nizza.

Wein – **Caves Bianchi** 14: 7, rue Raoul Bosio. Traditionsreiches Weinhaus (s. Entdeckungstour S. 98). **Caves Caprioghlio** 15: 16, rue de la Préfecture. In dem wunderbaren Weinkeller lagern über 20 000 Flaschen. Zu den Weingütern am oberen Stadtrand von Nizza führt die **Route des Vins de Bellet,** u. a.

zum **Château de Cremat**, 442, chemin de Crémat, Tel. 04 92 15 12 15, www. chateaucremat.com, und zum **Château de Bellet**, Les Seoules, Tel. 04 93 37 81 57. Öffnungszeiten und Informationen www.vinsdebellet.com.

Aktiv & Kreativ

Golfen – **Golf de Nice:** 698, route de Grenoble, Tel. 04 93 29 82 00. 9-Loch-Platz. Auch Anfängerkurse.

Stadtführung – **Visite de la Ville:** Das Office de Tourisme organisiert zweieinhalbstündige Führungen durch die Altstadt in französischer oder englischer Sprache. Treffpunkt Sa um 9.30 Uhr vor dem Büro an der Promenade des Anglais. Reservierung und weitere Auskünfte www.nicetourisme.com.

Wassersport – **Aigle Nautique** : 50, bd. Franck Pilatte, Tel. 04 93 56 77 99, centredécouverte-marin@wanadoo.fr. Segel- und Tauchkurse. **Moorings Sail Meds** 2: 2, quai Amiral Infernet, Tel. 04 92 00 42 21. Verleih von Segelbooten mit oder ohne Skipper. **Nice Diving**

3: 26, bd. de Stalingrad, Tel. 04 93 89 42 44. Tauchkurse.

Abends & Nachts

Maritim – **Strandbar des Hotels Beau Rivage** 1: 107, quai des Etats-Unis, geöffnet nur in der Sommersaison 19–1 Uhr. Wunderbar für einen Aperitif bei Sonnenuntergang mit Blick über die Engelsbucht.

Südamerikanisch – **La Bodeguita** 1: 14, rue Chauvain, Tel. 04 93 92 67 24, 20 Uhr bis spät nachts je nach Saison. Salsa-Musik und südamerikanische Spezialitäten.

Glücksspiel und Shows – **Casino Ruhl** 2: 1, promenade des Anglais, Tel. 04 93 87 95 87, tgl. 10 Uhr bis zum Morgengrauen. Casinobetrieb mit Restaurant, Bar und Cabaret.

Art déco – **Le Comptoir** 3: 20, rue St-François-de-Paule, Tel. 04 93 92 08 80, tgl. 22–2.30 Uhr. Bar und Restaurant im Art-déco-Dekor.

Verraucht – **La Havane** 4: 32, rue de France, Tel. 04 93 16 36 16, tgl. 18–2.30

Am Fischmarkt an der Place St-François herrscht mediterrane Gelassenheit

Uhr. Cocktails, Zigarrenkeller, Restaurant (auch spätnachts noch Küche). *Extrem trendy –* **Liqwid Bar 5**: 11, rue Alexandre Mari, Tel. 04 93 76 14 28, Barbetrieb von 18–5 Uhr. Bar mit langen Sofas unter Gewölbedecken, mit Miami-Tendenzen. Angeschlossenes Restaurant in modernem Design.

Infos & Termine

Office de Tourisme

5, promenade des Anglais, Tel. 08 92 70 74 07, www.nicetourisme.com. Zweigstellen des Fremdenverkehrsamtes gibt es im SNCF-Bahnhof, av. Thiers; im Flughafen Nice-Côte d'Azur, Terminal 1; in Nice-Ferber (Nähe Flughafen).

Termine

Carnaval de Nice: 14 Tage ab ca. Ende Febr., Karneval und Blumenkorso (www.nicecarnaval.com, s. S. 32).
Festin des Cougourdons: März. Volksfest zum Frühlingsanfang in den Gärten von Cimiez. *Cougourdons* sind speziell in Nizza gezüchtete, getrocknete Kürbisse.
La Fête des Mai: Das traditionelle Maifest findet an allen Sonn- und Feiertagen in der wunderschönen Kulisse des Amphitheaters im Stadtteil Cimiez statt. Ganze Familien kommen mit Picknickkörben und lassen sich in den Gärten um das Theater nieder, Folkloregruppen führen traditionelle Tänze auf und überall gibt es Musik, oft auch spezielle Veranstaltungen für Kinder.
Festival de Musique Sacrée: Juni. Kirchenmusik in der Altstadt.
Fête de Saint-Pierre: Juni. Fest der Fischer zu Ehren des hl. Petrus.
Nice Jazz Festival: Juli. In den Arenen von Cimiez (www.nicejazzfestival.fr))
Nuits Musicales de Nice: Juli/Aug. Konzerte im Kloster Monastère auf dem Cimiez-Hügel.

Triathlon de Nice: Sept.
Fête de Ste-Réparate: Okt. Fest der Schutzpatronin der Stadt, u. a. Prozession in historischen Kostümen.

Verkehr

Flughafen: Aéroport International Nice-Côte d'Azur, 7 km südwestlich des Zentrums. Linienflüge und Low-Cost-Verbindungen. Vom Flughafen regelmäßig Busse ins Stadtzentrum und zum SNCF-Bahnhof.
Bahn: Gare SNCF, av. Thiers, Tel. 04 93 87 50 50. Der TGV verbindet Nizza mit Paris 2–3 x tgl. in 6,5 Std. Die Tende-Bahn fährt tgl. in knapp 2 Std. nach Tende und weiter ins italienische Cuneo (www.sncf-voyages.com). **Gare Chemins de Fer de Provence,** rue Alfred Bíned, Tel. 04 97 03 80 80, 4 x tgl. Pinienzapfzüge nach Dignes-les-Bains (s. Entdeckungstour S. 118).
Bus: Gare Routière, 5, bd. Jean Jaurès, Tel. 04 93 85 61 81. Regelmäßige Verbindungen mit allen größeren Orten der Côte d'Azur. Außerdem Busse zu den Orten im Hinterland von Nizza. Busfahrten organisieren auch **private Gesellschaften,** u. a. Phocéens Cars (2, place Masséna, Tel. 04 93 85 66 61), Santa Azurs (11, av. Jean Médecin, Tel. 04 93 85 34 06), Azur Pullmans (Tel. 04 93 08 72 38).
Innerstädtisch: Am besten steigt man in der Stadt in Bus und Straßenbahn um. Nizzas neue *tramway*-Linie wurde im November 2007 in Betrieb genommen. In derzeit drei *Parcazur* kann man das Auto abstellen und mit der Bahn ins Zentrum fahren, dabei ist die Parkgebühr im Bahnpreis enthalten (Rückfahrticket 2 €). Das Ticket berechtigt auch zum Umsteigen in die städtischen Busse. Weitere Infos bei den Verkehrsbetrieben Ligne Azur, 3, Place Masséna, Tel. 08 10 06 10 06, www.lignedazur.com und unter www.tramway-nice.org (s. auch S. 94).

Auf Entdeckungstour

Auf schmaler Spur – unterwegs mit dem Train des Pignes

Die historische Schmalspurbahn fährt im Sommer von Nizza durch enge Schluchten mit wehrhaften Dörfern und durch grüne Täler ins Voralpenland bis nach Digne.

Reisekarte: ▶ Karte 2

Dauer: Tagesausflug.

Fahrplan: Ab Nizza morgens 8.50 Uhr, mit der Dampflok, Mai–Okt. So auch 9.20 Uhr (Reservierung erforderlich!). Rückfahrticket max. 35,50 €. Info: www.trainprovence.com.

Abfahrt Nizza: Gare de Provence, 4bis, rue Alfred Binet. Bei der Anfahrt den Berufsverkehr einplanen.

Pinienzapfen machen Dampf

Den *Train des Pignes* gibt es seit 1892. Für viele isoliert liegende Dörfer stellte er die wichtigste Verbindung zur Außenwelt dar. Immer wieder war die Strecke in ihrer Existenz bedroht. 1951 sollte der Zugbetrieb ganz eingestellt werden. Die private Eisenbahngesellschaft Chemins de Fer de Provence rettete den Pinienzapfenzug.

Der Zug verdankt seinen Namen der einstigen Reisegeschwindigkeit: Früher schnaufte die alte Dampflok so langsam die steilen Berge hinauf, dass die Fahrgäste unterwegs Pinienzapfen sammeln und den Heizer so mit Nachschub versorgen konnten. Aus der Dampflok ist inzwischen ein Dieseltriebwagen mit 50 Plätzen geworden – leider nicht mehr holzgetäfelt.

Auf Schienen ins Voralpenland

Auch an der Strecke geht es nicht mehr so gemütlich zu. Die meisten Schranken funktionieren automatisch, lange Zeit wurden sie von Dorfbewohnern oder Bahnhofsvorstehern per Hand bedient. Fahrgäste, die unterwegs zusteigen, gibt es kaum noch – ein Handzeichen genügt aber auch heute, und der Zug hält.

Auf Schmalspurschienen schlängelt sich der *Train des Pignes* hoch in das Nizzaer Hinterland – an Flüssen entlang, durch zahlreiche Tunnel, über Brücken und Viadukte. Für die gesamten 150 km bis zur Endstation Digne benötigt der Zug etwa drei Stunden. An Sonntagen ist auf der 20 km langen Strecke zwischen Puget-Théniers und Annot sogar wieder eine Dampflok im Einsatz.

Verlockende Zwischenstopps

Man sollte früh in Nizza starten, da entlang der Schmalspurbahn sehenswerte Dörfer liegen und sich einige Wandermöglichkeiten bieten. Wer eine Fahrt mit der Dampflok gebucht hat, steigt um 10.25 Uhr in Puget-Théniers in die historische Bahn um.

Schon kurz hinter dem Stadtgebiet von Nizza wird die Landschaft immer gebirgiger und grüner. Permanent geht es dem Var folgend bergauf, durch kleine Dörfer mit altmodischen Bahnhöfen, die zum Aussteigen verleiten: **Touët-sur-Var**, hoch über dem Fluss in den Felsen gebaut, **Puget-Théniers** mit einer hübschen romanischen Kirche und einer Maillol-Statue auf dem Dorfplatz, das mittelalterliche **Entrevaux** und **Annot**, eine ockerfarbene Stadt mit denkmalgeschütztem Ortskern. Im Rahmen eines Tagesauflugs lohnt es daher kaum, bis Digne zu fahren.

Eine Festung auf steilem Felsen

In **Entrevaux** (▶ Karte 2, L 2) werden viele Ausflügler die Fahrt unterbrechen. Zur Römerzeit lag hier eine keltisch-ligurische Siedlung am Fluss Var. 1690 beauftragte König Ludwig XIV. den französischen Militärarchitekten Vauban, den Ort gegen Eindringlinge besser zu schützen und die Befestigungsanlagen zu verstärken. Aus dieser Zeit stammt die Zitadelle hoch oben auf einem Felsvorsprung. Die Mühen des etwa 20-minütigen Aufstiegs über einen kopfsteingepflasterten Weg werden mit einer phantastischen Aussicht belohnt. Die Innenräume, Höfe und der Turm der Zitadelle sind zu besichtigen.

Bis zur Rückfahrt am Nachmittag bleibt ausreichend Zeit für ein Mittagessen. Auf der Terrasse des Hôtel Vauban am Place Mareau serviert man *secca* – hauchdünne, luftgetrocknete Rindfleischscheiben, und andere provenzalische Spezialitäten mit Blick auf die Zitadelle. Abfahrt unter Dampf Richtung Küste 15.45 Uhr.

Die östliche Riviera und Monaco

Highlights ❗

Monaco: Fürstentum und Steuerparadies mit Prinzenpalast, Casino, Jachthafen und einem Ozeanografischen Museum. Der Staat mit der höchsten Millionärsdichte und den bekanntesten Prinzessinnen der Welt. S. 130

Menton: Die italienischste Stadt an der Côte d'Azur mit verwinkeltem alten Zentrum, bunten Fassaden, zahlreichen Belle-Epoque-Villen und exotischen Gärten. Auf dem höchsten Punkt von Menton liegt der schönste Friedhof der Küste mit Ausblick aufs Meer. S. 140

Auf Entdeckungstour

Eze – Village perché auf steilem Felssporn: Als Zufluchtsort vor den Angriffen der Sarazenen im Mittelalter erbaut und daher von Wehrmauern umgeben. Zugtore führen in das verwinkelte Dorf, in dem es heute zahlreiche Luxushotels gibt. S. 128

Werke eines Multitalents – Jean Cocteau an der Riviera: Ein Ausflug zu den schönsten Hinterlassenschaften des vielseitigen Künstlers an der Côte – Besichtigung der Salle de Mariage im Standesamt von Menton, des einzigen Cocteau-Museums der Küste und der kleinen Fischerkapelle im Hafen von Villefranche. S. 142

Kultur & Sehenswertes

Fondation Ephrussi de Rothschild: Ehemaliges Anwesen der Rothschilds am Cap Ferrat, umgeben von einem 7 ha großen Park. S. 124

Musée Océanographique: Das Meereskundemuseum von Monte Carlo in einem wuchtigen Gebäude direkt am Wasser mit vielen Aquarien sowie Wal- und Haifischskeletten. S. 134

Aktiv & Kreativ

Thermes Marins de Monte Carlo: Thalassokuren in den exklusiven Thermen und anschließend auf der Terrasse am Meer neben amerikanischen Millionärinnen und reichen französischen Erben entspannen. S. 137

Jardin Botanique Exotique du Val Rahmeh: Einer der schönsten Gärten von Menton, 1905 von einem reichen Engländer angelegt. Wunderbar für einen Spaziergang im Schatten tropischer Pflanzen. S. 148

Genießen & Atmosphäre

Les Deux Frères: Hübsch gelegenes Hotel in der ehemaligen Dorfschule von Roquebrune. Jedes Zimmer ist in einem anderen Stil eingerichtet. Empfehlenswert auch für ein Mittagessen mit Aussicht. S. 140

Restaurant Mirazur in Menton: Leichte, innovative Küche und dazu von der Terrasse des Designrestaurants den atemberaubenden Blick über die Bucht von Menton genießen. S. 151

Abends & Nachts

La Rascasse: Angesagte Cocktailbar in Monte Carlo mit dunklen Ledersofas und kultigen Schwarzweiß-Fotos der Formel 1. S. 137

Karément: Sehr coole Bar und Diskothek in Monte Carlo mit Seaview-Lounge und futuristischen Sesselchen. S. 137

Die Küste zwischen Villefranche und Menton – auch Riviera genannt – gehört zur klassischen Côte d'Azur. Im ehemaligen Fischerhafen Villefranche ist man Nizza noch ganz nah, Fresken von Jean Cocteau zieren hier eine Kapelle. Am exklusiven Cap Ferrat werden luxuriöse Villen hinter mannshohen Hecken versteckt. Das verwinkelte Dorf Eze bietet schöne Aussichten auf die blaue Küste. In Monaco wohnen Millionäre und Prinzessinnen in einem merkwürdigen Konglomerat aus Belle-Epoque-Villen und einfallslosen Neubauten. Letzter Ort vor der Grenze ist Menton, dank ockerfarbener Fassaden und exotischer Gärten fühlt man sich hier Italien schon ganz nah. Im Hinterland gibt es romantische Bergdörfer zu entdecken.

Infobox

Internet
Einen umfassenden Überblick über die Riviera und ihr Hinterland gibt www.guideriviera.com. Über Monaco informiert die offizielle Website des Fürstentums www.visitmonaco.com.

Telefonieren
Die Vorwahl von Monaco 00377 ist auch aus Frankreich mitzuwählen, gefolgt von der meist achtstelligen Teilnehmernummer.

Verkehr
Die Küstenstädte zwischen Nizza und der italienischen Grenze werden regelmäßig von Zügen und Bussen bedient. In Monaco und Monte Carlo empfiehlt es sich, den Wagen im Parkhaus abzustellen und auf die Stadtbusse umzusteigen.

Villefranche-sur-Mer ▶ O 4

Der ehemalige Fischerort (7000 Einwohner) ist durch eine Steilklippe von Nizza getrennt, die mit dem gegenüberliegenden Cap Ferrat eine der schönsten Buchten der Küste begrenzt. Villefranche – das bedeutet freie Stadt – war früher ein Freihafen, daher die Ortsbezeichnung. Bis zum Austritt Frankreichs aus der NATO diente der Fischerort den Amerikanern als Marinebasis. Zwei Gedenktafeln erinnern an ihre Präsenz im Ort. Eine davon hängt am Eingang des Restaurants Mère Germaine.

Von Nizza kommend, fährt man zuerst am **Jachthafen** von Villefranche vorbei und durch den neueren, nicht besonders hübschen Ortsteil. Unterhalb davon liegt die **Altstadt** mit dem Fischerhafen und dem von Restaurants und Cafés gesäumten Quai Courbet.

Der **Fischerhafen** mit seinen bunten, italienisch anmutenden Fassaden und die dahinter liegende Altstadt mit der vollkommen überdachten, kuriosen **Rue Obscure**, die unter Häuserzeilen hindurchführt, sind der hübscheste Teil von Villefranche. Am **Quai Courbet** steht die ehemalige **Fischerkapelle St-Pierre**, die Jean Cocteau in den 1950er-Jahren ausmalte (s. Entdeckungstour, S. 142).

Citadelle
Museen, Tel. 04 93 76 33 27, Juni–Sept. 10–12, 15–18.30, Okt.–Mai 10–12, 14–17.30, So vormittags geschl., Eintritt frei
Am Rande des alten Zentrums erhebt sich am Meer die Mitte des 16. Jh. errichtete mächtige Zitadelle von Villefranche, in der bis 1965 Militäreinheiten untergebracht waren. Heute be-

finden sich in der ehemaligen Festung ein Theater und Museen.

Im **Musée d'Art et d'Histoire de la Citadelle** sind Bilder des Künstlerehepaares Henri Goetz und Christine Boumeester sowie einige wenige Werke ihrer Freunde Picasso, Picabia, Miró und Hartung zu sehen. In der **Fondation – Musée Volti** werden Werke des zeitgenössischen Bildhauers Volti gezeigt .

Übernachten

Mediterran – **Hôtel Welcome:** 3, quai Courbet, Tel. 04 93 76 27 62, www.welcomehotel.com, DZ 120–228 €. Empfehlenswerte Unterkunft am Hafen mit wunderbarem Blick auf das Cap Ferrat. In Zimmer Nr. 11 wohnte einst Jean Cocteau. Die 36 Zimmer haben alle einen Balkon. Angeschlossen sind das **Restaurant Saint-Pierre** (Menü 37 €) und eine Weinbar. Außerdem kann man ein hoteleigenes Segelboot mieten.

Freundlich-familiär – **Hôtel La Flore:** 5, bd. Princesse-Grace-de-Monaco, Tel. 04 93 76 30 30, www.hotel-la-flore.fr, DZ 95–210 €. Ein Teil der pastellfarbenen Zimmer hat einen Balkon. Im Garten befindet sich ein Pool.

Essen & Trinken

Klassiker – **La Mère Germaine:** Quai Courbet, Tel. 04 93 01 71 39, Menü 45 €, à la carte um 60 €. Eine Institution in Villefranche, mit einer Terrasse am alten Fischerhafen und hervorragenden Fischgerichten. Auch den einst in Villefranche stationierten Amerikanern schmeckte es hier: Auf einer Gedenktafel am Eingang danken Offiziere der 6. US-Flotte Mère Germaine für den stets herzlichen Empfang.

Mein Tipp

Fahrt über die Corniches ▶ O/P 4
Nizza und Menton sind durch drei in den Felsen geschlagene Landstraßen in landschaftlich einmaliger Lage miteinander verbunden. In zahlreichen Hitchcock- und James-Bond-Filmen wurden diese sogenannten Corniches verewigt. Mindestens eine von ihnen muss man gesehen haben – wegen des Côte d'Azur-Feelings der 1960er-Jahre und des atemberaubend schönen Panoramas. Die **Corniche Inférieure** (N 98) führt direkt an der Küste entlang – vorbei an Villefranche, am exklusiven Cap Ferrat und an Beaulieu-sur-Mer. Die **Moyenne Corniche** (N 7) verläuft oberhalb durch Eze und andere als *Villages perchés* bezeichneten Dörfer, die wie Adlerhorste an Felsen kleben. Sie bietet immer wieder einzigartige Ausblicke auf die Küste. Die **Grande Corniche** (D 2564) ist die älteste der drei Corniches. Sie schlängelt sich durch das gebirgige Hinterland zwischen Nizza und Menton.

Leichte Küche – **Carpaccio:** 17, promenade des Marinières, Tel. 04 93 01 72 97, à la carte 20–35 €. Pizza, Austern, Salate und Fisch an der Uferpromenade. Und die Spezialität des Hauses ist natürlich Carpaccio.

Aktiv & Kreativ

Bootsverleih – **Dark Pelican:** Bureau du Port de la Santé, Tel. 04 93 01 76 54, www.darkpelican.com. Verleih diverser Boote für halbe und ganze Tage oder stundenweise.

Infos

Office de Tourisme: Jardin François-Binon, 06230 Villefranche, Tel. 04 93 01 73 68, www.villefranche-sur-mer.com.

St-Jean-Cap-Ferrat

▶ O 4

Überfliegt man St-Jean-Cap-Ferrat, so sieht man von oben lauter blaue Flecken: die Swimmingpools der zahlreichen Villen in dieser Gegend. Fährt man mit dem Auto über die Halbinsel, lassen sich diese Anwesen nur erahnen. Auf Cap Ferrat wird Reichtum erfolgreich hinter exakt geschnittenen, hohen Hecken und videoüberwachten Eingangstoren versteckt.

Einst hatten Cary Grant, der Schriftsteller William Somerset Maugham mit seiner Villa Mauresque und der belgische König Leopold II. hier ihre Feriendomizile. Bis ins 19. Jh. war das Cap Ferrat mit seinen steil ins Meer abfallenden Küstenhängen kaum bewohnt. Heute ist es ein Refugium für Millionäre – ein sehr diskretes natürlich.

Fondation Ephrussi de Rothschild

Am Anfang der Halbinsel links der Hauptstraße, www.villa-ephrussi.com, Mitte Febr.–Okt. tgl. 10–18, Juli/Aug. tgl. 10–19, Nov.–Mitte Febr. Mo–Fr 14–18, Sa/So 10–18 Uhr, Eintritt 10 €
Die bedeutendste Sehenswürdigkeit der Halbinsel ist in einer rosafarbenen, venezianischen Villa untergebracht, die die Schwester von Edouard de Rothschild 1912 in einem 7 ha großen Park bauen ließ. Vorbild waren damals die großen italienischen Renaissance-Paläste. Die Baronin vermachte dem französischen Staat nach ihrem Tod das Anwesen mit dem gesamten Inventar, darunter Bilder von Boucher und Fragonard, Louis-seize-Möbel, Ta-

pisserien aus Aubusson und eine wertvolle Porzellansammlung.

Heute ist die Fondation de Rothschild ein Museum. Im Haus selbst ist der ehemalige orientalische Saal zu einem wunderschönen Teesalon umfunktioniert worden, in dem man mittags auch Kleinigkeiten essen kann. Von den sieben verschiedenen Gärten des Anwesens hat man teilweise einen wunderschönen Ausblick auf das Cap und das tiefblaue Meer

Strände

Für den Normaltouristen gibt es nur wenige zugängliche Stellen zum Meer. Die kleine **Plage du Passable** gegenüber von Villefranche ist neben der schönen **Plage Paloma** in einer geschützten Bucht an der Ostseite des Caps der einzige öffentliche Strand. An beiden Stränden gibt es nur Kiesel. An der Plage Paloma schaut man auf von Pinien umrahmte Luxusvillen. Der Strand hat einen bewirtschafteten Teil: den Paloma Beach, an dem man Liegen (16 € pro Tag) und Sonnenschirme leihen kann, im dazugehörigen Restaurant stehen Salate und gegrillter Fisch auf der Karte. Auch am Plage du Passable gibt es ein kleines Restaurant mit Pasta und Fischgerichten, ebenso eine Bar und einen Liegenverleih.

Übernachten

Filmreif – **La Voile d'Or:** 7, av. Jean Mermoz, Tel. 04 93 01 13 13, www.lavoiledor.fr, DZ 260–770 €. In einer eleganten großen Villa oberhalb des Hafens, in der schon Hitchcock mit Grace Kelly und Cary Grant drehte. Zwei Pools und hoteleigenes Restaurant (Menü 80 €).
Villa mit Garten – **Brise-Marine:** 58, av. Jean Mermoz, Tel. 04 93 76 04 36,

Die Villa Rothschild wurde im Stil italienischer Renaissance-Paläste erbaut

www.hotel-brisemarine.com, DZ 155–178 €. 16 Zimmer in einer Villa von 1878 nahe dem Hafen. Mit Garten, Terrasse und Patio.

Familiäre Atmosphäre – **Clair Logis:** 12, av. Prince Rainier III de Monaco, Tel. 33 4 93 76 51 81, www.hotel-clair-logis.fr, DZ 100–170 €. Hübsches Hotel in einer ehemaligen Villa, ruhig im Grünen gelegen, umgeben von einem Palmengarten. 18 Zimmer.

Schlicht – **La Frégate:** 11, av. Denis Séméria, Tel. 04 93 76 04 51, Fax 04 93 76 11 49, DZ 60–90 €. Einfache Zimmer in einer Familienpension in Hafennähe. Auf Wunsch mit Halbpension.

Essen & Trinken

Für Anspruchsvolle – **Le Provençal:** 2, av. D. Séméria, Tel. 04 93 76 03 97, Menü 35 (mittags), 79 €. Elegantes Restaurant am Hafen. Fischgerichte, z. B. im Feigenblatt gebackener St-Pierre-Fisch, und provenzalische Küche.

Frischer Fisch – **Le Sloop:** Port de Plaisance, Tel. 04 93 01 48 63, www. restaurantsloop.com. Sehr empfehlenswertes Menü 32 €, à la carte um 50 € auf einer Restaurantterrasse mitten im Jachthafen.

Bistroküche – **Capitaine Cook:** 11, av. J. Mermoz, Tel. 04 93 76 02 66, Menü 25, 30 €. Fleisch- und Fischgerichte, beispielsweise Tintenfischsalat. Bouillabaisse gibt es hier nur auf Bestellung.

Aktiv & Kreativ

Für Kinder – **Zooparc:** Bd. Général de Gaulle, Mai–Sept. 9.30–19, Okt.–April 9.30–17.30 Uhr. Der kleine Zoo liegt in der Nähe der Villa Les Cèdres, die dem belgischen König Leopold II. gehörte.

Infos

Office de Tourisme: 59, av. D. Séméria, 06230 St-Jean-Cap-Ferrat, Tel. 04 93 76 08 90, www.ville-saint-jean-cap-ferrat.fr.

Beaulieu-sur-Mer

▶ O 4

In Beaulieu trafen zu Beginn des 20. Jh. russische Prinzen und reiche Amerikaner aufeinander. Im 1880 eröffneten La Réserve, einem der ersten großen Luxushotels der Côte d'Azur, fand sich die mondäne Gesellschaft täglich zum Mittagessen ein. Sissi, Kaiserin von Österreich, besuchte den Ort ebenso wie Gordon Bennett, Besitzer des New York Herald, der sich zu einem Förderer von Beaulieu entwickelte. Inzwischen sind die großen Zeiten vorbei. Übrig blieben die alten **Grandhotels La Réserve** und **Métropole** auf Traumgrundstücken über dem Meer.

Villa Kérylos

An der Baie des Fourmis auf dem östlichen Vorsprung der Bucht, www.villa-kerylos.com, Febr.–Anfang Nov. tgl. 10–18, Juli/Aug. tgl. 10–19, Anfang Nov.–Jan Mo–Fr 14–18, Sa/So 10–18 Uhr, Eintritt 8 €

Ein anderes Relikt vergangener Tage ist inzwischen in ein Museum verwandelt worden. Der reiche Archäologe Theodor Reinach ließ sich zu Beginn des 20. Jh. ein Anwesen nach dem Vorbild einer antiken griechischen Villa erbauen. 2500 m² Wohnfläche, u. a. ein aufwendiges Badezimmer aus Carrara-Marmor, und der Garten können heute besichtigt werden.

Übernachten

Luxusklasse – **La Réserve:** 5, bd. Maréchal Leclerc, Tel. 04 93 01 00 01, www.reservebeaulieu.com, DZ 499–882 €. Eine der exklusivsten Adressen der Côte – ein Haus der Relais-et-Châteaux-Kette von 1880 mit Privathafen, hoteleigenem Spa, beheiztem Pool und ei-

Vom Meer hat man freie Sicht auf die Villa Kérylos

ner fantastischen Aussicht. Auch der mit venezianischen Spiegeln dekorierte Renaissance-Speisesaal bietet Meerblick (Menü 150 €).

Zimmer mit Aussicht – **Comté de Nice:** 25, bd. Marinoni, Tel. 04 93 01 19 70, www.hotel-comtedenice.com, DZ 70–130 €. 32 renovierte Zimmer in einem Mittelklassehotel im Ortszentrum, viele davon mit Balkon, manche mit Meerblick.

2-Sterne-Komfort hinter alter Fassade – **Select Hotel:** Place Charles de Gaulle, Tel. 04 93 01 05 42, DZ 60–90 €. 19 einfache Doppelzimmer in zentraler Lage.

Essen & Trinken

Klassiker – **African Queen:** Port de Plaisance, Tel. 04 93 01 10 85, à la carte ca. 30–60 €. Pizza und Pasta auf einer der bestbesuchten Restaurantterrassen von Beaulieu-sur-Mer im Jachthafen.

Marrokanisch – **Petit Darkoum:** 18, rue du Gén. Leclerc, Tel. 04 93 01 48 59, à la carte ca. 30 €. Marrokanisches Restaurant mit Couscous und Zitronenhuhntajine.

Restaurants findet man natürlich auch in den Luxushotels **Métropole** und **La Réserve** (s. o.).

Infos

Office de Tourisme: Place G. Clémenceau, 06310 Beaulieu-sur-Mer, Tel. 04 93 01 02 21, www.ot-beaulieu-sur-mer.fr.

Eze ▶ O 4

Von dem auf einem 427 m hohen Felsen über dem Meer gelegenen Dorf bietet sich ein herrlicher Ausblick auf die Côte d'Azur. In Eze soll sich bereits im 6. Jh. v. Chr. eine Fluchtburg befunden haben, bevor es im Mittelalter zur Festung ausgebaut wurde (s. Entdeckungstour S. 128).

Übernachten

In Eze-Village gibt es fast ausschließlich Luxushotels.

Traumlage hoch über dem Meer – **Château de la Chèvre d'Or:** Rue du Barri, Tel. 04 92 10 66 66, www.chevredor.com, DZ 280–805 €. Wunderschönes Hotel der Relais & Château-Kette mit Blick über die Bucht. Beheizter Hotelpool sowie Suiten mit Privatpool. Früher gehörte das Anwesen dem Prinzen von Schweden.

Ländlich-gediegen – **Château Eza:** Tel. 04 93 41 12 24, www.chateaueza.com, DZ 260–1050 €. Sechs Zimmer und vier Suiten in einem 400 Jahre alten Château mit Natursteinfassade. Die Zimmer sind mit Baldachinbetten und Toile-de-Jouy-

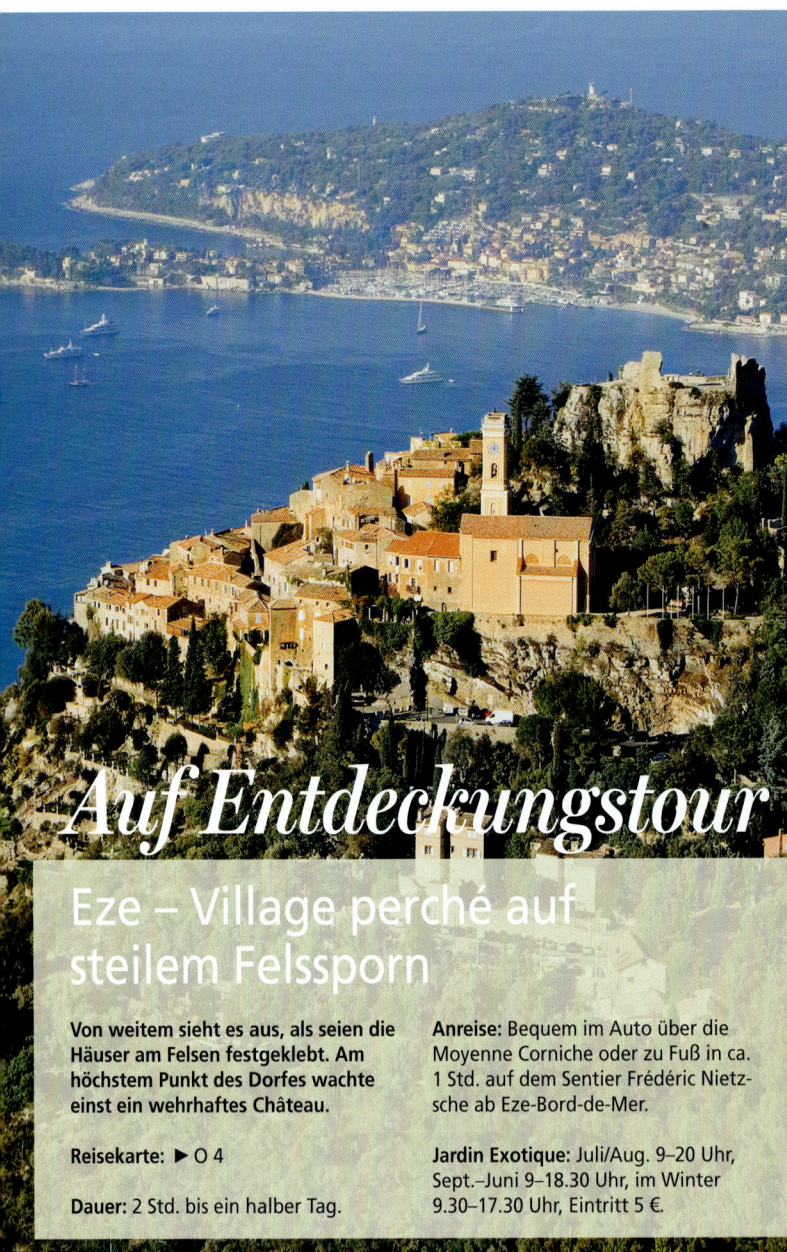

Auf Entdeckungstour

Eze – Village perché auf steilem Felssporn

Von weitem sieht es aus, als seien die Häuser am Felsen festgeklebt. Am höchstem Punkt des Dorfes wachte einst ein wehrhaftes Château.

Reisekarte: ▶ O 4

Dauer: 2 Std. bis ein halber Tag.

Anreise: Bequem im Auto über die Moyenne Corniche oder zu Fuß in ca. 1 Std. auf dem Sentier Frédéric Nietzsche ab Eze-Bord-de-Mer.

Jardin Exotique: Juli/Aug. 9–20 Uhr, Sept.–Juni 9–18.30 Uhr, im Winter 9.30–17.30 Uhr, Eintritt 5 €.

Logenplatz über der Corniche

Abenteuerlich enge, steil ansteigende Gassen, geschwungene Torbögen und gelbliche Natursteinfassaden – Eze-Village sieht aus wie ein Bilderbuchdorf aus dem Mittelalter, mit einem komplett erhaltenen Ortskern, in dem kein Neubau stört. Einige Häuser liegen bis zu 400 m über dem Meeresspiegel, über grüne Hügel fällt der Blick auf die blaue Küste. *Nid d'aigle,* Adlerhorst, nennt man diese Dörfer oder eben auch *Villages perchés* (erhöht sitzend), deren Anlage auf schroffem Felssporn noch heute beeindruckt.

Uneinnehmbar wie ein Adlerhorst

Die meisten *Villages perchés* gehen auf das Mittelalter zurück. An der südfranzösischen Küste und in ihrem Hinterland wurden sie als Schutz gegen Angreifer gebaut, vor allem gegen die gefürchteten Sarazenen, die den Mittelmeerraum von Nordafrika aus eroberten. Eze wie auch etwas westlich Gourdon und Tourettes-sur-Loup waren daher von Wehrmauern umgeben.

Damals sollte die Bevölkerung mehrerer Gemeinden an wenigen strategischen Punkten konzentriert werden. Um 1400 wurden viele der befestigten Dörfer aufgegeben und erst zwei Jahrhunderte später wieder aufgebaut. Daher stammen ihre Burgen und Kirchen oft aus dem Mittelalter, die meisten übrigen Gebäude dagegen aus dem 16. Jh.

Zugang mit Hindernissen

Auch in Eze wurden viele Gebäude im Laufe der Jahrhunderte immer wieder verändert. So wurde das sehenswerte Eingangstor des Dorfes, **La Poterne** genannt, im 14. Jh. gebaut und danach immer wieder modifiziert. Ursprünglich bestand die Poterne aus mehreren, hintereinander folgenden Toren. Noch heute sind an den alten Mauern die Aufhängungen der Zugbrücke, die einst den Eingang zum Dorf versperrte, zu erkennen. Sollten mögliche Angreifer dieses Hindernis dennoch überwinden, erschwerten die schmalen Gassen den Aufstieg zur Burg. Zudem sorgte die Enge in den heißen Sommermonaten für Schatten.

Durch enge Gassen von Château zu Château

Gleich hinter dem Tor öffnet sich die **Place du Centenaire,** auf der ein Emailleschild die Wappen von Eze zeigt. Von dort geht es über die Rue du Brec Richtung Hauptstraße und zur Barockkirche **Notre-Dame de l'Assomption,** erbaut in der zweiten Hälfte des 18. Jh. von dem italienischen Architekten Antonio Spinelli.

Enge Gassen führen weiter durch den Ort, vorbei an der **Porte des Maures** – einem kleinen Tor, durch das der Legende nach die Sarazenen einst Eze stürmten und in Besitz nahmen – und am **Château Eza.** Das als Burg bezeichnete Gebäudeensemble war einst im Besitz des Prinzen von Schweden, der es 1920 kaufte. Heute residiert hier ein Luxushotel ebenso wie in dem weiter oben gelegenen **Château de la Chèvre d'Or.** Von dessen Terrasse bietet sich ein atemberaubender Blick auf die Riviera.

Von der tatsächlichen Burg des Ortes blieben nur Ruinen übrig. Das **Château d'Eze,** am obersten Punkt des Dorfes im 12. Jh. erbaut, wurde 1706 auf Befehl Ludwig des XIV. zerstört. Unterhalb der Burgruine befindet sich der sehenswerte **Jardin Exotique** mit exotischen Pflanzen und zahlreichen verschiedenen Kakteenarten vor herrlichem Küstenpanorama.

Tapeten ausgestattet, manche sogar mit einem eigenen Kamin. Alle haben einen Balkon oder eine Terrasse. Die Lage hoch über der Bucht garantiert spektakuläre Ausblicke.

Landhaus mit Palmengarten – **Hermitage du Col d'Eze:** 2,5 km nordöstlich über die D 46 und Grande Corniche, Tel. 04 93 41 00 68, Fax 04 93 41 24 05, DZ 90–140 €. 14-Zimmer-Haus mit blauen Holzfensterläden der Logis-de-France-Kette. Man frühstückt auf einer Terrasse mit Blick in den Garten. Geschmackvoll reservierte Zimmer und Pool. Kein Restaurant.

Essen & Trinken

Speisesaal mit Glaskuppel und Blick auf die Küste – **Château de la Chèvre d'Or:** Tel. 04 92 10 66 66, Menü 65 (mittags), 85, 120 €, à la carte bis 160 €. Das viel gelobte Restaurant befindet sich im gleichnamigen Hotel. Terrasse mit traumhaftem Panorama. Spezialität des Hauses sind Rotbarben oder auch Tintenfischrisotto.

Hummermedaillon und Mangovinaigrette – **Château Eza:** Tel. 04 93 41 12 24, Menüs 39, 49, 90 €, à la carte bis 100 €. Im gleichnamigen Luxushotel. Etwas günstiger als das Chèvre d'Or, Terrasse mit Meerblick.

Regionale Spezialitäten – **Le Troubadour:** 4, rue du Brec, www.troubadoureze.fr, Tel. 04 93 41 19 03, Menü ab 37 €, à la carte bis 56 €. Mitten im Ort und daher nur für Fußgänger zugänglich. Fischgerichte.

Moderne Bistroküche – **Le Grill du Château:** Rue du Barri, Tel. 04 93 41 00 17, Menü 25 €, à la carte um 50 €. Das mit Natursteinwänden und Holzbalkendecke rustikal anmutende Restaurant mitten im alten Dorf ist ein ›preiswerter‹ Ableger des Château de la Chèvre d'Or.

Infos

Office de Tourisme: Mairie, 06360 Eze, Tel. 04 93 41 26 00, www.eze-riviera. com.

Principauté Monaco ! ▶ P 4

Auf den ersten Blick liegt kein fürstlicher Glanz über dem Fürstentum: Monaco sieht aus wie eine Dauerbaustelle und scheint in Abgasen zu ersticken. Eine Umgehungsstraße durchschneidet das merkwürdige Konglomerat von Hochhaustürmen und Belle-Epoque-Villen. In der Innenstadt steckt man ständig im Stau. Einen Parkplatz zu finden, ist so gut wie aussichtslos. Tatsächlich gibt es hübschere Orte auf dieser Welt als diese vier Kilometer dicht bebaute Küste, eingekeilt zwischen Frankreich und Italien. Allerdings kann kein anderer Staat mit einer derart hohen Millionärsdichte aufwarten. Und das reicht – zusammen mit den Prinzessinen – für den ›Mythos Monaco‹.

Das Fürstentum bietet keine herausragenden kulturhistorischen Sehenswürdigkeiten. Trotzdem ist es eines der gefragtesten Reiseziele an der Côte d'Azur. 3 Mio. Besucher besichtigen jeden Sommer den Zwergstaat. Die meisten bleiben nicht länger als einen Tag. Der Tourismus ist vor Spielbankgewinnen und Steuergeldern zur wichtigsten Einnahmequelle des modernen Stadtstaates geworden.

Schon Griechen und Römer siedelten sich hier an, ab 1297 wurde Monaco von den Grimaldis regiert. Seit 1731 stammen die Fürsten aus dem Geschlecht der Goyon de Matignon, führen aber weiter den Namen Grimaldi. 1911 wurde Monaco zur konstitutionellen Monarchie erklärt. 1962 bekam es eine neue Verfassung. Der Fürst ernennt den Staatsminister und drei Regierungsberater und kann das Monaco-Parlament Conseil National auflösen, dessen 18 Mitglieder über alle Gesetze abstimmen. Die französisch-monegassischen Abkommen vom Mai 1963 regelten nach Jahren der Krise endgültig das Zusammenleben beider Staaten.

Monaco besteht aus den zusammengewachsenen Gemeinden **Monaco-Ville** südlich der Altstadt, dem Fürstenpalast und den Regierungsgebäuden, **Monte Carlo** nördlich des Hafens mit Casino, Grandhotels und Stränden, **La Condamine** rund um den Hafen zwischen Monaco und Monte Carlo sowie dem neuen Viertel **Fontvieille,** dessen Terrain man durch Aufschüttung gewann. Touristischer Hauptanziehungspunkt ist der 60 m aus dem Meer ragende Felsen, auf dem Monaco-Ville liegt.

Monaco-Ville

Palais Princier und
Musée Napoléonien [1]

Grands Appartements: Place du Palais, www.palais.mc, April 10.30–18, Juni–Sept. 9.30–18, Okt. 10–17 Uhr, Eintritt 7 €. Museum: 1. Dez.–1. April 10.30–17, 2. April–31. Okt. 10.30–18, 10–18 Uhr, Eintritt 4 €

Auf dem großen Platz in der Altstadt steht der kastenartige, ursprünglich aus dem 13. Jh. stammende **Fürstenpalast,** vor dem jeden Tag um 11.55 Uhr das viel bestaunte Zeremoniell der **Wachablösung** stattfindet. Im neuen Südflügel des Palais Princier befinden sich die Privatgemächer der fürstlichen Familie, die natürlich nicht zugänglich sind. In einem anderen Teil sind Salons, eine Hauskapelle, der prächtige Thronsaal und zahlreiche Baldachinbetten zu sehen.

Das angeschlossene **Napoleonische Museum** zeigt Sammlungen der Pa-

Das Licht geht niemals aus im Fürstentum

Monaco und Monte Carlo

Sehenswert

1 Palais Princier und
  Musée Napoléonien
2 Cathédrale Notre-Dame
  Immaculée
3 Musée Océanographique
  und Aquarium
4 Monte-Carlo-Story
5 Casino und
  Salle Garnier
6 Hôtel de Paris

7 Musée National –
  Poupées et Automates
  d'Autrefois
8 Eglise St-Charles
9 Jardin Exotique und
  Musée d'Anthropologie
  Préhistorique
10 Monte Carlo Beach Club
11 Plage du Larvotto
12 Stade Nautique Rainier III

Übernachten

1 Le Méridien
  Beach Plaza
2 Columbus
3 Miramar
4 Balmoral
5 Versailles

Map labels

Avenue du Maréchal Foch

Av. de la République

Place des Moulins

Chemin de l'Annociade

LA LARVOTTO

Boulevard d'Italie

Av. St-Michel

Place de la Crémaillère

Boulevard Princesse Charlotte

Boulevard des Moulins

Avenue de Grand Bretagne

Boulevard du Larvotto

Avenue Princesse Grace

Menton

N98

de Suisse la Costa

Av. de

Av. Princesse Alice

Allée des Boulingrins

MONTE CARLO

Place du Casino

d'Ostende

J.F. Kennedy

Grimaldi Forum Monaco

Auditorium Rainier III

M i t t e l m e e r

0   150   300 m

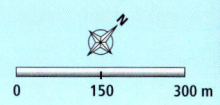

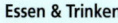

Legend

Essen & Trinken
1 Bar et Boeuf
2 Rampoldi
3 Café de Paris
4 Le Saint-Benoît
5 Il Terrazzino
6 Polpetta

Aktiv & Kreativ
1 Exposition de Voitures Anciennes
2 Monte Carlo Yachting
3 Monaco Boat Service
4 Thermes Marins de Monte Carlo

Abends & Nachts
1 Diskothek Jimmy'z
2 Jimmy'z de la Mer
3 Karément
4 La Rascasse
5 Monte Carlo Sporting Club
6 SBM Casino

Mit der Segeljacht unterwegs vor der Kulisse von Monaco

lastarchive zur Geschichte des Fürstentums (Münzen, Briefe, Urkunden) und napoleonische Erinnerungsstücke.

Cathédrale Notre-Dame Immaculée 2
8.30–19 Uhr
In der Ende des 19. Jh. im neoromanischen Stil errichteten Kathedrale von Monaco-Ville sind schon lange nicht mehr die Altarbilder von Louis Bréa die Hauptattraktion, sondern das Grab der 1982 tödlich verunglückten Fürstin Gracia Patricia, deren Weg vom Hollywood-Star zur monegassischen Landesmutter Legende wurde.

Musée Océanographique 3
Av. St-Martin, www.oceano.mc, April–Juni u. Sept. 9.30–19, Juli/Aug. 9.30–19.30, Okt.–März 10–18 Uhr, Eintritt 12,50 €
Das riesige Meereskundemuseum wurde 1910 von Hobby-Wissenschaftler Prinz Albert I. eröffnet. Zu sehen sind Wal- und Haifischskelette, Meeresfische in über 90 Aquarien sowie Filme von Jacques-Yves Cousteau.

Die Monte-Carlo-Story 4
Terrasses du Parking des Pêcheurs, www.monaco-archivesaudiovisuelles. com, Jan.–Juni, Sept./Okt. 14–17 Uhr, Juli/Aug. auch um 18 Uhr, Nov./Dez. geschl.
In einem Kinosaal im Parkhaus des Stadtfelsens wird stündlich mit der 35-minütigen Monte-Carlo-Story und mit Bildern von den Prinzessinnen eine Einführung in die Geschichte der Dynastie gegeben.

Monte Carlo

Casino und Salle Garnier 5
Place du Casino, Salons Ordinaires, www.casinomontecarlo.com, tgl. ab 14, im Sommer Sa/So bereits ab 12 Uhr, Einlass ab 18 Jahren, Ausweis erforderlich, Eintritt 10 €
In Monte Carlo steht ein weiteres Wahrzeichen des Fürstentums: das Casino. Es wurde 1878 von Charles Garnier errichtet, dem Architekten der Pariser Oper. Die verschwenderisch eingerichteten Räume des Belle-

Epoque-Baus, einst der gehobenen Gesellschaft vorbehalten, sind heute jedem zugänglich – allerdings nicht Touristen in Shorts. Sie werden von den livrierten Portiers höflich, aber bestimmt zurückgewiesen

Im selben Gebäude befindet sich die **Oper** von Monte Carlo, die meist kurz Salle Garnier genannt wird. Sie ist eine verkleinerte Nachbildung der Opéra de Paris und hat regelmäßig hervorragende Ballettaufführungen auf dem Programm. Von der Terrasse hinter dem Casino hat man einen schönen Ausblick auf den Felsen von Monaco und das Meer.

Hôtel de Paris 6
Place du Casino
Auf dem Platz vor dem Casino steht das Hôtel de Paris, in der Regel zugeparkt von Bentleys und Rolls Royce, einst eine der luxuriösesten Herbergen Europas. Betuchte, professionelle Spieler des Casinos dürfen hier umsonst wohnen, um ihr Geld dann nebenan zu lassen.

Gehen Sie auf einen Tee in die Hotel-Lobby, wenn Sie es sich leisten können – oder gegenüber in das im Jahr 1865 eröffnete **Café de Paris 3**. Von dessen Terrasse hat man den besten Blick auf die vorbeirollenden Luxuslimousinen.

Musée National – Poupées et Automates d'Autrefois 7
17, av. Princesse Grace, www.nmnm. mc, tgl. 10–18 Uhr, Eintritt 6 €
In einer nahe am Meer gelegenen Villa des Casino-Architekten dokumentiert das Puppen- und Spielautomatenmuseum mit über 2000 Miniaturgegenständen den Alltag im 18. und 19. Jh.

Von dort lohnt ein Abstecher zur **Eglise St-Charles 8**, ein Renaissance-Bau aus dem Jahr 1883 mit einem 30 m hohen Campanile.

Jardin Exotique 9

Bd. du Jardin Exotique, www.jardin-exotique.mc, Mitte Mai–Mitte Sept. 9–19, Mitte Sept.–Mitte. Mai 9–18 Uhr, 19. Nov.–25. Dez. geschl., Eintritt 6,90 €, von der Altstadt aus mit den öffentlichen Aufzügen zu erreichen
Im berühmten Jardin Exotique im Westen von Monaco wächst eine Vielzahl exotischer Pflanzen, darunter Riesenkakteen und afrikanische Bäume. Vom Garten, zu dem auch das **Musée d'Anthropologie Préhistorique** (Prähistorisches Museum) mit Funden von Höhlenmenschen gehört, blickt man auf Monaco.

Baden und Strände

Der **Monte Carlo Beach Club 10** an der Route du Beach ist sicherlich der exklusivste Strand von Monaco, leider aber privat und nur für Mitglieder und deren Gäste zugänglich. Im Pool mit geheiztem Meerwasser schwimmen Prinzessin Stephanie und ihre Kinder, Helmut Newton war hier Stammgast (April bis Okt.). Allgemein zugänglich ist die **Plage du Larvotto 11** mit angeschlossenem Gymcenter und einem Restaurant (Av. Princesse Grace, Mai–Sept.). Im **Stade Nautique Rainier III 12** am Quai Albert 1er gibt es ein weiteres geheiztes Freibad mit Meerwasser (Mai–Okt.).

Übernachten

Alle Hotels sind im Internet unter **www.montecarlo.mc** abrufbar.
Kongresshotel – **Le Méridien Beach Plaza 1**: 22, av. Princesse Grace, Tel. 93 30 98 80, www.montecarlo.lemeridien. com, DZ 280–900 €. 400-Zimmer-Haus mit Privatstrand, Indoor- und Outdoor-

Pool, modernen Zimmern, Bar, Restaurant (Menü ab 38 €) und Kongresszentrum.

Designhotel – **Columbus** **2**: 23, av. des Papalins, Tel. 92 05 90 00, www.columbushotels.com, DZ 225–400 €. Exklusives Hotel, das von der schottischen Innenarchitektin Amanda Rosa eingerichtet wurde. Sehr angesagt. Schöne Zimmer mit Terrassen zum Meer. Brasserie (Gerichte wie Past oder Risotto ab 18 €, Tagesgericht mit einem Glas Wein 22 €) und Cocktailbar, Fitnessraum und Pool. Zum Privatstrand am Cap d'Ail bringt Sie ein Hotelboot.

Klein, aber fein – **Miramar** **3**: 1, av. John F. Kennedy, Tel. 93 30 86 48, www.miramar.monaco-hotel.com, DZ 120–220 €. Zentral gelegenes, nettes Hotel mit Blick auf den Jachthafen. Elf schöne Zimmer in modernem Design, viele davon mit Balkon, hoteleigenes Restaurant und Lounge mit Terrasse (à la carte 30–40 €).

Zentral – **Balmoral** **4**: 12, av. de la Costa, Tel. 93 50 62 37, Fax 93 15 08 69, DZ 115–210 €. Hotel von 1896 mit 61 Zimmern, viele davon mit Meerblick.

Alteingesessen – **Versailles** **5**: 4, av. Prince Pierre, Tel. 93 50 79 34, Fax 93 25 53 64, DZ 110–130 €. Für monegassische Verhältnisse günstiges, älteres Hotel nahe des Palais Princier.

Essen & Trinken

Exquisit – **Le Louis XV**: Im Hôtel de Paris **6**, Place du Casino, Tel. 92 16 30 01, Menü 110 (mittags), à la carte um die 200 €. Eines der besten Restaurants Frankreichs, in dem der Starkoch Alain Ducasse die Küche verantwortet. Beeindruckender Speisesaal im Stil des 17. Jh. mit Kronleuchtern, vergoldetem Stuck, Wandspiegeln, alten Gemälden, dicken Teppichen und einem Fresko unter der Decke.

Modern – **Bar et Bœuf** **1**: Sporting d'Eté, av. de la Princesse Grace, Tel. 98 06 71 71, nur abends geöffnet, à la carte 70–100 €. Alain Ducasse, Koch und Chef des berühmten Louis XV, hat hier seine Zweigstelle eröffnet – zu bezahlbareren Preisen. Dafür gibt es dann z. B. rohe Seezunge, mariniert in Zitrone und Basilikum. Einrichtung von Philippe Starck. Hier verkehrt die *jeunesse dorée* des Zwergstaates.

Klassiker – **Rampoldi** **2**: 3, av. des Spélugues, Tel. 93 30 70 65, à la carte 60–90 €. In der Nähe des Casinos. Gute italienische Küche – aber wie alles hier überteuert. Insider lassen sich gern im zweiten der beiden Säle plazieren. Dort gibt es die prominentere Besetzung.

Brasserie – **Café de Paris** **3**: Place du Casino, Tel. 92 16 20 20, à la carte 40–80 €. Pavillon im Art-Nouveau-Stil mit Glasdach via-à-vis vom Casino. Die große Terrasse ist gut geeignet, um beim Mittagessen einen Hauch monegassischen Lebens mitzukommen.

Edelbistro – **Le Saint-Benoît** **4**: 10 ter, av. Costa, Tel. 93 25 02 34, Menü 30, 42 €, à la carte bis 70 €. Fischgerichte und ein schöner Blick auf den Hafen und den Monaco-Felsen. Mit großer Terrasse.

Italien lässt grüßen – **Il Terrazzino** **5**: 2, rue des Iris, Tel. 93 50 24 27, Menü 25, 45 €. Napolitanische Küche mit Bruschetta, Calzone, Risotto und Pasta. Nicht weit vom Casino, mit Terrasse.

Einfach und gut – **Polpetta** **6**: 2, rue Paradis, Tel. 93 50 67 84, Menü 25 €. Italienische Küche mit Antipasti, Tagliatelle und Ossobuco.

Einkaufen

An **Luxusboutiquen** herrscht in Monte Carlo kein Mangel. An der palmengesäumten **Place du Casino**, in der **Rue**

des Beaux-Arts und auch an der **Avenue Princesse Grace** kann man sich bei Louis Vuitton, Dior, Yves Saint Laurent, Gucci und Cartier für den Casinobesuch mühelos neu einkleiden.

Aktiv & Kreativ

Für Autoliebhaber – **Exposition de Voitures Anciennes 1**: Terrasses de Fontvieilles, www.palais.mc, tgl. 10–18 Uhr, Eintritt 6 €. Im Oldtimermuseum in Fontvieille sind über 100 europäische Oldtimer zu sehen, darunter sechs, die dem Fürsten Rainier III. gehörten.

Bootsverleih – **Monte Carlo Yachting 2**: 5, rue Baron de Ste-Suzanne, Tel. 93 25 36 33. **Monaco Boat Service 3**: Agence Riva, 8, quai Antoine, Tel. 93 30 11 60. Katamarane, Motorboote, Jachten, mit und ohne Führerschein.

Paragliding – **Ski Vol:** Plage du Larvotto **12**, Tel. 93 50 86 45.

Wasserski – An der **Monte Carlo Beach 14**: Route du Beach, Tel. 93 78 21 40.

Abends & Nachts

Angesagt – **Bar des Hotels Columbus 2**: 10–2 Uhr. Reiche junge Erben schlürfen teure Cocktails und vergnügen sich in der Bar des neuen Designhotels von Monaco. Gut zum Aperitif oder nach dem Abendessen.

Klassiker – **Jimmy'z 1**: Place du Casino. Sept.–Juni. **Jimmy'z de la Mer 2**: Av. Princesse Grace, geöffnet Juli/Aug. Zwei Diskotheken.

Modern und cool – **Karément 3**: 10, av. Princesse Grace, Grimaldi-Forum, Tel. 99 99 20 20, www.karement.com, Do–Sa 18–4.30 Uhr. Sehr coole Bar und Diskothek mit spektakulärer Seaview-Lounge und futuristischen Sesselchen.

Englische Clubatmosphäre – **La Rascasse 4**: 1, quai Antoine 1er, Tel. 377

93 25 56 90, www.larascasse.mc, tgl. 21–4.45 Uhr. Angesagte Cocktailbar mit dunklen Ledersofas und an den Wänden Schwarzweiß-Fotos aus der berühmten La-Rascasse-Kurve der Formel-1-Strecke.

Unterhaltung und Glücksspiel – **Casino de Monte Carlo 5**: Place du Casino, Tel. 93 50 69 31. Roulette, amerikanisches Roulette, Black Jack etc. Im **Salle Garnier** des Casino Opern- und Ballettaufführungen sowie Konzerte (Tel. 93 50 76 54). **Monte Carlo Sporting Club 5**: Av. Princesse Grace, Tel. 93 30 71 71. Im **Salle des Etoiles** des Clubs im Som-

Mein Tipp

Thermes Marins de Monte Carlo 4

Gönnen Sie sich einen Luxustag neben amerikanischen Millionärsgattinnen und vermögenden Russen im größten und exklusivsten **Thalassotherapiezentrum** der Küste. Das 6600 m² große Spa hat ein eigenes Meerwasserschwimmbecken, Sauna, Hammam, einen Fitnessraum und ein Restaurant. Bei schönem Wetter kann man in den Behandlungspausen auf den zum Meer gelegenen Terrassen ruhen oder auch draußen essen. Die beiden Luxushotels Hôtel de Paris und Hôtel Hermitage sind direkt mit den Thermen verbunden. Das Zentrum bietet einen Tagestarif *(Journée Découverte)* für 180 €, der drei Meerwasserbehandlungen, freien Zugang zu allen Einrichtungen inkl. Aquagymkurse und ein Mittagessen im Restaurant Hirondelle beinhaltet (Thermes Marins de Monte Carlo, 2, av. de Monte Carlo, Tel. 98 06 69 00, www.montecarlospa.com).

mer Konzerte, Ballett- und Theateraufführungen; außerdem Juli/Aug. Roulette und andere Glücksspiele. **SBM Casino** 6 : Av. des Spélugues, Tel. 93 50 65 00. Amerikanisches Roulette, Black Jack etc.

Infos & Termine

Office de Tourisme
2a, bd. des Moulins, Monte Carlo, 98030. Monaco, Tel. 92 16 61 66, www.visitmonaco.com.
Telefonvorwahl Monaco: 00 377.

Termine
Sainte Dévote: 27. Jan. Fest zu Ehren der Schutzheiligen der fürstlichen Familie.
Rallye Monte Carlo: Jan. Autorennen in den Straßen von Monte Carlo (www.acm.mc)
Festival International de Cirque de Monte-Carlo: Febr. Zehn Tage Zirkusvorstellungen von Artisten aus aller Welt in einem Zelt in Fontvieille. Info und Reservierung: Tel. 92 05 23 45, www.montecarlofestivals.com.
Grand Prix: Mai. Formel-1-Rennen in Monaco (www.acm.mc).
Fête du Prince: 19. Nov. Monegassisches Nationalfest zu Ehren des Fürsten mit einem großen Feuerwerk am Hafen am Abend des 18. Nov. und einem Gottesdienst in Anwesenheit der Fürstenfamilie am Vormittag des 19. Nov. in der Kathedrale.

Verkehr
Flughafen: Der Flughafen Nizza ist nur 22 km entfernt. Der Hubschrauber-Shuttle von **Héli-Air-Monaco** zum **Héliport de Fontvieille** in Monaco ist nicht sehr viel teurer als ein Taxi (Tel. 93 30 80 88, www.heliairmonaco.com, Flüge alle 30 Min., ab 65 € pro Flug). In Monaco angekommen, werden die Passagiere per Kleinbus auf die verschiedenen Hotels verteilt.
Bahn: Zahlreiche Küstenorte sind per Zug mit Monaco verbunden, Auskunft: Tel. 93 10 60 15.
Bus: Regelmäßige Busverbindungen mit Nizza und Menton.
Innerstädtisch: Es empfiehlt sich, den Wagen so schnell wie möglich in einer der ausgeschilderten und gut bewachten Tiefgaragen abzustellen. Am zentralsten liegt die Tiefgarage im Park vor dem Casino. Regelmäßig verkehren Busse in der Stadt, ca. alle 10 Min. auf den Strecken St-Roman – Rocher de Monaco, Jardin Exotique – Rocher de Monaco, Gare SNCF – Larvotto-Plages, Rocher de Monaco – Parking Touristique de Fontvieille.

Roquebrune ► P 3/4

Das sehr schöne alte Dorf mit verschachtelten Häusern, überdachten Gassen und engen Treppen liegt oberhalb von Menton. Die Reste der mittelalterlichen **Burganlage** von Roquebrune können besichtigt werden. Vom Donjon, dem ehemaligen Wohnturm der Anlage, blickt man über die Dächer des Dorfes auf tiefblaues Meer (April, Mai, Juni, Sept. 10–12.30, 14–18.30, Juli/Aug. 10–12.30, 15–19.30, Okt., Febr./März 10–12.30, 14–18, Nov.–Jan. 10–12.30, 14–17 Uhr, Eintritt 3,70 €).

Cap Martin

Zu Roquebrune gehört das Cap Martin an der Küste, eine Halbinsel mit Villen und Pinienhainen, deren Ruhe und Abgeschiedenheit schon Winston Churchill und Coco Chanel zu schätzen wussten.

Roquebrune – ein altes Dorf in traumhafter Lage

Noch immer ist das Cap Martin ein exklusives Feriendomizil.

Seit den 1930er-Jahren wohnte auch der Architekt Le Corbusier regelmäßig am Cap, und zwar in der **Villa E-1027.** Das Haus mit den großen Glasfronten zum Meer konzipierte seine Kollegin und Freundin Eileen Gray (zur Zeit wegen Renovierung keine Besichtigung). Le Corbusier selbst errichtete an der Promenade das **Cabanon,** ein Ferienhaus im Minformat, das er vorzugsweise als »mein Schloss« bezeichnete (Führungen Di, Fr 9.30 Uhr, Anmeldung im Office de Tourisme, s. auch S. 84). 1965 ertrank Le Corbusier vor der Küste, sein Grab befindet sich auf dem Friedhof von Roquebrune-Le-Cap.

Sentier Touristique Le Corbusier

Start am Parkplatz an der Av. Winston Churchill, Infos im Ort
An den großen Architekten erinnert auch ein ausgeschilderter Küstenweg. Er führt in etwa eineinhalb bis zwei Stunden von der Spitze des Caps nach Monte Carlo Beach, vorbei an imposanten Villen, und bietet immer wieder schöne Ausblicke auf das Meer.

Übernachten

Dörflich – **Les Deux Frères:** Tel. 04 93 28 99 00, www.lesdeuxfreres.com, DZ 75–110 €. Sehr schönes, kleines Hotel in den Räumen der ehemaligen Dorfschule von 1854. Alle zehn Zimmer sind anders eingerichtet und können auf der Hotel-Website vorab angeschaut werden. Tipp: Buchen Sie Nr. 1 oder Nr. 2 mit atemberaubendem Blick auf Monaco. Gutes Restaurant mit Terrasse zum Dorfplatz (Menü mittags 24 €, abends 48 €).

Essen & Trinken

Regionale Küche – **La Dame Jeanne:** 5, chemin Sainte Lucie, Tel. 04 93 35 10 20, à la carte 30–50 €. Eine der sympathischsten Adressen von Roquebrune, am Dorfrand gelegen. Wildschweinpastete, Rosmarinkaninchen oder auch Kalbsnieren in Senf zählen zu den Spezialitäten des Hauses.

Rustikal – **Le Grand Inquisiteur:** 18, rue du Château, Tel. 04 93 35 05 37, Menü 30 €, à la carte bis 40 €. Restaurant in einem ehemaligen Ziegenstall, in dem Fischgerichte, aber auch Huhn mit Steinpilzen oder Ente in bitterer Orangensauce auf der Karte stehen.

Für den Mittagsimbiss – **Fraise et Chocolat:** 1, rue R. Poincaré, 8–18 Uhr. Kleines Café mit hübscher Terrasse, das zum Hotel Les Deux Frères gehört. Gut für einen Café mit Aussicht und Kleinigkeiten zu essen wie Panini, Quiches oder Club Sandwiches.

Infos & Termine

Office de Tourisme
218, av. Arisitide Briand, 06190 Roquebrune, Tel. 04 93 35 62 87, www.roquebrune-cap-martin.com.

Termine
Procession du Christ Mort: Karfreitag ab 20.30 Uhr. Prozession.
Procession votive de Roquebrune: 5. Aug. Prozession zur Chapelle de la Pausa und Passionsspiele (s. S. 34).

Menton ❗ ▶ P 3

Italien ist nicht mehr weit. Das spürt man in der Grenzstadt Menton. In der Altstadt über dem Hafen hängt Wäsche aus Fenstern oder auf kleinen schmiedeeisernen Balkonen und die

Häuser haben dunkelgelbe und rote Fassadenanstriche.

Menton hat an Nachtleben, Restaurants und Hotels im Vergleich zu anderen Orten nur wenig zu bieten – und gehört trotzdem zu den schönsten Städten der Côte d'Azur. Für einen Badeurlaub eignet sich Menton mit seinen kleinen Kieselstränden weniger. Dafür ist es ein guter Ausgangspunkt für Ausflüge ins Hinterland, nach Monaco, Nizza und ins nahe Italien.

Menton, 1157 vom **Grafen von Ventimiglia** an eine genuesische Familie abgetreten, kam im 14. Jh. in den Besitz der Grimaldis und gehörte jahrhundertelang zum **Fürstentum Monaco.** 1848 wurde es für kurze Zeit zur freien Stadt unter sardischem Schutz. 1861 trat Monaco Menton an Frankreich ab. Bis zum 19. Jh. war der letzte Ort auf der französischen Seite der Küste ein mehr oder weniger unbedeutender **Fischerhafen.** Dann entdeckten kranke, aber reiche Engländer

die wohltuende Wirkung des milden Klimas von Menton. Sie machten es zu ihrer neuen **Winterresidenz,** und die europäische Aristokratie folgte ihnen. Von 1870 bis 1913 erlebte Menton einen unerwarteten Boom: Jede Menge Villen und luxuriöse Hotels wurden gebaut. In der **Avenue Boyer** und der **Rue Partouneaux** stehen heute noch einige dieser Belle-Epoque-Bauten. Auch die **Villa Isola Bella** der Schriftstellerin Katherine Mansfield gibt es noch (Chemin Valaya im Stadtviertel Garavan).

Nach dem Krieg wurden die ehemaligen Luxushotels teilweise in Appartementhäuser umgewandelt, andere – vor allem an der Strandpromenade – riss man ab und ersetzte sie durch Neubauten. Insgesamt blieb nur wenig von den alten Zeiten übrig. Der Ort mit dem mildesten Klima der Küste von 16 °C im Jahresschnitt ist heute ein Rentnerrefugium. So wurden viele der alten Prachtbauten zu Erholungsheimen für Senioren umfunktioniert.

Das milde Klima von Menton erlaubte die Anlage pächtiger, exotischer Gärten – etwa des Jardin Botanique Exotique du Val Rahmeh

Auf Entdeckungstour

Werke eines Multitalents – Jean Cocteau an der Riviera

Der Maler, Dichter und Schriftsteller Jean Cocteau liebte die Côte d'Azur und lebte hier. In Menton und Villefranche sind Teile seines künstlerischen Vermächtnisses zu sehen.

Dauer: Ein Tag (5–6 Std.).

Öffnungszeiten: Menton, Hôtel de Ville – Salle de Mariages 6, place Ardoino, Mo–Fr 8.30–12.30, 14–17 Uhr, Fei geschl., Eintritt 1,50 €. **Menton, Musée Jean Cocteau** 4, Mi–Mo 10–12, 14–18 Uhr, Di, Fei geschl., Eintritt 3 €.
Villefranche ▶ O 4, **Chapelle St-Pierre**, Frühjahr/Sommer 10–12, 15–19 Uhr, Herbst/Winter 10–12, 14–18 Uhr, Mo geschl., Eintritt: 2 €; Parkplatz an der Zitadelle beim Musée Volti.

Ein echter Südländer

»Hier schimmert alles blond, wie Licht und Honig. Die Côte ist ein Hafen für mich, je öfter ich dort anlege, desto fester bin ich mit ihr verankert.« (Jean Cocteau). Seine Freunde nannten ihn *un vrai méditerranéen,* einen echten Südländer.

Jean Cocteau verbrachte immer wieder mehrere Monate an der Côte d'Azur – zum ersten Mal in den 1920er-Jahren. Damals kam Cocteau in den kleinen Fischerort Villefranche östlich von Nizza, um eine Entziehungskur zu machen. Er wollte vom Opium loskommen. Später wohnte er gegenüber am Cap Ferrat in der Villa Santo Sospir (heute Privatbesitz).

Santo Sospir gehörte der brasilianischen Millionärin Francine Weisweiler. Im Sommer 1950 war Cocteau zum ersten Mal Gast in der Villa und ging von da an eine geradezu symbiotische Verbindung mit ihrer Besitzerin ein. Weisweiler stellte dem Künstler ihren Rolls Royce zur Verfügung, organisierte gemeinsame Reisen, kaufte seine Hemden und verlegte seine Bücher. Bevor Cocteau die Kapelle in Villefranche und das Standesamt in Menton ausmalte, versuchte er sich an den Wänden in der Villa Santo Sospir.

Ja-Wort unter Kunstwerken

Zwischen rotgepolsterten Samtstühlchen, einem Pantherfellteppich und von Cocteau gestalteten bunten Wandfresken können noch heute Paare in Menton heiraten. Im Jahr 1957 – Cocteau war damals schon 68 Jahre alt und lebte seit Jahren mit seinem Lebensgefährten Jean Marais zusammen – bat der Bürgermeister von Menton den Künstler, den Trausaal des Rathauses auszugestalten. Cocteau schuf ein einmalig kitschiges Interieur mit viel Spiegeln, Blattgold und blü-tenförmigen Leuchten. An die Stirnwand des Saales malte er ein junges Paar, an der rechten Wand ist eine Hochzeitsszene zu sehen, an der linken Orpheus mit Zentauren.

Zweifache Ehrung für den Maler

Menton, die Stadt, die den Künstler zum Ehrenbürger machte, besitzt das einzige Cocteau-Museum an der gesamten Küste. Es wurde in einer alten Bastion von 1636 direkt am Meer untergebracht. So blickt man durch die schmalen Fensterschlitze der Ausstellungsräume auf tiefblaues Wasser.

Cocteau selbst übernahm die Ausgestaltung des Baus, er entwarf das Salamandermosaik auf dem Boden im Erdgeschoss, die Fensterumrahmungen im ersten Stock und die schmiedeeisernen Vitrinen, in denen seine Keramikarbeiten ausgestellt sind. Außerdem zeigt das Museum Bilder, Briefe, Fotos sowie Werke von Freunden Cocteaus. Die Eröffnung im Jahr 1967 hat Cocteau nicht mehr erleben können. Er starb 1963 mit 74 Jahren in seinem Haus in Milly bei Fontainebleau bei Paris.

Im Jahr 2005 stiftete der Schweizer Uhrenfabrikant und Milliardär Séverin Wunderman der Stadt Menton Teile seiner umfangreichen Cocteau-Sammlung. Die Schenkung, die 1525 Werke Cocteaus, darunter auch sein poetisches Werk, umfasst, war an den Bau eines neuen Ausstellungskomplexes geknüpft. In Menton wird gegenüber der Markthalle ein zweites Cocteau-Museum mit 2500 m^2 gebaut. Es soll Ende 2011/Anfang 2012 eröffnet werden und Cocteaus künstlerisches Schaffen in den Jahren 1910 bis 1950 dokumentieren. Neben der permanenten Sammlung sollen Wechselausstellungen organisiert werden. Das alte Museum im Fort bleibt ebenfalls erhalten.

Produktiv in Villefranche

In dem kleinen Fischerort Villefranche-sur-Mer verbrachte Cocteau mehrere Sommer im Hotel Welcome. Er schrieb hier etliche Gedichte und drehte in der Rue Obscure eine Szene seines Films »Das Testament des Orpheus«. Die Zimmer des Welcome sind inzwischen luxuriöser geworden, Cocteau-Zeichnungen zieren die Aschenbecher und Teller des Hotels, und an der Rezeption hängt ein Bild des prominenten Gastes. Der Blick aus den Fenstern auf den Hafen und das gegenüberliegende Cap Ferrat ist jedoch unverändert. Nur die kleine Kapelle, gleich visà-vis vom Hotel, trägt heute einen italienischen Fassadenanstrich in Pastelltönen und die künstlerische Handschrift Cocteaus.

Als Cocteau die Chapelle St-Pierre 1956 auszumalen begann, nutzten die Fischer den schlichten romanischen Bau nur noch als Lagerraum für ihre Netze. Nun wird hier wieder jedes Jahr am 29. Juni, zum Fest des hl. Petrus, dem Schutzpatron der Fischer, eine Messe gehalten.

Auf die bonbonfarbene Fassade setzte Cocteau zwei große Augen. Das Innere malte er mit pastellfarbener Kreide in blau, grün, violett und rosa aus, die er mit Parafin fixierte. Die Wandbilder zeigen u. a. zwei Dorfszenen: die »Hommage aux Demoiselles de Menton« und die »Hommage aux Gitans«. Auf Letzterer – einer Huldigung an die Zigeuner von Les Saintes-Maries-de-la-Mer – sieht man Django Reinhard Gitarre spielen, außerdem ist Carole, die Tochter der Cocteau-Mäzenin Francine Weisweiler, zu erkennen. Drei weitere Gemälde thematisieren das Leben des hl. Petrus – auf einem geht er in der Bucht von Villefranche über das Wasser, am oberen Bildrand ist die Zitadelle gut zu erkennen.

Auch die Kultgegenstände der Kapelle entwarf Cocteau, darunter den Altar aus Kalkstein, das Tabernakel und die Kerzenleuchter.

Jean Cocteau mit seiner Förderin Francine Weisweiler

Vieux Menton

Die Altstadt von Menton liegt auf einem Hügel über dem Hafen. Enge Gassen und Treppen winden sich bergauf bis zum **Cimetière du Trabuquet** `1`, ein Freidhof mit grandiosem Panorama (s. Lieblingsort S. 146).

Unten in der Altstadt, gleich oberhalb des Vieux Port, erhebt sich die italienisch anmutende Barockkirche **St-Michel** `2` (17. Jh.) mit ockerfarbener Fassade. Auf dem Vorplatz der Kirche, dem Parvis St-Michel, findet jedes Jahr im Sommer ein Kammermusikfestival statt. Gleich nebenan steht die **Chapelle de la Conception** `3` mit barocker Fassade. In ihrem Inneren birgt sie eine sehr schöne Marienstatue aus dem 16. Jh.

Museen der Stadt

Eine alte Bastion direkt am Meer beherbergt das **Musée Jean Cocteau** `4`, das zukünftig durch einen **Neubau** `5` gegenüber der Markthalle ergänzt wird. Werke von Cocteau, der Ehrenbürger von Menton war, sind außerdem im **Hôtel de Ville** `6` zu sehen (s. Entdeckungstour S. 142).

Klassischer ist die Sammlung des **Musée de Préhistoire Régionale** `7`, das in eine prähistorische und eine heimatkundliche Abteilung mit Möbeln, Werkzeugen, Haushaltsgeräten und alten Trachten gegliedert ist (rue Loredan-Larchey, Mo–Fr 8.30–12.30, 14–17 Uhr, Fei geschl.,Eintritt frei).

Im Erdgeschoss des **Palais de l'Europe** `8`, den der dänische Architekt Hans-Georg Tersling zu Beginn des 20. Jh. entwarf, präsentiert sich die **Galerie d'Art Contemporain** zeitgenössische Kunst (8, av. Boyer, Tel. 04 92 41 76 66, Mo–Fr 8.30–12.30, 14–17 Uhr, Fei geschl., Eintritt frei).

Palais Carnolès `9`
3, av. de la Madone, Museum Mo–Fr 8.30–12.30, 14–17 Uhr, Garten Di–So 10–12, 14–18 Uhr, Eintritt frei
Die ehemalige Sommerresidenz der Fürsten von Monaco bewohnte bis 1961 ein Amerikaner. Als er bei Umbauarbeiten u. a. eine wunderschöne Freitreppe zum Garten zerstörte, wurde er zwangsenteignet. Inzwischen ist in dem denkmalgeschützten Palast von 1717 das **Musée des Beaux-Arts** untergebracht. Neben flämischen, holländischen und italienischen Werken des 14.–16. Jh. sind auch Bilder von Dufy, Camoin und Picabia zu sehen.

Im **Jardin du Palais Carnolès** wachsen Orangen-, Zitronen-, Pampelmusen- und sogar Kumquatbäume. Diese umfangreichste Sammlung von Zitrusfrüchten in Europa wurde im Jahr 2000 unter Denkmalschutz gestellt.

Gärten in Menton

Auskunft beim Office du Tourisme sowie unter www.jardinsdementon. com und www.menton.fr. Führungen und Eintrittskarten sind teilweise auf den Websites vorab buchbar, was besonders im Sommer zu empfehlen ist
Aufgrund des besonders milden Klimas von Menton legten die hier ansässig gewordenen Engländer in der Zeit um 1900 wunderschöne exotische Gärten an. Viele davon liegen im exklusiven **Wohnviertel Garavan,** in dem es angeblich noch wärmer ist als in der übrigen Stadt.

Einige der Gärten sind nur zu festen Terminen und mit Führung zu besichtigen. Achtung: Die im Folgenden angegebenen Besichtigungszeiten können sich ändern! Manche Privatgärten werden nur an bestimmten Tagen im Jahr für Besucher geöffnet.

Lieblingsort

Cimetière du Trabuquet – Friedhof mit Panoramablick 1

Der terrassenartig angelegte Cimetière du Trabuquet nimmt die Stelle der einstigen mittelalterlichen Festung von Menton ein. Die vier Friedhofsterrassen wurden verschiedenen Religionen zugeteilt. Hier fanden u. a. auch Mitglieder der gehobenen englischen Gesellschaft, die um 1900 den Winter in Menton verbrachten, eine letzte Ruhestätte. Die Grabsteine tragen englische, deutsche und auch russische Inschriften. Vom Friedhof hat man einen wunderschönen Ausblick über die Bucht, auf den Hafen und die Dächer der Altstadt.

PRINCE GREGOIRE VOLKONSKY

1864–1912

Menton

Sehenswert

1 Cimetière du Trabuquet
2 St-Michel
3 Chapelle de la Conception
4 Musée Jean Cocteau
5 Museumsneubau
6 Hôtel de Ville

7 Musée de Préhistoire Régionale
8 Palais de l'Europe
9 Palais Carnolès
10 Jardins de la Serre de la Madone
11 Jardin Botanique Exotique du Val Rahmeh

12 Parc du Pian
13 Jardin des Colombières
14 Jardin de la Villa Maria Serena

Übernachten

1 L'Aiglon
2 Hôtel Orly

Jardins de la Serre de la Madone 10

74, route du Val de Gorbio, Besichtigung Di–So April–Okt. 10–18, Dez.–März 10–17 Uhr, Führung in französischer Sprache 15 Uhr
Der 1919 vom Gartenarchitekten Lawrence Johnston angelegte Garten steht unter Denkmalschutz. Er ist 9 ha groß, davon sind über 5 ha mit klassischen Mittelmeerbäumen bepflanzt.

Jardin Botanique Exotique du Val Rahmeh 11

Av. St-Jacques, Mi–Mo April–Sept.

10–12.30, 15.30–18.30, Okt.–März 10–12.30, 14–17 Uhr
1905 vom Engländer Percy Radcliff angelegt, gehört der Park heute zum Musée d'Histoire Naturelle in Paris. 700 verschiedene tropische und subtropische Pflanzen und Bäume, darunter Kiwi- und Avocadobäume, Bananenstauden sowie ein sagenumwobener Baum von den Osterinseln namens *Sophora toromiro* gedeihen hier.

Parc du Pian 12

Av. Blasco Ibanez, tgl. durchgehend geöffnet

3 Napoléon
4 Paris-Rome
5 Beauregard

Essen & Trinken
1 Mirazur
2 Braijade Meridiounale
3 Au Pistou

Einkaufen
1 Le Marché Couvert
2 Herbin

Aktiv & Kreativ
1 Mer Passion
2 Parc Koalan
3 Holiday Bikes

4 Club Nautique du
Vieux Port
5 Centre Nautique
de l'Office de Tourisme
6 Centre International
de Plongée
7 Kamikaze

Der 3 ha große, auf Terrassen angelegte Olivenhain mit mehr als 530, teils uralten Bäumen erinnert an das antike Griechenland. Von hier öffnet sich ein wunderschöner Blick aufs Meer.

Jardin des Colombières **13**
Route des Colombières, geführte Besichtigung nur im Sommer, Info und Reservierung beim Service du Patrimoine, Tel 04 92 10 33 66
Einer der schönsten Gärten der Stadt befindet sich seit einigen Jahren in Privatbesitz. Der Park mit vielen Zypressen, Pinien, kleinen Pavillons und Bassins wurde zwischen 1918 und 1927 von dem Architekten und Maler Ferdinand Bac angelegt.

Jardin de la Villa Maria Serena **14**
21, promenade Reine Astrid, ausschließlich mit einer Führung zu besichtigen, jeden Di 10 Uhr
Ganz nahe an der italienischen Grenze gelegen, ist dieses angeblich der wärmste Park Frankreichs – die Temperatur soll nie unter 5 °C liegen. Die Villa des Parks wurde 1880 von Charles Garnier, dem Architekten der Pariser Oper, gebaut und schon von Staatspräsiden-

ten zur Unterkunft genutzt. Rundherum 1 ha Land mit exotischen Pflanzen und einem wunderschönen Blick auf die Altstadt.

Übernachten

In Menton gibt es keine ausgesprochenen Luxushotels, dafür sehr gut geführte Häuser der Mittelklasse. Viele davon liegen an der Porte de France und damit sehr nahe der Altstadt, des Hafens und der Gärten der Stadt.

Weiße Stadtvilla – **L'Aiglon** **1**: 7, av. de la Madone, Tel. 04 93 57 55 55, www.aiglon.net, DZ 98–165 €. 30 Zimmer in einer von Bougainvillea umrankten Stadtvilla aus dem 19. Jh. Garten und Pool, 50 m vom Meer entfernt. Belle-Epoque-Salon mit Marmorsäulen und Stilmöbeln. Hoteleigenes Restaurant (Menü ab 30 €). Die Hotelleitung organisiert Ausflüge in die Umgebung mit einem Minibus.

Mediterran – **Hôtel Orly** **2**: 27, Porte de France, Tel. 04 93 35 60 81, www. hotelorly.fr, DZ 98–140 €. 30 Zimmer mit Balkon zum Meer. Spezialitäten des hoteleigenen Restaurants **La Terrasse** sind Fischgerichte und Couscous (ab 18 €). Auf der hübschen Restaurantterrasse mit gelben Segeltuchstühlen können die Gäste auch frühstücken. Privatgarage.

Modern und frisch – **Napoléon** **3**: 29, Porte de France, Tel. 04 93 35 89 50, www.napoleon-menton.com, DZ 94–209 €. Gut gelegenes Hotel mit Bananenstauden im Garten, Pool und Privatstrand. 40 zeitgemäß renovierte Zimmer mit modernen Bädern und Internetanschluss, viele davon mit Balkon, Lobby mit Korbstühlen und wei-

ßen Stoffsesseln, Bar und Strandrestaurant (Gerichte ab 16 €).

Sympathisch – **Paris-Rome** **4**: 79, Porte de France, Tel. 04 93 35 73 45, www. paris-rome.com, DZ 70–190 €. Im Wohnviertel Garavan gelegen. Seit mehreren Generationen ein Familienbetrieb, 2005 wurde das Haus umfangreich renoviert. Die Zimmer sind klassisch möbliert. Modern eingerichtetes Restaurant, das mit einem Michelinstern ausgezeichnet ist (Menü 48, 95 €, mittags 30 €)). Es gibt auch eine Lounge.

Frühstück unter Palmen – **Beauregard** **5**: 10, rue Albert I, Tel. 04 93 28 63 63, www.menton.fr, DZ 30–60 €. Einfaches Hotel in rosafarbenem Stadthaus mit Garten. Das Frühstück wird bei gutem Wetter draußen serviert.

Essen & Trinken

Designterrasse – **Mirazur** **1**: 30, av. Aristide Briand, Tel. 04 92 41 86 86, www.mirazur.fr. Mittagsmenü 35 €, à la carte bis 90 €. Innovative, leichte Küche auf einer Terrasse oder im verglasten Speisesaal mit atemberaubendem Blick über die Bucht – eine der besten Adressen von Menton. Sehr schön zum Mittagessen!

Provenzalisch – **Braijade Meridiounale** **2**: 66, rue Longue, Tel. 04 93 35 65 65, à la carte 20–50 € (inkl. Aperitif, Wein und Café). Kleines Restaurant mit Natursteinwänden und hübscher Terrasse mit schmiedeeisernen Möbeln. Auf der Karte steht typisch Mediterranes: *soupe* au *pistou* oder Rotbarben mit Knoblauchsauce.

Bistroküche – **Au Pistou** **3**: 9, quai Gordon-Bennett, Tel. 04 93 57 45 89, Menü ab 18 €, à la carte bis 40 €. Restaurant mit Terrasse am alten Hafen, seit Jahrzehnten in Familienbesitz, Fischgerichte.

Flatternde Wäsche und pastellfarbene Fassaden – südländisches Ambiente in Mentons Altstadtgassen

Mein Tipp

Le Marché Couvert **1**

Direkt am Quai de Monléon steht eine der hübschesten Markthallen der Küste, bunt angemalt, mit kleinen Türmchen und geschwungenen Glasdächern, erbaut im Jahr 1890. Jeden Morgen findet hier ein klassischer Lebensmittelmarkt mit frischem Fisch, Fleisch, Gemüse und Obst statt. Auch die kleinen, violetten Artischocken *(violets)*, die eine Spezialität der Region sind, werden angeboten. Hier sollte man *socca* (Kichererbsenfladen) und kleine Oliven probieren. Als Mitbringsel für daheim eignen sich Honig, Knoblauchkränze und getrocknete Chilischoten. Gleich neben der Markthalle liegt die kleine Place aux Herbes, auf der jeden Freitag ein Antiquitätenmarkt stattfindet.

Einkaufen

Die Einkaufsstraße von Menton ist die **Avenue Felix Faure,** gleich hinter dem Casino, parallel zur Promenade du Soleil am Ufer gelegen
Spezialität – **Herbin 2**: 2, rue du Vieux Collège. Aus Menton muss man natürlich Zitronenkonfitüre mitbringen. Die beste Auswahl bietet Herbin.

Aktiv & Kreativ

Bootsverleih – **Mer Passion 1**: Vieux Port de Menton, Tel. 06 60 62 06 06. Verleih von Booten, Kanus, Kajaks und Windsurfbrettern.
Für Kinder – **Parc Koaland 2**: 21, av. de la Madone, Tel. 04 92 10 00 40, www.

parckoaland.fr, 10–12, 14–18 Uhr, Juli/Aug. bis 24 Uhr. Kleiner Vergnügungspark mit Hüpfburgen, Klettergerüsten, jeder Menge Karrussels und einer Minigolfanlage.
Motorrad- und Scooter-Verleih – **Holiday Bikes 3**: 4, Esplanade G. Pompidou, Tel. 04 92 10 99 98.
Segeln und Surfen – **Club Nautique du Vieux Port 4**: Promenade de la Mer, Tel. 04 93 41 66 41. **Centre Nautique de l' Office de Tourisme 5**: Promenade de la Mer, Tel. 04 93 35 49 70. Ganzjährig Segel- und Surfkurse mit professionellen Ausbildern, im Juni/Juli auch Schwimmkurse für Kinder.
Tauchen – **Centre International de Plongée 6**: 3, promenade de la Mer, Tel. 04 93 35 95 83. **Kamikaze 7**: 49, Port de Menton, im Viertel Garavan, Tel. 04 93 35 91 88. Verleih von Tauchausrüstungen und Tauchkurse.

Infos & Termine

Office de Tourisme

Palais de l'Europe, 8, av.Boyer, BP 239, 06506 Menton Cedex, Tel. 04 92 41 76 76, www.menton.fr. Das Office de Tourisme organisiert ab fünf Personen geführte Touren ins Hinterland. Außerdem bietet es den *Passeport Découvertes* an, in dem der Eintritt zu mehreren Sehenswürdigkeiten inbegriffen ist.

Termine

Fête du Citron: Zweite Hälfte Febr. Fest der Zitrone mit Umzügen und Skulpturen aus Zitrusfrüchten (www.fededu citron.com, s. S. 32).
Les Nuits Musicales: Juli. Musikalische Nächte in den wunderschönen Gärten von Menton mit Ballett- und Opernaufführungen.
Festival de Musique de Chambre: Aug. Kammermusikfestspiele mit Freiluftkonzerten vor der Eglise St-Michel.

Im Hinterland von Menton ▶ Karte 2

Peille ▶ O 3

Die verschachtelten Häuser von Peille, einem alten Dorf mit Kopfsteinpflastergassen, idyllischen kleinen Plätzen und Brunnen, sehen von weitem wie eine Festung aus. Der Ort hat ein liebevoll eingerichtetes Heimatmuseum. Fast jeder Bewohner von Peille stiftete Objekte aus seinem Familienbesitz für dieses **Musée du Terroir:** alte Werkzeuge und Haushaltsgeräte ebenso wie Fotos, die zuvor auf den Dachböden des Dorfes lagen (Place de l'Arma, Tel. 04 93 91 71 83, Mi, Sa/So 14.30–18 Uhr).

Peillon ▶ O 3

Peillon ist ein sehenswertes *Village perché.* In der **Chapelle des Pénitents Blancs** sind gut erhaltene Wandmalereien aus dem 15. Jh. zu sehen. Sie werden Giovanni Canavesio zugeschrieben und zeigen Passionsszenen.

Lucéram ▶ O 3

Das terrassenförmig angelegte 550-Seelen-Dorf liegt auf 889 m Höhe im bergigen Hinterland von Menton. In der **Kirche** aus dem 15. Jh. gibt es sechs bemerkenswerte Altarbilder, darunter einige von Louis Bréa, dem bekanntesten Vertreter der *Ecole de Nice.*

Sospel ▶ P 3

Das von Bergen umschlossene Sospel (2000 Einwohner) liegt an dem kleinen Fluss Béverá, über den eine restaurierte **Wehrbrücke** aus dem Mittelalter führt. Die barocke **Kirche** aus dem 17. Jh. hat einen hübschen, arkadengesäumten Vorplatz. Im **Palais Ricci,** dem ältesten Haus am Platz, wohnte einst Papst Pius VII. auf der Durchreise. Sospel ist ein guter Ausgangspunkt für Wanderungen am Col de Brouis.

Tende ▶ Karte 2, P 1

Letzter Ort vor der italienischen Grenze im Roya-Tal ist das 816 m hoch gelegene Tende. In der hübschen Altstadt sind teilweise noch Häusern aus dem 15. Jh. erhalten. Tende ist ebenfalls ein guter Ausgangspunkt für Gebirgstouren.

Ausflug mit der Tende-Bahn ▶ Karte 2, O/P 1–4

Mehrmals tgl. ab Nizza Hauptbahnhof, Fahrzeit bis Tende knapp 2 Std., www.sncf-voyages.com
Der rot-gelbe Triebwagen der Tende-Bahn schlängelt sich von Nizza über Serpentinen in die Voralpen hinauf. Die Strecke führt über Peillon, Peille, L'Escarène und Sospel weiter durch das Roya-Tal nach Breil-sur-Roya und in das mittelalterliche Dorf Saorge. Prächtige Bahnhöfe säumen die Strecke. Besonders imposant ist der Bahnhof von St-Dalmas-de-Tende, einst Grenzstation nach Italien. Heute ist Tende der letzte Halt auf französischer Seite. Von dort geht es durch den Tunnel de Tende nach Coni (Cuneo) in Italien.

Der Betrieb der 1928 eingeweihten Strecke musste nach dem Zweiten Weltkrieg eingestellt werden. Ein Großteil der Gleisanlagen war zerstört, französische Partisanen hatten Brücken gesprengt. Erst rund 40 Jahre später wurde die Verbindung zwischen

Nizza und dem italienischen Cuneo wieder aufgenommen.

Übernachten

Peillon

Ländlich-gediegen – **Auberge de la Madone:** Place Auguste-Arnulf, Tel. 04 93 79 91 17, www.auberge-madone-peillon.com, DZ 95–240 €. Das einst ländliche Gasthaus (20 Zimmer) wurde renoviert und hat einen eigenen Tennisplatz. Sehr schöner Garten, hübsche Restaurantterrasse. Provenzalische Küche mit exzellentem Menü zu 32, 52 und 65 €.

Sospel

Familiär – **Hôtel des Etrangers:** 7, bd. de Verdun, Tel. 04 93 04 00 09, www.sospel.net, DZ 65–115 €. 30-Zimmer-Haus am Ortsrand. Im dazugehörigen Restaurant kocht ein Schüler von Starkoch Jacques Maximin – u. a. mit Tintenfisch gefüllte Zucchiniblüten und Fisch in Salzkruste (Menü 31 €, à la carte um 40 €).

Essen & Trinken

Lucéram

Wildspezialitäten – **Boccafina:** Place Adrien-Barralis, Tel. 04 93 79 51 54, Menü 14 €, à la carte nur geringfügig teurer. An einem kleinen Platz unterhalb des Dorfes, traditionelle Küche zu niedrigen Preisen, darunter Wild, aber auch Pizza aus dem Holzkohleofen.

Sospel

Baumbestandene Terrasse – **Auberge Provençale:** Route Col de Castillon, Tel. 04 93 04 00 31, Menü 21, 34 €. Regionale Spezialitäten wie *petits farcis,* Gnocchi und *pissaladière* unter großen Sonnenschirmen auf einer Terrasse

mit Blick auf das mittelalterliche Dorf. Die Auberge vermietet auch acht Zimmer (DZ 65, 110 €).

Aktiv & Kreativ

Wandern – **Alptiplus:** Fabrice Morel, Tel. 06 16 53 19 27, www.alptiplus.fr. **Oxygenation Amaury d'Ayrenx:** Tel. 06 15 40 34 38, www.oxygenation.fr. Wanderungen durch den Mercantour

Nationalpark mit staatlich geprüften Bergführern, auch in Englisch. Weitere Auskünfte zu Wanderrouten und Übernachtungsmöglichkeiten im Mercantour unter www.mercantour.eu .

Infos & Termine

Office de Tourisme
Peille: Internet www.peille.fr. **Peillon/L'Escarène:** 06440, Mairie, Tel. 04 93 79 91 04, www.escarene.fr. **Lucéram:** 06440, place Adrien Barralis, Tel. 04 93 79 46 50, www.luceram.com. **Sospel:** 06380, Mairie, Tel. 04 93 04 15 80, www.sospel-tourisme.com. **Tende:** 06430, av. du 16 Septembre 1947, Tel. 04 93 04 73 71, www.tendemerveilles.com.

Termine
Fête de Baguettes: Sept. Traditionelles Dorffest in Peille, das an vergangene Riten der Brautwerbung erinnert.

Im Bergdorf Sospel scheint die blaue Küste in weiter Ferne zu liegen

Von Nizza nach Cannes

Highlights !

Antibes: Wehrmauern, die bis ins Meer reichen, eine romantische Altstadt, ein altes Fort und ein Jachthafen – die ockerfarbene *vieille ville* von Antibes thront wie eine Festung über dem Wasser. Mitten im Ort wohnte und arbeitete Picasso in einem wuchtigen Schloss, das heute ein Museum ist. S. 161

Cannes: Ein Spaziergang über die palmengesäumte Croisette, ein Bad im Meer und anschließend zum Dîner in die verwinkelte Altstadt auf dem Suquet-Hügel – in Cannes verbindet sich Glamour mit südfranzösischem Kleinstadtleben. S. 173

Auf Entdeckungstour

Picasso in Antibes – Atelierbesuch beim Malerfürsten: Monatelang malte Picasso nach dem Zweiten Weltkrieg im Grimaldi-Schloss mit Blick aufs Meer. Heute ist es das einzige Picasso-Museum der Welt, das in Räumen untergebracht ist, in denen der Künstler wohnte und arbeitete. Picassos Witwe Jacqueline schenkte dem Haus mehrere Bilder ihrer Sammlung. S. 164

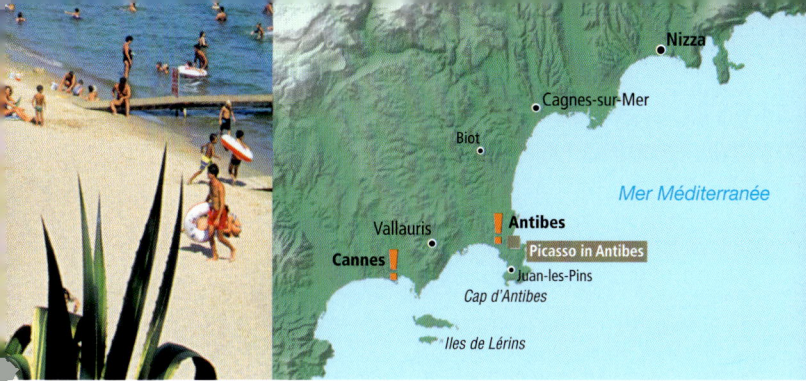

Kultur & Sehenswertes

Villa Les Collettess: Im ehemaligen Atelier von Auguste Renoir in Cagnes stehen noch seine Staffelei und sein Rollstuhl. Zu sehen sind Zeichnungen, Skulpturen, Briefe und Fotos aus dem Nachlass des Künstlers. S 158

Musée National Fernand Léger in Biot: Die wohl umfangreichste Werkschau des Malers. Nach seinen Entwürfen wurde auch das Wandmosaik auf der Museumsfassade angefertigt. S. 160

Aktiv & Kreativ

Töpferkurs: Die Ecole des Beaux Arts in Vallauris organisiert im Sommer Kurse für Erwachsene und Kinder. S. 172

Iles de Lérins: Eine Bootsfahrt zu den Inseln vor Cannes ist wie ein Ausflug ins Hinterland. Man kann ein Meeresmuseum besuchen oder das Kloster der Mönche von St-Honorat. Zudem locken Felsbuchten zu einem Bad. S. 184

Genießen & Atmosphäre

Zum Aperitif ins Eden Roc: Ein Glas Weißwein auf der Terrasse des Luxushotels am Cap d'Antibes ist teuer, aber unvergesslich. S. 170

Marché Forville: Fangfrischer Fisch, Artischocken, Honig und provenzalische Kräuter – ein Bummel durch die überdachte Markthalle am Rande der Altstadt von Cannes macht einfach gute Laune. S. 181

Abends & Nachts

Jazz à Juan: Legendäres Jazzfestival unter Pinien und freiem Himmel in Juan-les-Pins, auf dem schon alle Großen des Jazz spielten. Alljährlich im Juli. S. 33, 168

Le Bâoli: Ein Treffpunkt mit hohem Glamour-Faktor in Cannes. Auf der Terrasse stehen weiße Zelte und der DJ hält durch bis in die Früh. S. 180

Die Küste zwischen Nizza und Cannes gehörte schon immer zu einem der dicht besiedelsten Küstenabschnitte. Im Westen hinter Cannes wird er von den roten Felsen des Esterelmassivs begrenzt. Von Nizza nach Cannes führt der Weg über das Cap d'Antibes, das nicht ganz so exklusiv ist wie das Cap Ferrat.

Antibes ist nach Nizza die zweitgrößte Stadt der Region mit einer hübschen Altstadt, das benachbarte Juan-les-Pins ein lebendiger Badeort mit knatternden Mofas und schönen Sandstränden. Mindestens zwei bedeutende Museen gibt es in diesem Teil der Küste: das Picasso-Museum von Antibes und das Fernand-Léger-Museum in Biot.

Cagnes-sur-Mer ▶ N 4

Genau genommen gibt es drei Cagnes: **Cros-de-Cagnes** direkt am Meer, 2 km landeinwärts die Neustadt **Cagnes-Ville,** auch Le Logis genannt, sowie **Haut-de-Cagnes,** die auf dem Felsen erbaute und von einer Mauer umge-

Infobox

Internet
Einen umfassenden Überblick über diesen Küstenabschnitt bieten die Websites www.guideriviera.com und www.tourismevar.com.

Verkehr
Die Küstenstädte zwischen Nizza und Cannes werden regelmäßig von Zügen und Linienbussen bedient. Zu den Iles de Lérins fahren Boote ab Juan-les-Pins, Golfe-Juan und Cannes.

bene Altstadt mit einem mittelalterlichen Schloss. Die engen Gassen laden zu einem Spaziergang ein. Im Nordosten der Altstadt liegt die Chapelle Notre-Dame-de-Protection, eine Kapelle mit Fresken aus dem 16. Jh.

Château de Haut-de-Cagnes
Château-Musée, Tel. 04 92 02 47 30, Mi–Mo 10–12, 14–18 Uhr, 1. Nov.–30. April 10–12, 14–17 Uhr, Eintritt 3 €
Im 14. Jh. gab der Comte de Provence den Ort Cagnes in den Besitz von Rainier I. Grimaldi, dessen Nachfahren heute Monaco regieren. Rainier I. ließ das Schloss von Haut-de-Cagnes errichten, das im 17. Jh. umgestaltet wurde.

Heute sind in dem Bauwerk mit einer großen Freitreppe mehrere Museen untergebracht: Im Erdgeschoss befindet sich das **Musée d'Olivier** mit einer Dokumentation zur Olivenölherstellung. In der ersten Etage ist die **Stiftung Suzi-Solidor** mit 40 Porträts der Sängerin untergebracht, darunter Bilder von Picabia, Dufy und van Dongen. Das **Musée d'Art Meditérranéen Moderne** zeigt in der zweiten Etage Werke von Künstlern, die an der Côte d'Azur gelebt und gearbeitet haben, u. a. von Chagall, Matisse, Vasarély. Ebenfalls sehenswert ist das Deckengemälde »Sturz des Phaëton« des Genuesers Carlone im großen Festsaal in der ersten Etage. Während der Sommermonate finden im Schloss Ausstellungen statt, so auch das Festival International de la Peinture von Juli bis September.

Villa Les Collettes
Chemin des Collettes, Tel. 04 93 20 61 07, Mi–Mo 10–12, 14–18 Uhr, 1. Nov.–30. April 10–12, 14–17 Uhr, Eintritt 3 €
Gut 1 km östlich der Altstadt befindet sich die Villa Les Collettes, das ehemalige Wohnhaus des **Malers Auguste Renoir.** Hier verbrachte Renoir die letzten

Jahre seines Lebens, von 1907 bis 1919. Er wohnte bereits seit 1903 in Haut-de-Cagnes, als er das über 2 ha große Grundstück kaufte, vor allem um die über 1000 Jahre alten Olivenbäume zu retten. 1960 erwarb die Stadt das Grundstück samt Villa und machte es zu einer **Renoir-Gedenkstätte.**

Die Villa wurde im Originalzustand belassen: Im Atelier stehen noch der Rollstuhl und die Staffelei des Malers, und auch das große Fenster zum Garten ist noch vergittert. Renoir hatte das Gitter anbringen lassen, um das Glas vor den Ball spielenden Kindern zu schützen. Im Haus sind Zeichnungen und Skulpturen des Künstlers sowie Briefe und Fotos aus seinem persönlichen Besitz zu sehen. Vom Wohnzimmer und Garten aus hat man einen sehr schönen Blick auf Haut-de-Cagnes.

Übernachten

Schlafen wie im Schloss – **Le Cagnard:** Haut-de-Cagnes, 1, rue du Pontis-Long, Tel. 04 93 20 73 21, www.le-cagnard. com, DZ 135–250 €. Luxuriöse Zimmer mit Holzbalken an der Decke und Baldachinbetten in mittelalterlichen Mauern, Haus der Relais-et-Châteaux-Kette mit ebenso exklusivem Restaurant (Menü 55 € mittags, 72, 95 €).

Natursteinhaus am Schlossplatz – **Le Grimaldi:** Haut-de-Cagnes, 6, place du Château, Tel. 04 93 20 60 24, www. cagnes.net, DZ ab 50 €. Familiäres Sechs-Zimmer-Haus mit Restaurant mitten im Ort (Menü ab 25 €).

Essen & Trinken

Eine echte Auberge Provençale – **Josy-Jo:** Haut-de-Cagnes, 4, place du Planastel, Tel. 04 93 20 68 76, Mittagsmenü 26 €, à la carte 40–70 €. In ihrem

Lokal am Eingang der Altstadt kocht Josy Bandecetti traditionell provenzalisch: Zucchiniblüten, gegrillte Fische und eine hervorragende Mousse von Zitronen aus Menton zum Nachtisch. Hübsche Terrasse.

Berühmt für seine Bouillabaisse – **Charlot 1er:** 87, bd. de la Plage, Cagnes-sur-Mer, Tel. 04 93 31 00 07, à la carte 40–50 €. Jede Menge frischer Fisch und Meeresfrüchte. Auf Wunsch fliegt die Chefin auch schon mal in die Schweiz, um dort für Roger Moore Bouillabaisse zu kochen.

Gehobene Küche des Südens – **Fleur de Sel:** Haut-de-Cagnes, 85, Montée de la Bourgade, www.restaurant-fleurdesel. com, Tel. 04 93 20 33 33, Menü 32 (mittags), 39, 55 €. Kichererbsensalat und Chorizo-Wurst, Kabeljau-Brandade und Zitronenmakronen. Das beste Restaurant der Altstadt mit ockerfarbenen Wänden, Terracottaboden und blanken Holztischen.

Infos

Office de Tourisme: 6, bd. Maréchal Juin, 06800 Cagnes-sur-Mer, Tel. 04 93 20 61 64, www.cagnes-tourisme.com.

Villeneuve-Loubet

▶ N 4/5

8000-Einwohner-Ort mit **Schloss** aus dem 13. Jh. (Privatbesitz) und einem **Museum der Kochkunst,** dem Musée de l'Art Culinaire, das im Geburtshaus des Meisterkochs Auguste Escoffier (1846–1935) untergebracht ist. Hier sind eine provenzalische Küche, eine Dokumentation der Karriere Escoffiers sowie über 15 000 Kochrezepte zu sehen (Tel. 04 93 20 80 51, 14–18 Uhr, Mo, Fei, im Winter So sowie Nov. geschl.).

Zu Villeneuve-Loubet gehört die 1970 erbaute Ferienanlage **Marina Port des Anges** an der Küste, ein moderner Terrassen-Betonbau mit Bootsanlegeplatz.

Biot ▶ N 5

Malerisch auf einem Hügel gelegener Ort, der heute vor allem als Zentrum für Töpferei und Glasbläserei bekannt ist. Der Ortskern wurde nach Pest und Kriegszerstörungen Ende des 15. Jh. neu aufgebaut. Aus dieser Zeit stammt das rechtwinklig angelegte Straßensystem. In der **Kirche** von Biot hängt ein rot-goldenes Altarbild von Louis Bréa, dem wichtigsten Vertreter der Nizzaer Schule der Primitiven.

Ecomusée du Verre

Chemin des Combes, Tel. 04 93 65 03 00, www.verreriebiot.com, Mo–Sa 9.30–18.30 Uhr, im Sommer bis 20 Uhr. So, Fei 10.30–13, 14.30–18.30 Uhr, im Sommer 10–13, 14–19.30 Uhr, Eintritt 3 €
Am Ortsrand von Biot liegt das Glasmuseum, in dem man Glasbläsern bei der Arbeit zuschauen kann. Die hergestellten Waren werden auch zum Verkauf angeboten. Im Ort haben weitere Glasbläser kleine Ateliers.

Musée National Fernand Léger

Chemin du Val de Pome, Tel. 04 92 91 50 30, www.musee-fernandleger.fr, Mi–Mo 10–18 Uhr, Eintritt 6,50 €
Berühmt wurde Biot durch den Maler Fernand Léger, der in der Zeit von 1951 bis zu seinem Tod 1955 hier lebte. Seine Witwe Nadia ließ ihm zu Ehren ein Museum errichten.

Das Bauwerk des Architekten André Svetchine steht auf einem Grundstück, das Léger kurz vor seinem Tod gekauft hatte. Das 500 m² große Fassadenmosaik wurde nach einem Originalentwurf Légers von einem seiner Schüler angefertigt. Auch das 50 m² große Glasmosaik der Eingangshalle geht auf Entwürfe des Malers zurück.

Die Ausstellungsfläche des 1960 von Kulturminister André Malraux eröffneten Museums wurde inzwischen auf 2000 m² verdoppelt, sodass die über 300 Werke der Stiftung fast vollständig gezeigt werden können. Sie ermöglichen eine hervorragende Übersicht über das **grafische Werk von Fernand Léger** und zeigen die Entwicklung seines künstlerischen Schaffens in chronologischer Folge: angefangen von frühen, impressionistisch beeinflussten Ölbildern über Arbeiten, die dem Kubismus zuzuordnen sind, bis zu Bildern, die Léger kurz vor seinem Tod malte. Außerdem sind Fotos und Briefe der Fondation Fernand Léger zu sehen. 1967 vermachte Nadia Léger Museum und Sammlung dem französischen Staat.

Übernachten

Im Grünen – **Le Domaine du Jas:** 625, route de la Mer, Tel. 04 93 65 50 50, www.domainedujas.com, DZ 140–250 €. 19 Zimmer mit Balkon oder Terrasse in Einzelhäusern rund um einen Pool.
Dorfhotel – **Hôtel des Arcades:** 16, place des Arcades, Tel. 04 93 65 01 04, www.hotel-restaurant-les-arcades.com, DZ 50–90 €. Kleines, aber nettes Hotel mit viel moderner Kunst an den Wänden mitten in Biot mit Restaurant (s. u.) und hauseigener Galerie.

Essen & Trinken

Gehobenes Ambiente – **Les Terraillers:** 11, route du Chemin-Neuf, Tel. 04 93 65 01 59, www.lesterraillers.com, Menüs 39, 59 €, à la carte bis 110 €. Das beste Restaurant von Biot in einer ehemaligen Töpferei: Hummer mit Pasta und Trüffeln, Seewolf in Salzkruste oder Lamm aus den Alpilles mit Thymian. Im Sommer in einem schönen Patio, im Winter im Gewölbesaal.

Leichte Gerichte – **Auberge du Jarrier:** 30, Passage de la Bourgade, www.le jarrier.com , Tel. 04 93 65 11 68, Menü 23 (mittags), 30, 50 €. Leichte Küche in einer früheren Fabrik, in der *jarres,* große Tonkrüge für Olivenöl, hergestellt wurden. Rotbarben in Olivenöl, Wachteln und *tarte au citron meringuée.* Hübsche Terrasse.

Bodenständig-provenzalisch – **Restaurant des Arcades:** 16, place des Arcades, Tel. 04 93 65 01 04, à la carte 30–40 €. Die Besitzerin kannte Picasso, Chagall und Léger, deren Bilder heute noch bei ihr hängen. Spezialitäten: *soupe au pistou,* gefüllte Sardinen und *aïoli.*

Infos

Office de Tourisme: 46, rue St-Sébastien, 06410 Biot, Tel. 04 93 65 78 00, www.biot.fr.

Antibes ! ▶ N 5

Antibes ist mit 80 000 Einwohnern nach Nizza die zweitgrößte Stadt der Region. Das ist vor allem darauf zurückzuführen, dass Juan-les-Pins und Cap d'Antibes mit Antibes zu einer Verwaltungseinheit zusammengefasst wurden. Antibes, das im Gegensatz zu Juan-les-Pins keine besonders schönen Strände besitzt, gliedert sich in die für Touristen uninteressante Neustadt und die verwinkelte Altstadt, die von alten Wehrmauern umgeben ist und einer Festung gleich über dem Meer thront.

Die Ursprünge des Ortes gehen auf eine **griechische Siedlung** zurück. An-

tibes hieß damals *antipolis,* die ›Stadt gegenüber‹, wobei sich gegenüber auf Nizza, das einstige *nikaia,* bezog. Im 1. Jh. v. Chr. ging Antibes in **römischen** Besitz über und wurde zum **Flottenstützpunkt.** Nach unruhigen Zeiten, in denen die Stadt immer wieder von Sarazenen überfallen wurde, fiel sie Ende des 13. Jh. an die französische Krone und wurde zum **befestigten Kriegshafen** ausgebaut. Denn als die Grafschaft Nizza 1388 an Savoyen angeschlossen wurde, waren Antibes und Nizza Grenzstädte. Das ehemalige *antipolis* diente Frankreich von nun an als *pointe avancée* gegen Savoyen.

Von 1550 bis 1578 errichtete man die **Bastion Fort Carré** nördlich des Hafens. Diese Festung wurde später mehrfach umgebaut, unter anderem unter Ludwig XIV. nach Plänen von Vauban. Von der ursprünglichen Anlage steht nur noch der Turm. Als Nizza 1860 wieder französisch wurde, verlor Antibes seine Verteidigungsaufgaben. Von 1895 bis 1900 wurden die Befestigungsanlagen von Antibes vollständig abgebaut – bis auf die Wehrmauern der Altstadt und das Fort Carré.

Altstadt

Antibes hat eine hübsche, verwinkelte Altstadt. Täglich außer montags findet auf der **Place Masséna** unter einem großen Glas-Eisen-Dach ein Markt statt.

Auf einem Felsvorsprung zwischen Altstadt und Meer erhebt sich wuchtig das alte **Château der Grimaldis** mit einem **Wehrturm** aus dem 17. Jh., das seit 1966 ein Picasso-Museum beherbergt (s. Entdeckungstour S. 164)

An der Place Mariejo, gleich neben dem Museum, steht die **Kathedrale.** Ihre Barockfassade geht auf das 17. Jh. zurück, das Querschiff und der Chor stammen noch aus dem 12. Jh. Im schmucklosen Inneren befindet sich ein Altarbild von Louis Bréa.

Unterhalb der Altstadt liegt der im 17. Jh. angelegte **Port Vauban,** der heute als Jachthafen dient. Gegenüber befindet sich das Fort Carré, das in den Sommermonaten besichtigt werden kann.

Musée d'Histoire et d'Archéologie
Les Remparts, Tel. 04 92 90 54 37, Di–So 10–12, 14–18 Uhr, Fei geschl., Eintritt 3 €
Ein Museum für Geschichte und Archäologie ist in der **Bastion St-André** untergebracht, einem kleinen Fort auf den Wehrmauern der Altstadt. Mit Münzsammlungen, Amphoren und Funden von Unterwasser-Ausgrabungen wird die Geschichte von Antipolis und Antibes dokumentiert.

Übernachten

Palmengarten und Pool – **Mas Djoliba:** 29, av. de Provence, Tel. 04 93 34 02 48, www.hotel-djoliba.com, DZ 100–140 €. Ruhiges 3-Sterne-Haus mit 13 Zimmern in einer ehemaligen Villa zwischen Strand und Ortszentrum im Grünen. Im Sommer teilweise nur Halbpension.
Ruhig und ganz nah am Meer – **Bastide du Bosquet:** 14, chemin des Sables, Tel. 04 93 67 32 29, www.lebosquet06.com, DZ 85–120 €. Nur vier Zimmer in einer ruhigen Bastide, fünf Minuten Fußweg vom Meer entfernt. Wohnen wie bei Freunden in einem Privathaus mit Garten und Bibliothek.

Essen & Trinken

Hoch über dem Meer – **Les Vieux Murs:** 25, promenade Amiral-de-Grasse,

www.lesvieuxmurs.com , Tel. 04 93 34 06 73, Menü 34, 44, 62 €. In Fußnähe zum Picasso-Museum, schön gelegenes Restaurant an der Stadtmauer mit Terrasse und Blick aufs Wasser, provenzalische Küche, Tomaten-Crostini und kurz angebratener Thunfisch.
Regionale Spezialitäten – **Le Figuier de Saint-Esprit :** 14, rue St-Esprit, Tel. 04 93 34 50 12, www.christianmorisset.fr,

Die Altstadt von Antibes vor den schneebedeckten Gipfeln der Alpen

Menu 55, 75 €. Eine der besten Adressen der Altstadt, nicht weit vom Picasso-Museum. Natursteinmauern, ein Patio mit Feigenbaum und als Hauptspeise gibt es Kaninchen mit Krebsschwänzen.

Italienisch – **Oscar's:** 8, rue Rostam, Tel. 04 93 34 90 14, Menü 29, 49 €, à la carte 50 €. Italienisches Restaurant im Pompei-Dekor mitten in der Altstadt.

Bistroküche – **Taverne du Safranier:** 1, place du Safranier, Tel. 04 93 34 80 50, Menü 15 € (mittags), à la carte 30–40 €. Einfache regionale Gerichte in sympathischem Ambiente auf einem Platz nahe den Wehrmauern.

Jung und unkompliziert – **Le Clafoutis:** 18, rue Thuret, Tel. 04 93 34 66 70, Menü 25 €. Günstige Menüs und junges Publikum. Terrasse.

Auf Entdeckungstour

Picasso in Antibes – Atelierbesuch beim Malerfürsten

Unmittelbar nach dem Zweiten Weltkrieg arbeitete Picasso mehrere
Monate in Antibes. Sein Atelier in
einem Château über dem Meer
wurde bald schon zum Museum. Nur
hier kann man Picassos Werke dort
betrachten, wo sie entstanden.

Dauer: 1,5–3 Std.

Öffnungszeiten: Musée Picasso, Tel.
04 92 90 54 28, Di–So Mitte Juni–
Mitte Sept. 10–18, Mitte Sept.–Mitte
Juni 10–12, 14–18, Uhr, Juli/Aug. Mi,
Fr bis 20 Uhr, Eintritt 6 €.

»Dies ist meine Landschaft«

Picasso kommt zum ersten Mal im Sommer 1919 mit seiner Frau Olga an die Côte d'Azur. Er ist fasziniert vom Licht des Südens, das ihn an seine spanische Heimat erinnert, er genießt es, wieder zu Stierkämpfen zu gehen und er entdeckt hier ›seine‹ Landschaft.

Regelmäßig verbringt Picasso von nun an die Ferien in Antibes, Juan-les-Pins, Mougins und Cannes. Nach Kriegsende zieht er endgültig von Paris an die Côte d'Azur. 1946 nimmt er das Angebot des Museumsleiters von Antibes an, im einstigen Schloss der Grimaldis zu arbeiten. Gemeinsam mit seiner damaligen Lebensgefährtin Françoise Gilot verbringt Picasso mehrere Monate in dem riesigen Gebäude am Meer. Er arbeitet vor allem im südlichen Flügel im zweiten Stock.

Hier entstehen lebensfrohe, farbige Bilder, u. a. mit Bootsfarbe gemalt. Später wird Picasso sagen, in Antibes habe er einen der glücklichsten Abschnitte seines Lebens verbracht. 23 Bilder Picassos und über 40 Zeichnungen stammen aus dieser Zeit.

Ein Museum für das Genie

Im September 1947 werden die entstandenen Werke erstmals im Schloss gezeigt. Ein Jahr später folgt eine weitere Ausstellung – zu sehen sind nun auch zahlreiche Keramikarbeiten, die der Künstler im Atelier Madoura im benachbarten Vallauris hergestellt hat. 1966 wird in den Räumen des Schlosses offiziell ein Picasso-Museum eröffnet. Nach dem sehr viel später eröffneten Museum in Paris ist es die wichtigste Ausstellungsstätte des Malers.

1991 überließ Picassos Witwe Jacqueline aus ihrer Donation dem Museum mehrere Bilder. Heute besitzt es an die 300 Werke. Es ist das einzige Picasso-Museum der Welt, in dem Bilder des Künstlers an dem Ort zu sehen sind, wo sie entstanden.

Besuch im Atelier

Nach der jüngsten, umfangreichen Renovierung des Museums ist die erste Etage Wechselausstellungen, dem Nicolas de Stael-Saal und der Sammlung Hartung-Bergmann vorbehalten, die zweite Etage hingegen nun ganz dem Werk Picassos gewidmet. Teilweise wurde das alte Raumvolumen wieder hergestellt, sodass nun die Atmosphäre von Picassos Atelier nachzuempfinden ist.

Direkt auf die Wand aufgetragen, hinterließ der Maler hier das Bild »Les Clés d'Antibes«. Zu den berühmtesten Werken des Museums gehören das großformatige »Joie de Vivre« (Lust zu Leben) von 1946, gemalt mit Ripolin-Farbe, ebenso wie das kleinere »Nu assis sur fond vert« (Nackte vor grünem Hintergrund) ebenfalls aus dem Jahr 1946.

Matisse – ein Freund und Kritiker

Spätere Werke des Künstlers wurden kritisch von Henri Matisse begleitet. Seit Picasso an der Côte d'Azur wohnte, war die Beziehung zwischen den beiden Männern immer enger geworden. Picasso besuchte Henri Matisse regelmäßig in dessen Wohnung im Régina in Nizza. Die beiden Künstler tauschten sich aus und beargwöhnten jeweils die Arbeit des anderen. Auf Matisse Kaminsims stand ein Winterbild Picassos, bei Picasso hingen Werke von Matisse. Am 9. März 1948 schrieb Matisse seinem Sohn Pierre: »Picasso hat 600 Teller bemalt. Ich habe sie gesehen und ich muss Dir sagen, das ist eine ganz außergewöhnliche Arbeit. Seit sieben Monaten arbeitet er nun jeden Nachmittag daran.« Auch sie sind in Teilen im Museum von Antibes zu sehen.

Einkaufen

In der **Rue James Close** und der **Rue Sade** in der Altstadt gibt es viele kleine Boutiquen und Läden.

Delikatessen – **L'Etable:** 1, rue Sade, hervorragender Käse. **Jean Veziano:** 2, rue de la Pompe. Olivenbrot, *fougasse* und *pissaladière*. **Crème d'Olive:** 29, rue James Close. Olivenöl und Gewürze. **Patisserie Cottard:** 49, rue de la République. Der Zuckerbäcker bekam sogar den Titel ›Champion de France du Dessert‹ für seine Küchlein und Tartes.

Märkte – **Provenzalischer Wochenmarkt:** Di–So auf der Place Masséna in der Altstadt. **Brocante:** Do und Sa Trödelmarkt auf demselben Platz.

Aktiv & Kreativ

Bootsausflüge – **Guigo-Marine:** Port Vauban, Tel. 04 93 34 17 17, philippe.guigo@wanadoo.fr. Ganztägige Bootstouren aufs offene Meer. **Bateau Lucien:** Tel. 04 93 64 28 39. Spezielle Ausfahrten, um Thunfisch zu angeln.

Für Kinder – **Marineland:** Außerhalb von Antibes, an der RN 7, La Brague, Tel. 04 93 33 49 49, www.marineland.fr. Delfine, Wale, Pinguine und ein Aquarium sind in diesem Freizeitpark zu sehen. Darüber hinaus gibt es einen riesigen Aquapark mit 1000 m² großem Pool und zwölf Wasserfällen.

Segeln – **ECCM:** Tel. 04 93 22 66 73. Die Segelschule von Antibes bietet den ganzen Sommer über Kurse für alle Niveaus.

Meerwasser-Kuren – **Thalazur Antibes:** 770, chemin des Moyennes Breguières, Tel. 04 92 91 82 00, www.thalazur.fr. Exklusives Thalassotherapie-Zentrum im Norden der Stadt, 2 km vom Meer entfernt. Angeschlossen sind das luxuriöse Hôtel Baie des Anges (DZ 100–160 €) und eine riesige Poollandschaft.

Infos

Office de Tourisme
11, place de Gaulle, 06600 Antibes, Tel. 04 92 90 53 00, www.antibesjuanles pins.com.

Boulespiel auf der Promenade in Antibes

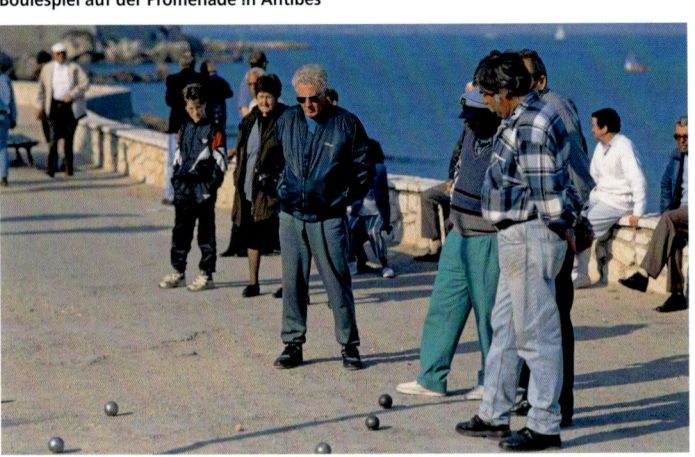

Termine

Les Voiles d'Antibes: Anfang Juni. Segelwoche mit Regatta und Unterhaltungsangeboten im Hafen (www. voilesdantibes.com).

Juan-les-Pins ► N 5

Juan-les-Pins ist ein lebhafter Badeort mit sehr jungem Publikum, knatternden Mofas, Abendlokalen und vielen Familien, die hier ihren Urlaub verbringen. Der Ort bildet mit dem auf der anderen Seite des Cap d'Antibes gelegenen Antibes eine Gemeinde. In Juan-les-Pins gibt es ein Casino, einen kleinen öffentlichen Park, zahlreiche Modeboutiquen, Cafés, Bars und Diskotheken. Während der Wintermonate ist der Ort wie ausgestorben: Die Straßen sind leer, die Rollläden der Geschäfte geschlossen.

Der amerikanische Millionär **Frank Jay Gould** entdeckte den Ort in den 1920er-Jahren und ließ hier das erste Sommercasino bauen. Juan-les-Pins ist aber vor allem berühmt für sein **Jazzfestival.**

Strände

Juan-les-Pins hat schöne, weitläufige Sandstrände, viele davon werden allerdings privat geführt. Die dort obligatorischen Liegestühle und Sonnenschirme gibt es dann nur nur gegen Gebühr. Die Strände liegen entlang der **Promenade du Soleil,** an der nur noch wenige alte Häuser, dafür um so mehr moderne Appartementblocks stehen, zwischen den bewirtschafteten Stränden liegen schmale, öffentlich zugängliche Strände.

Ein schöner Sandstrand ist etwas außerhalb die **Plage de la Garoupe,** mit einem breiten öffentlichen Strand und

einem bewirtschafteten Abschnitt mit Strandrestaurants.

Juan-les-Pins gilt als die Wiege des **Wasserskis** in Frankreich. 1949 fanden hier die ersten Wasserskimeisterschaften statt. An vielen Stränden wird Wasserskifahren angeboten.

Übernachten

Luxuriös wohnen – **Juana:** La Pinède, 19, av. G. Gallice, Tel. 04 93 61 08 70, www.hotel-juana.com, DZ 220–640 €. Hotel aus den 1930er-Jahren mit denkmalgeschützter Fassade mitten im Ort und doch im Grünen. Sehr schöner Pool, Privatstrand und angenehme Terrasse, die zum hoteleigenen Restaurant (s. u.) gehört.

Weißes Haus mit schönem Garten – **Les Mimosas:** Rue Pauline, Tel. 04 93 61 04 16, www.hotelmimosas.com, DZ 100–140 €. Zimmer mit Terrasse bzw. Balkon in ruhigem Viertel. Palmenumstandener Pool.

3-Sterne-Standard – **Le Pré Catelan:** 22, av. des Palmiers, Tel. 04 93 61 05 11, www.precatelan.fr, DZ 85–175 €. Kleines Haus mit hübschem Garten, kleinem Pool und renovierten Zimmern mit provenzalischen Stoffen. 200 m vom Meer entfernt.

Hinter der Strandpromenade – **Eden H.:** 16, av. Louis Gallet, Tel. 04 93 61 05 20, DZ 77–100 €. Einfaches weißes Haus in Strandnähe mit 17 angenehmen Zimmern.

Essen & Trinken

Mediterrane Küche – **Les Pêcheurs:** 10, bd. du Mar. Juin, Tel. 04 92 93 13 30, Menü 76, 90 €, mittags günstiger. Restaurant eines 2-Sterne-Kochs, direkt am Meer inmitten des Beach Resorts, samt Diskothek und Barbetrieb.

Strandrestaurant – **Bijou Plage:** Bd. du Littoral, Tel. 04 93 61 39 07, Menü 21 (mittags), 47 €, à la carte 40–60 €. Große Terrasse am Meer. Angeboten werden Fisch, Meeresfrüchtesalat sowie ein günstiges Mittagsmenü.

Hummer mit Fenchel – **La Terrasse Club:** La Pinède, av. G. Gallice, Tel. 04 93 61 20 37, à la carte 40–50 €. Restaurant des Juana-Hotels mit wunderschöner Terrasse im Grünen. Leichte Küche mit Fischgerichten, *foie gras* und *crème brulée* mit Feigen.

Aktiv & Kreativ

Ausflüge – **Riviera-Lines:** Tel. 04 93 63 86 96, www.riviera-lines.com, März–Okt. tgl. Boote zu den Iles de Lérins, Abfahrt am Ponton Courbet, bd. Charles Guillaumont. **Le Petit Train:** Im Sommer fährt zwischen Juan-les-Pins und Antibes regelmäßig ein kleiner Bummelzug, Fahrtdauer ca. 40 Min., Abfahrt am Bd. Baudoin.

Tauchen – **Antibes-Juan-les-Pins Diving School:** Tel. 04 93 67 52 59; **Club de la Mer:** Port Gallice, Tel. 04 93 61 26 07; **Le Spondyle Club:** Tel. 04 93 61 45 45. Tauchkurse und Materialverleih.

Wasserski – **Hélios Ski Club:** Plage Le Colombier, Tel. 04 93 61 51 10; **Star Ski Club:** Plage Neptune, Tel. 04 93 61 92 29; **Le Ski Club de la Grande Bleue:** Plage Petit Navire, Tel. 04 93 61 38 56; **Azur Water Sport:** Plage du Méridien Garden Beach, Tel. 04 92 93 57 57. Wasserskiunterricht, Einzelstunden mit Motorboot und Materialverleih.

Abends & Nachts

Tanzen bis in den frühen Morgen – **Bar Pam Pam:** 137, bd. Wilson, Tel. 04 93 61 11 05, bis 3 Uhr morgens geöffnet, im Sommer Live-Musik.

Poker und Blackjack – **Eden Casino:** Bd. Baudoin, www.partouche.fr. Das Casino ist bis morgens um 5 Uhr geöffnet und besitzt ein eigenes Restaurant, Eintritt: ca.10 €.

Angesagter Dancefloor – **Le J's:** Av. Georges Gallice, Tel. 04 93 67 22 74, Juni–Aug. tgl., sonst am Wochenende, Eintritt 15 € inkl. ein Getränk. Eine der ›In‹–Diskotheken des Badeortes.

Gediegene Diskothek – **La Pinède:** 5, av. Jacques Leonetti, ab Mitternacht bis 5 Uhr morgens, Eintritt 15 € inkl. ein Getränk.

Infos & Termine

Office de Tourisme

55, bd. Charles Guillaumont, 06160 Juan-les-Pins, Tel. 04 92 90 53 05, www.antibesjuanlespins.com.

Termine

Jazz à Juan: Zweite Julihälfte. Alle Konzerte werden in der Pinède Gould unter Pinien und freiem Himmel, nur wenige Meter vom Meer entfernt, gegeben. Auch am nahen Strand kann man mithören. Auskunft erhält man beim Office de Tourisme in Juan-les-Pins und in Antibes sowie beim Multi-Media-Store FNAC, im Einkaufszentrum Nice-Etoile, Tel. 04 93 92 09 09, www.fnac.com (s. auch S. 33).

Cap d'Antibes ▶ N 5

Die Halbinsel südlich von Juan-les-Pins und Antibes gehört zu den exklusiveren Adressen an der Côte d'Azur. Auf pinienüberschatteten Traumgrundstücken stehen hier wunderschöne Villen,

Strandurlaub an der Bucht von Golfe-Juan

die jedoch von der Straße nicht einzusehen sind.

An der Südspitze der Halbinsel liegt das berühmte **Eden Roc,** ein Hotelpalast in einem 8 ha großen Park. Scott Fitzgerald verewigte das 1870 eröffnete Haus in seinem Roman »Zärtlich ist die Nacht«. John F. Kennedy, Bernard Shaw, Rita Hayworth, Marlene Dietrich, Ernest Hemingway und Charles de Gaulle stiegen seitdem hier ab. Gehen Sie einfach auf ein Glas Champagner an die Hotelbar, um die Pracht vergangener Zeit zu genießen.

Sehenswert ist das **Musée Naval et Napoléonien,** ein Marinemuseum, das auch Erinnerungsstücke an Napoléon Bonaparte zeigt (Mitte Juni–Mitte Sept. 10–18, Mitte Sept.–Mitte Juni 10–16.30 Uhr, Sa, Mo, Fei geschl.)

An der Ostseite der Halbinsel liegen die Strände **Plage de la Garoupe** und **Plage de la Salis,** beides sehr schöne, öffentlich zugängliche Sandstrände.

Plateau de la Garoupe

Im Norden steigt die Halbinsel zum Plateau de la Garoupe an, ein Hügel, von dem sich ein wunderbarer Ausblick auf Antibes und die Küste bietet. Besonders weit reicht die Sicht vom **Leuchtturm** am Cap d'Antibes (15–18 Uhr, Fr geschl.). Kurios mutet das **Sanctuaire de la Garoupe** an, eine Seefahrerkapelle, mit Votivgaben, Flaschenschiffen, Rettungsringen sowie einer Galionsfigur mit blankem Busen über dem Altar (10–12, 14.30–17 Uhr).

Nicht weit von der Kapelle befindet sich der **Jardin Thuret,** ein 4 ha großer botanischer Garten mit exotischen Pflanzen und einer Villa (Mo–Fr im Sommer 8–18, im Winter 8.30–17.30 Uhr, Fei geschl.). Im Forschungsinstitut der Villa Thuret wurden berühmte Rosensorten wie die Baccara gezüchtet.

Ganz in der Nähe liegt einer der weltweit wichtigsten **Rosenzuchtbetriebe:** Eine von drei in der Welt verkauften Rosen geht auf die Zucht von Meilland am Cap d'Antibes zurück.

Übernachten

4-Sterne-Haus mit Privatstrand – **Impérial Garoupe:** 770, Chemin de la Garoupe, Tel. 04 92 93 31 61, www.imperial-garoupe.com, DZ 295–600 €. Hotel der Relais & Château-Kette mit Restaurant (s. u.), großem Pool und wunderschönem Garten. Die 30 Zimmer haben teilweise einen Privatgarten oder Terrasse. Sie sind mit Antiquitäten und provenzalischen Stoffen eingerichtet.
Ruhige Lage – **Hôtel Garoupe-Gardiole:** 81, bd. Francis Meilland, Tel. 04 92 93 33 33, www.hotel-lagaroupe-gardiole.com, DZ 98–175 €. 37 Zimmer in einem zweistöckigen Haus mit Pool und Pinien mitten im Grünen.
Zimmer mit Aussicht – **Beau Site:** 141, bd. Kennedy, Tel. 04 93 61 53 43, www.hotelbeausite.net, DZ 80–155 €. Gut geführtes 30-Zimmer-Hotel mit Pool, blühenden Bougainvillea und blauen Fensterläden. Einige Zimmer haben einen wunderbaren Blick auf das Meer.

Essen & Trinken

Hoher Glamourfaktor – **Eden Roc:** Bd. Kennedy, Tel. 04 93 61 39 01, Menü ab 110 €. Restaurant des gleichnamigen Luxushotels, einzigartiger Speisesaal über dem Meer.
Legendäres Fischrestaurant – **Le Bacon:** Bd. de Bacon, Tel. 04 93 61 50 02, Menü 49 (mittags), 79 €, à la carte bis 130 €. Das Lokal ist berühmt für seine Bouillabaisse und unglaublich frischen Fisch. Natürlich mit Meerblick.

Golfe-Juan ▶ N 5

Der Badeort zwischen Antibes und Cannes besitzt einen kleinen Hafen und Sandstrände entlang der Küstenstraße. Napoléon legte bei seiner Rückkehr von der Insel Elba am 1. März 1815 in Golfe-Juan an. Der Ort gilt daher als erste Station der Route Napoléon. Im Sommer kommt man aus Cannes vor allem hierher, um Bouillabaisse zu essen. Die Restaurants Tétou und Nounou an der Strandpromenade sind für ihre Fischsuppe berühmt.

Strände

Der Ort verfügt über einige schöne Sandstrände entlang des **Boulevard des Frères Roustan.** Dort gibt es bewirtschaftete private Abschnitte wie die Plage Nounou und die Plage Tetou, aber auch öffentlich zugängliche Bezirke unterhalb der Küstenstraße.

Übernachten

Ganz nah am Meer – **Hôtel du Golfe:** 81, bd. des Frères Roustan, Tel. 04 93 63 71 22, www.hoteldugolfe.fr, DZ 80–150 €. Sechs Zimmer mit Panormablick über den Hafen, Klimaanlage und Wifi-Internet, dazu ein Mini-Pool.
Familiär – **Auberge Siou Aou Miou:** 105, chemin des Fumades, Tel. 04 93 64 39 89, Fax 04 93 64 45 60, DZ ab 60 €. 14 Zimmer in komfortablem 3-Sterne-Standard und eigenes Restaurant mit provenzalischer Küche (Menü ab 18 €).

Essen & Trinken

Fischsuppe für Gourmets – **Tétou:** Bd. des Frères Roustan, Plages du Soleil, Tel. 04 93 63 71 16, à la carte um 100 €. Berühmt für seine Bouillabaisse, die selbst vom strengen Guide Michelin für gut befunden wurde. Terrasse.
Frische Fischgerichte – **Nounou:** Bd. des Frères Roustan – Plages du Soleil, Tel. 04 93 63 71 73, Menü 30, 56 €. Etwas preisgünstiger als das Tétou, aber genauso ›in‹ beim lokalen Jetset.
Hafenbistro – **Le Bistro du Port:** 53, bd. des Frères Roustan, Tel. 04 93 63 70 64, Menü 16 (mittags), 25, 35 €. Hübsches Restaurant am alten Hafen mit Terrasse. Provenzalische Gerichte und Meeresfrüchte.

Aktiv & Kreativ

Bootsausflüge – **Riviera Lines:** Tel 04 93 63 97 37, www.ilesdelerins.com. Touren zu den Iles de Lérins ab dem Vieux Port, quai St-Pierre. Überfahrt zur Ile Ste-Marguerite in 50 Min.
Tauchen – **Centre International de Plongée:** Vieux Port, quai St-Pierre, Tel. 04 03 63 00 04, www.plongee-cip golfejuan.com. **Golfe-Plongée Club:** Vieux Port, quai Napoléon, Tel. 06 16 11 01 08, www.golfe-plongee.com. Tauchkurse und Materialverleih.

Infos

Office de Tourisme: Parking du Vieux Port, 06350 Golfe-Juan, Tel. 04 93 63 73 12, www.vallauris-golfe-juan.fr.

Vallauris ▶ N 5

Vallauris liegt auf den Hügeln oberhalb von Golfe-Juan. Der Ort ist schon seit Römerzeiten als **Töpferdorf** bekannt, denn in der Nähe gibt es reiche Tonvorkommen. Und so sieht die Hauptstraße von Vallauris aus wie ein großer Töpferladen – leider mit viel Kitsch für Touristen.

Eine Ausnahme bildet die Galerie Madoura, in der **Picasso** 1946 eine neue Kunstform entdeckte. Im damaligen Atelier des Ehepaars Ramié begann er an der Töpferscheibe zu arbeiten – der Beginn seines umfangreichen keramischen Werks. In den folgenden 20 Jahren schuf Picasso über 4000 Keramikarbeiten. Zwei Jahre lang ging

Mein Tipp

Töpferkurse in Vallauris
Die Schule der Schönen Künste von Vallauris bietet im Sommer professionelle Einführungen in verschiedene Töpfertechniken an. Ein Wochenkurs umfasst 30 Stunden, auch für Kinder gibt es Kurse (**Ecole Municipale des Beaux Arts**, bd. des Deux Vallons, Tel. 04 93 63 07 61, www.vallauris-golfe-juan.fr).

der Künstler fast täglich in die Werkstatt von Madoura. 1948 zog er schließlich ganz nach Vallauris und lebte hier bis 1955 in der Villa La Galloise mit seiner Lebensgefährtin Françoise Gilot. 1950 machte Vallauris Picasso zum Ehrenbürger, woraufhin dieser dem Ort seine **Bronzeskulptur Mann mit Ziege** schenkte, die während des Zweiten Weltkrieges entstanden war. Das Original steht bis heute gegenüber dem Schloss auf dem Marktplatz.

Galerie Madoura

Quartier du Plan, Tel. 04 93 64 66 39, www.madoura.com, Mo–Fr 10–12.30, 15–18 Uhr, Fei geschl.
Das Töpferatelier, in dem Picasso von 1946 bis 1971 arbeitete, besitzt bis heute die Exklusivrechte für Picasso-Reproduktionen und vertreibt entsprechende Kataloge. Mittlerweile kann man Picassos bei Madoura sogar online bestellen. Die Galerie zeigt in einer ständigen Ausstellung Keramiken von Picasso.

Château Musée Municipal

Place de la Libération, Tel. 04 93 64 16 05, Mi–Mo Juni–Sept. 10–12, 14–18, Okt.–Mai bis 17 Uhr, Eintritt 3,25 €
Im Château Musée Municipal gleich gegenüber am anderen Ende des Platzes sind heute insgesamt drei Museen untergebracht: das **Musée National de Picasso,** das **Musée Magnelli** und das **Musée de la Céramique.** Ausgestellt sind neben Keramiken von Picasso auch Porträtaufnahmen des Künstlers, die André Villers in der Töpferwerkstatt Madoura von ihm machte. Darüber hinaus sind 47 Bilder des italienischen Malers Alberto Magnelli (1888–1971) zu sehen.

Die ehemalige **romanische Kapelle** gegenüber dem Museum birgt das monumentale Wandbild »La Guerre et la

Paix« (Krieg und Frieden), das Picasso 1952 eigens für diesen Ort schuf. Es besteht aus drei Teilen: Der Krieg wird auf der südlichen Gewölbeseite thematisiert, gegenüber ist der Friede dargestellt. Die Stirnwand schließlich zeigt vier Männer mit einer Taube.

Musée de la Poterie
Rue Sicard, Tel. 04 93 64 66 51, Mo–Sa Mai–Sept. 10–12, 14–18 Uhr, außerhalb der Saison 14–18 Uhr, Jan. geschl.
Auch für Kinder ist das Töpfermuseum interessant, mit einem historischen Töpferatelier aus der Zeit um 1900, in dem auch die Arbeit an der Töpferscheibe demonstriert wird .

Essen & Trinken

Restaurant mit Garten – **Le Manuscrit**: 224, chemin Lintier, Tel. 04 93 64 56 56, Menü 26 (mittags), 36 €. Auf der Speisekarte steht z. B. Kaninchen mit Kohl oder Fischeintopf.
Urig und sympathisch – **La Gousse d'Ail**: 11, route de Grasse, Tel. 04 93 68 50 57, Menü 15, 35 €. Kleines Restaurant nicht weit vom Picasso-Museum. Hier gibt es zu allem sehr viel Knoblauch, wie sich das im Süden gehört.

Einkaufen

Orangen-Spezialitäten – **Coopérative Agricole de Vallauris-Nerolium:** Av. des 2 Vallons, Tel. 04 93 64 27 54. Die landwirtschaftliche Kooperative von Vallauris bietet mehrere Produkte auf der Basis von Orangenblüten an, darunter sehr gute bittere Orangenmarmelade, getrocknete Orangenblüten, Neroli-Öl und Orangenblütenwasser in altmodischen blauen Flaschen. Auch Seife, Honig, Olivenöl, Nizzaer Oliven, *tapenade,* und Wein werden verkauft.

Infos

Office de Tourisme: Square du 8 Mai 1945 (auf dem Parkplatz am südlichen Ortseingang), 06220 Vallauris, Tel. 04 93 63 82 58, www.vallauris-golfe-juan.fr.

Cannes ❗ ▶ M 5

Cannes ist nicht so großstädtisch und italienisch wie Nizza, nicht so verbaut und herausgeputzt wie Monaco, kein Badeort mit Hochbetrieb wie St-Tropez und kein Rentnerrefugium wie Menton. Cannes hat von allem etwas. Die 75 000-Einwohner-Stadt ist gerade noch überschaubar, wenn auch nicht provinziell. Vielleicht hat Cannes sogar das internationalste Publikum der Küste. Wichtige Festivals und Kongresse bringen nicht nur Regisseure und Schauspieler, sondern auch Werbeleute, Fernseh- und Musikproduzenten aus aller Welt an die Croisette.

Aufgrund der zahlreichen **Festivalaktivitäten** gibt es in Cannes keine ausgesprochene Saison, wenn es im Winter auch etwas ruhiger zugeht. Während der Festivals sieht man Scharen von Smoking-Trägern und tief dekolletierten Damen zu den Galaveranstaltungen im Palais des Festivals über die Croisette ziehen, während Touristen in Shorts und T-Shirts vom Strand zurückkommen. Cannes besitzt keine besonderen kulturellen Sehenswürdigkeiten, ist aber ein guter Ausgangspunkt für Ausflüge ins Hinterland.

Es war **Lord Brougham,** der Cannes im 19. Jh. zu unerwartetem Ruhm verhalf. Der wohlhabende englische Adelige wurde 1834 auf seiner Durchreise nach Nizza in dem kleinen Ort aufgehalten. Er gefiel ihm so gut, dass er dort blieb und eine der ersten großen Villen in Cannes bauen ließ, die er zu

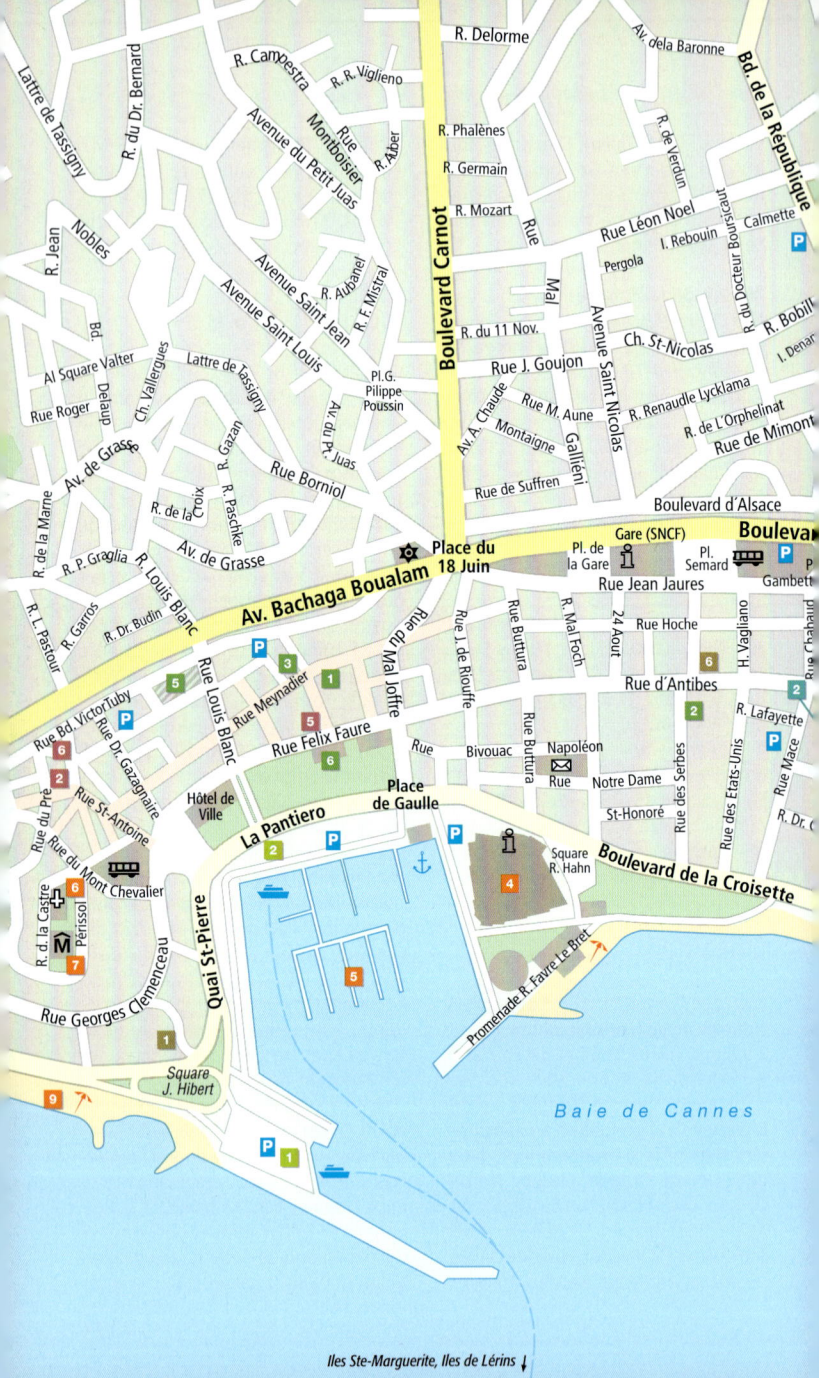

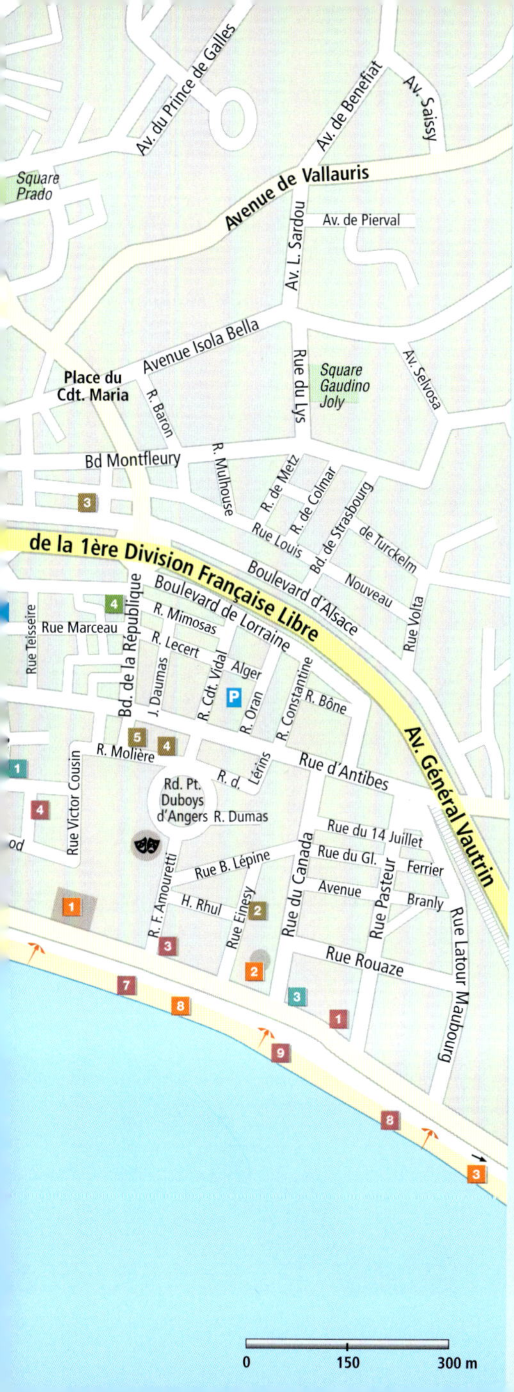

Cannes

Sehenswert

1. La Malmaison
2. Hôtel Carlton
3. Palm-Beach-Casino
4. Palais des Festivals et des Congrès
5. Vieux Port
6. N.-D. de l'Espérance
7. Musée de la Castrein
8. Plages de la Croisette
9. Plage du Midi

Übernachten

1. Sofitel Le Méditerranée
2. Hôtel 3,14
3. Hôtel de Paris
4. Festival
5. Hôtel de Provence
6. Corona

Essen & Trinken

1. Felix
2. Le Mantel
3. Le Bâoli
4. La Mère Besson
5. Chez Astoux
6. Mi-Figue Mi-Raisin
7. L'Ondine
8. Calao Club
9. Z Plage

Einkaufen

1. Aux Bons Raviolis
2. Bruno
3. La Ferme Savoyarde
4. Alain Schwartz
5. Marché Forville
6. Marché aux Fleurs

Aktiv & Kreativ

1. Trans Côte d'Azur
2. Compagnie Maritime Cannoise

Abends & Nachts

1. Chokko Bar
2. Les Coulisses
3. Hôtel Martinez

0   150   300 m

seiner Winterresidenz machte. Die **europäische Aristokratie** folgte dem Beispiel Lord Broughams, und noch vor der Jahrhundertwende erlebte Cannes einen ungeahnten Aufstieg. Die Einwohnerzahl stieg zwischen 1834 und 1900 von 3 944 Einwohnern auf 20 000. 1853 wurde eine Eisenbahnstation eröffnet und ein erster Teil des späteren Boulevards La Croisette gebaut.

Picasso in Cannes

1955 lässt sich Picasso mit seiner letzten Lebensgefährtin und letzten großen Liebe Jacqueline Roque in Cannes nieder. Sie beziehen die **Villa La Californie** im eleganten gleichnamigen Stadtviertel, ein großzügiges, luxuriöses Haus, in dem Picasso und Jacqueline aber denkbar einfach leben: Die

Im kleinen Hafenbecken von Cannes liegen die Luxusjachten dicht an dicht

wenigen Möbelstücke der Villa sind bunt zusammengewürfelt, und es gibt weder Vorhänge noch ein vollständiges Geschirr. »Picassos Villa ist genauso banal und protzig wie alle diese Villen aus der Zeit der Großherzöge, der glorreichen Epoche der Côte d'Azur«, schreibt Brassaï über La Californie. Im April 1959 verlässt Picasso überraschend La Californie und zieht in das

nordöstlich von Aix-en-Provence gelegene Schloss Vauvenargues. Von nun an lebt und arbeitet er abwechselnd dort und in Cannes – in Vauvenargues zurückgezogen und abgeschieden, in La Californie oft im Kreis von Familie und Freunden. Das Haus ist ständig voller Gäste – Picasso nennt das auch die »Corrida von Cannes« (18, av. Costebelle, in Privatbesitz).

La Croisette

Die palmengesäumte Promenade La Croisette zwischen Strand und Stadt ist nach wie vor das Aushängeschild des mondänen Cannes, auch wenn sie mittlerweile ziemlich verbaut ist.

In **La Malmaison** [1], einem weißen Pavillon, in dem sich früher der Teesalon und der Spielsalon des einstigen Grandhôtels von 1863 befand, werden heute Wechselausstellungen moderner Kunst gezeigt (47, La Croisette, Tel. 04 97 06 44 90, Di–So Juli/Aug. 11–20 Uhr, Sept.–April 10–13, 14–18 Uhr, Mai/Juni geschl.).

Von den großen Belle-Epoque-Hotels, die an der Croisette stehen, ist das **Hôtel Carlton** [2] mit seiner schneeweißen Fassade das bekannteste. In dem Zuckerbäckerbau aus der Zeit um 1900 betreuen heute, statistisch gesehen, 1,5 Hotelangestellte einen Gast. Während des Filmfestivals wohnt hier die Regie- und Schauspielprominenz. Der 2 km lange Boulevard wird im Osten von der **Pointe de la Croisette,** auf der das 1929 eröffnete **Palm-Beach-Casino** [3] steht, begrenzt. Kurz davor liegt der neue Jachthafen **Port Canto.**

Zur Altstadt hin endet die Croisette am klotzigen, beigebraunen **Palais des Festivals et des Congrès** [4]. Das Festivalgebäude nennt man in Cannes auch treffend ›den Bunker‹. Auf der Allée des Etoiles vor der großen Treppe des

Palais haben sich Catherine Deneuve, Marcello Mastroianni, Wim Wenders, François Truffaut und viele andere mit Handabdrücken im Pflaster verewigt.

Unterhalb der Croisette liegen mehrere kleine **Strände**, die größtenteils privat geführt und nur gegen Gebühr benutzt werden können. Parallel zur Croisette verläuft die **Rue d'Antibes**, die Einkaufsstraße von Cannes mit Boutiquen bekannter Pariser Couturiers, Juwelierläden, Parfümerien und alten Confiserien.

Le Suquet

Vom malerischen **Vieux Port** 5 von Cannes kann man zu Fuß in das Altstadtviertel Le Suquet hochsteigen – entweder über die steile **Rue du Mont Chevalier** oder über die mit Restaurants gespickte **Rue St-Antoine**.

Im Gebiet der Altstadt hat wahrscheinlich die erste **römische Siedlung** von Cannes gelegen. Auf jeden Fall gab es hier einen römischen Beobachtungsposten. Im 11. Jh. wird schon der Fischerhafen von Cannes (Portus Canuae) erwähnt.

Auf dem Hügel von Le Suquet liegt die 1648 erbaute gewaltige Kirche **Notre-Dame de l'Espérance** 6. Von der Aussichtsplattform hinter dem Bau hat man einen herrlichen Blick auf die Bucht von Cannes, die gegenüberliegenden Iles de Lérins und das nahe Esterelmassiv.

Musée de la Castre 7
Tel. 04 93 38 81 50, Di–So April–Juni, Sept. 10–13, 14–18 Uhr, Juli/Aug. 10–19 Uhr, Okt.–März 10–13, 14–17 Uhr
Das sehenswerte **ethnografische Museum** ist in den Räumen der ehemaligen Befestigungsanlage von Cannes (11.–13. Jh.) untergebracht. Im Innenhof des Museums steht die 22 m hohe, viereckige **Tour du Suquet,** von der aus Cannes einst bei feindlichen Angriffen geschützt werden sollte. Von oben bietet sich eine grandiose Aussicht. Von hier erkennt man auch gut das exklusive Villenviertel La Californie im Nordosten der Stadt.

Im Museum selbst hat man eine ethnologische Sammlung auf gelungene Weise zeitgenössischen Bildern gegenübergestellt. In der zum Museum gehörigen Chapelle Ste-Anne finden Wechselausstellungen zeitgenössischer Kunst statt.

Strände

Am Strand von Cannes schlug Napoléon nach seiner Rückkehr aus Elba sein erstes Zeltlager auf. Die Rue Bivouac-Napoléon, eine Parallelstraße der Croisette oberhalb des Festivalpalais, verdankt diesem Ereignis ihren Namen. Sie liegt nur wenige Meter von den Stadtstränden entfernt.

Die **Plages de la Croisette** 8 sind die exklusivsten Strände von Cannes. Im Gegensatz zu Nizza besteht der Meeressaum hier aus feinem Sand. In Abständen ragen Pontons ins Wasser, die auch zum Sonnenbaden genutzt werden. Die meisten Strände werden privat betrieben und erheben Eintritt (15–22 €/Tag). Dafür kann man die Duschen und Umkleidekabinen benutzen und gegen einen geringen Aufschlag Sonnenschirme und Liegen ausleihen. Große Hotels wie das Carlton, Martinez, Majestic und das Gray d'Albion besitzen hoteleigene Strände und Pontons an der Croisette, die auch Nicht-Hotelgäste gegen Gebühr benutzen können. Frei zugängliche *plages publics* befinden sich an den äußeren Rändern der Croisette – im Westen vor dem Festivalpalais, im Osten vor dem neuen Hafen Port Canto.

Auf dem Hügel des Suquet-Viertels gibt es viele kleine Restaurants

Westlich des Vieux Port beginnt unterhalb des Boulevard Jean-Hibert die **Plage du Midi** 9, die sich von hier aus 5 km bis nach La Napoule erstreckt. Auch dieser Sandstrand verläuft unterhalb der Küstenstraße, ist aber trotzdem ein wenig ruhiger als der Stadtstrand an der Croisette. Die Plage du Midi hat öffentliche Abschnitte ebenso wie privat bewirtschaftete mit Liegenverleih und Restaurantbetrieb.

Übernachten

Während des Filmfestivals und anderen Veranstaltungen im Laufe des Jahres ist die Hotelsituation in Cannes so gut wie hoffnungslos. Man sollte sich daher rechtzeitig um eine Unterkunft kümmern, z. B. über Cannes Réservations, 8, bd. d'Alsace, 06400 Cannes, Tel. 04 93 99 06 60, www.cannesreservation.com.

Modernes Stadthotel – **Sofitel Le Méditerranée** 1: 2, bd. Jean Hibert, Tel. 04 92 99 73 00, www.sofitel.com, DZ 165–370 €. Gut gelegenes Haus der Sofitel-Kette am Hafen. Auf der Dachterrasse Pool mit spektakulärer Aussicht über die Bucht.

Stylish – **Hôtel 3,14** 2: 5, rue F. Einesy, Tel. 04 92 99 72 00, www.3-14hotel.com, DZ 155–385 €. Neues Hotel in psychedelischen Farben, nach Feng Shui-Regeln erbaut. Jede der fünf Etagen hat einen anderen Kontinent als Motto, Privatstrand, wunderbarer Pool, Restaurant (Menü ab 30 €) und Bar.

Grün in der Stadt – **Hôtel de Paris** 3: 34, bd. d'Alsace, Tel. 04 93 38 30 89, www.hotel-de-paris.com, DZ 95–150 €. Renoviertes, sehr schönes altes Haus mit Zypressen und Palmen am Pool. Einige Zimmer haben einen Balkon oder eine kleine Terrasse. Privatstrand und Dampfbad. Eine der besseren Adressen von Cannes.

Klein und fein – **Festival** 4: 3, rue Molière, Tel. 04 97 06 64 40, www.hotelfestival.com, DZ 69–160 €. Renoviertes Haus in einer Parallelstraße zur Croisette in Fußnähe zum Strand. 14 Zimmer, Sauna und Jacuzzi.

Familiäre Atmosphäre – **Hôtel de Provence** **5**: 9, rue Molière, Tel. 04 93 38 44 35, www.hotel-de-provence.com, DZ 78–115 €. Kleines Hotel der Logis-de-France-Kette mit Garten, 150 m von der Croisette entfernt. Renovierte Zimmer, teilweise mit Balkon.

Mitten in der Einkaufsstraße – **Corona** **6**: 55, rue d'Antibes, Tel. 04 93 39 69 85, Fax 04 93 99 09 69, DZ 46–70 €. Einfaches Haus im Zentrum. 20 Zimmer mit 2-Sterne-Standard.

Essen & Trinken

Außerordentlich mondän – **Felix** **1**: 63, La Croisette, Tel. 04 93 94 00 61, Menü 49 €, à la carte 50–85 €. Zu Felix geht man nicht, weil man Hunger hat, sondern weil man gesehen werden möchte. Die Terrasse an der Croisette ist dazu wie geschaffen. Vorzugsweise Fischgerichte.

Moderne Küche im Suquet – **Le Mantel** **2**: 22, rue St-Antoine, Tel. 04 93 39 13 10, Menü 27, 57 €. Hier kocht ein Ducasse-Schüler Risotto mit Steinpilzen und Hummer-Ravioli mitten in der touristischen Rue St-Antoine.

Fusion Food – **Le Bâoli** **3**: 50, bd. de la Croisette, Tel. 04 93 43 04 43, www.lebaoli.com, à la carte 40–70 €. Nicht nur ein Restaurant, sondern zugleich auch Lounge, Club und Bar – auf jeden Fall einer der angesagtesten Orte von Cannes mit prominenten Gästen, Zelten auf der Terrasse und unermüdlichen DJs.

Hausmannskost auf hohem Niveau – **La Mère Besson** **4**: 13, rue des Frères-Pradignac, Tel. 04 93 39 59 24, Menü 27, 32 €. Eine Institution in Cannes in einer Seitenstrasse der Croisette, berühmt für aïoli und den gefüllten Hasen. Osso Buco und Lammkeule.

Schräg gegenüber des Festivalpalais – **Chez Astoux** **5**: 43, av. Félix Faure, Tel. 04 93 39 06 22, Menü 20, 29 €. Exzelente Meeresfrüchte in allen Variationen.

Altstadtbistro – **Mi-Figue Mi-Raisin** **6**: 27, rue du Suquet, Tel. 04 93 39 51 25, Menü 19, 29. Frittierte Zucchiniblüten und Entenbrust in einem typischen Lokal auf dem Suquet-Hügel.

Strandrestaurants

Die Strandrestaurants öffnen in der Saison alle zu Mittag, viele auch abends zum Essen. Während der diversen Festivals trifft man hier auf wichtige Leute in Anzug und Krawatte, die über die neuesten Filme, Werbespots und Fernsehformate verhandeln.

Das beste Essen am Strand – **L'Ondine** **7**: 15, La Croisette, Tel. 04 93 94 23 15, www.ondineplage.com, Menü 30–50 €. Berühmt für sein *tartare de bœuf au caviar*. Schräg gegenüber vom Carlton.

Sehr hip und trendy – **Calao Club** **8**: La Croisette, gegenüber vom Hôtel Miramar, Tel. 04 93 94 56 36, Menu ab 25 €. ›Die‹ Strandadresse in Cannes. Frühstück wird bis 11 Uhr serviert.

Am V.I.P.-Strand – **Z Plage** **9**: 73, La Croisette, Tel. 04 93 89 39 26, Menü 30–60 €. Exklusives Restaurant des Hotels Martinez auf einem schwimmenden Ponton im Meer. Bio- und Kräuterküche.

Einkaufen

Delikatessen – **Aux Bons Raviolis** **1**: 31, rue Meynardier. Ausgesuchter Balsamico-Essig, Olivenöle aus Italien, Ravioli und *socca*. **Bruno** **2**: 50, rue d'Antibes. *Fruits confits* und andere süße Köstlichkeiten in einer hübschen Confiserie. **La Ferme Savoyarde** **3**: 22, rue Meynadier. Eine beeindruckende Auswahl an Käse, die im eigenen Käsekeller reifen. **Alain Schwartz** `4`: 75, bd. de la République. Hier verkauft der Patissier des Hôtel Gray d'Albion Schokoladenkuchen, Mousse au Chocolat mit Grand Marnier und Obsttartelettes.

Kleidung und Schmuck – Modeboutiquen, Schuhgeschäfte und Juweliere gibt es an der **Croisette** (im unteren Teil Richtung Festivalpalais) und dicht an dicht in der **Rue d'Antibes**, der Parallelstraße der Croisette.

Märkte – **Marché Forville** `5`: Rue du Marché Forville. Lebensmittelmarkt in einer riesigen, überdachten Markthalle von 1870 am Rande der Altstadt. einer der schönsten Märkte der Region. **Marché aux Fleurs** `6`: Mo–Fr, Blumenmarkt auf der Allée de la Liberté gegenüber vom alten Hafen. Sa findet hier ein Trödelmarkt (*brocantes/marché aux puces*) statt.

Aktiv & Kreativ

Inseltouren – **Trans Côte d'Azur** `1`: Quai Laubeuf, Tel. 04 92 98 71 30, www.trans-cote-azur.com. **Compagnie Maritime Cannoise** `2`: Promenade Pantiero, Tel. 04 93 38 66 33. Vom kleinen Hafenbecken Überfahrten zur Ile St-Marguerite und Ile St-Honorat sowie Inselrundfahrten. In der Saison 9–16 Uhr alle 30 Min.; Überfahrt nach Ste-Marguerite 15 Min., nach St-Honorat 30 Min.

Abends & Nachts

Die Nacht zum Tage machen – **Chokko Bar** `1`: 15, rue des Frères-Pradignac, Tel. 06 18 09 70 28, 20–8.30 Uhr. Bar des angesagten marrokanischen Restaurants Harem.

Trendy – **Les Coulisses** `2`: 29, rue Commandant André, Tel. 04 92 99 17 17, 17.30–2.30 Uhr. Der klassische ›Beautiful-people‹-Treff, während des Filmfestivals besonders angesagt.

Art-déco-Klassiker – **Hôtel Martinez** `3`: 73, bd. Croisette, Tel. 04 92 98 73 00. Die Hotelbar ist ›der‹ After-Dinner-Treffpunkt zu Festivalzeiten – ob beim Filmfestival oder zur Fernsehmesse.

Kulturveranstaltungen, Unterhaltung und Glückspiel – **Palais des Festivals et des Congrès** `4`: Esplanade Pompidou und 1, La Croisette. Neben Festivals und Kongressen finden hier auch **Konzerte und Theateraufführungen** statt (Info Tel. 04 93 39 01 01, Kartenvorverkauf Tel. 04 93 39 44 44). Außerdem beherbergt das Palais das große **Casino Municipal** von Cannes mit einem eigenem Restaurant (Tel. 04 92 98 78 00, tgl. 11–3 Uhr) sowie die Diskothek **Jimmy's (**Tel. 04 93 68 00 07, tgl. 23–6 Uhr).

Infos & Termine

Office de Tourisme

Palais des Festivals, La Croisette, 06400 Cannes, Tel. 04 93 39 24 53, und im Hauptbahnhof, rue Jean Jaurès, Tel. 04 93 99 19 77, www.cannes.com.

Termine

Fête de Mimosas: Febr. Zum Frühlingsbeginn ziehen mit Mimosen geschmückte Festwagen durch die Straßen des Nachbarortes Mandelieu (www.ot-mandelieu.fr).

Festival de Cannes: Mai. Internationales Filmfestival (www.festival-cannes.fr, s. S. 75).

Jazz à Cannes: Erste Hälfte Aug. Fünf Tage Jazz in der Villa Domergue (Impasse Fiesole).

Verkehr

Flughafen: Nächster internationaler Flughafen ist der **Aéroport Nizza,** Tel. 04 93 21 30 00. Von dort gibt es regelmäßige Busverbindungen und einen

Lieblingsort

Ile St-Honorat – Inselidylle vor Cannes ▶ Karte 1 N 6

Cannes ist nur eine kurze Bootsfahrt entfernt, aber auf der Klosterinsel wähnt man sich ganz weit entfernt von Croisette und Carlton-Hotel. Es ist so, als ob das Hinterland plötzlich ganz nah an die Stadt herangerückt sei: Es gibt duftenden Lavendel, Weinstöcke und ein Kloster, in dem die Zeit anscheinend stehen geblieben ist. Hier kann man einen Nachmittag Idylle pur genießen, um anschließend mit dem Boot wieder zurück ins Nachtleben von Cannes zu fahren.

Helikopterservice (Nice Hélicopter, Tel. 04 93 21 34 32, ab 70 €). Cannes hat nur einen Privatflughafen, das Aérodrome Cannes-Mandelieu, Tel. 04 93 90 40 40.
Bahn: Bahnhof (Gare SNCF), rue Jean-Jaurès, Info Tel. 08 36 35 35 35. Regelmäßige Verbindungen Richtung Toulon und Menton.
Bus: Busbahnhof *(Gare routière)* an der Place de l'Hôtel de Ville gegenüber vom Vieux Port. Von/nach Nizza ca. alle 15 Min., Tel. 04 93 85 61 81; von/nach St-Raphaël alle 30 Min., Tel. 04 94 95 24 82.

Iles de Lérins ► Karte 1

Nicht weit von der Küste entfernt liegen in der Bucht von Cannes vier kleine Inseln: Ile Ste-Marguerite, Ile St-Honorat, Ile St-Férreol und Ile de la Trade-

Die Klosterkirche auf der Ile St-Honorat

lière. Die beiden letztgenannten sind winzig und unbewohnt. Die anderen beiden lohnen bei jedem längeren Aufenthalt in Cannes und am Golfe Juan unbedingt einen Besuch.

Ile Ste-Marguerite

Die Ile Ste-Marguerite ist der Küste am nächsten gelegen. Die Insel ist 3 km lang und 900 m breit. Auf einem 7 km langen Weg kann man sie umrunden. Abgesehen von einem sehr schönen Privatgrundstück im Nordwesten, **Le Grand Jardin**, ist sie Staatsbesitz. Durch die Pinien- und Eukalyptuswälder der Insel führen drei ausgeschilderte botanische Lehrpfade.

Fort Royal

Tel. 04 38 55 26, Juni–Sept. 10–17.45, Okt.–März 10.30–13.15, 14.15–16.45 Uhr, Mai 10.30–13.15, 14.15–17.45 Uhr, Eintritt 4 €
Nicht weit von der Bootsanlegestelle befindet sich das Fort Royal (beschildert), das im 17. Jh. unter Richelieu zur Verteidigung der Insel angelegt und im 18. Jh. vom Militärarchitekten Vauban ausgebaut wurde. Es diente jahrhundertelang als Staatsgefängnis. Berühmtester Gefangener war der mysteriöse ›Mann mit der eisernen Maske‹, der hier von 1687 bis 1689 einsaß und dessen Identität nie geklärt werden konnte.

Heute kann man seine und andere ehemalige Zellen besichtigen. Im selben Gebäude befindet sich das **Musée de la Mer**, in dem Fundstücke aus Unterwasser-Ausgrabungsstätten rund um die Insel zu sehen sind. Vor der Pointe Batéguier im Westen der Insel hat man eine etwa 170 m lange Mauer sowie Überreste von Thermen gefunden, die auf die Existenz einer frühen römischen Hafenanlage hinweisen.

Badebuchten

Durch Alleen, die von Eukalpytusbäumen gesäumt sind, führt der Weg zu den Kieselstränden im Norden der Insel. Von den kleinen Badebuchten, die sehr viel wilder und ruhiger als die Strände von Cannes sind, blickt man auf die gegenüberliegende Ile St-Honorat. Alle Buchten sind öffentlich zugänglich, haben aber oft nur einen Kieselbelag.

Ile St-Honorat ▶ Karte 1 N6

Die Ile St-Honorat ist die schönere und mit 1,5 km Länge und 400 m Breit zugleich die kleinere der beiden Inseln. Ein 3 km langer Rundweg erschließt die Insel, die den Mönchen von Lérins gehört, deren Kloster hier schon seit dem frühen Mittelalter steht. Direkt gegenüber der Bootsanlegestelle führt eine Allee auf kürzestem Weg zum Kloster. Alternativ wendet man sich zuerst nach links und folgt dann der ersten Allee rechts – vorbei an Weinstöcken und Lavendelfeldern. Die Mönche von Lérins bauen auf über 10 ha Wein für den eigenen Bedarf an.

Monastère St-Honorat

Nur die Klosterkirche ist zugänglich, tgl. 10–18 Uhr, hl. Messe werktags um 11.25 Uhr, So 9.50 Uhr
Honorat, der als Sohn eines römischen Verwaltungsbeamten 360 n. Chr. in Trier geboren wurde, gründete das Kloster im Jahr 410. Er hatte sich auf die unbewohnte und einsame Insel Lerina zurückzogen, um sich ganz seinem Glauben zu widmen. Das Kloster wurde zu einem der wichtigsten Ausgangspunkte des Mönchswesens in Europa.

Im 13. Jh. lebten 3700 Mönche auf St-Honorat. Sie besaßen bereits damals eine umfangreiche und bemerkenswerte Bibliothek sowie viele Grundstücke, Häuser und Schlösser auf dem Festland. Durch zahlreiche Schenkungen entwickelte sich der Konvent zum größten Grundbesitzer der Gegend. Während der Französischen Revolution wurden die Ordensleute vertrieben und ihr Besitz versteigert. Erst seit Mitte des 19. Jh. befindet sich das Kloster St-Honorat wieder in kirchlichem Besitz. 1869 übernahmen es die Zisterziensermönche von Sénaque und bauten die größtenteils zerstörten Klostergebäude wieder auf. Heute leben noch immer 25 Zisterziensermönche in der klösterlichen Gemeinschaft.

Monastère Fortifié

Führung Juli–Sept. Mo–Sa 10.30–12.30, 14.30–16.45 Uhr, So 14.30–16.45 Uhr, Besichtigung ohne Führung Okt.–Juni 10.30–16 Uhr, Eintritt 4 €

Auf einer ins Meer ragenden Landspitze wurde das Monastère Fortifié 1070 als Zufluchtsstätte vor den Sarazenen gebaut. Ein unterirdischer Gang verband das Hauptkloster mit diesem Festungsgebäude, in dem die religiösen Männer auf fünf Stockwerken alles vorfanden, was sie zum Mönchsleben brauchten: ein Refektorium, eine Bibliothek, Zellen, eine Zisterne und Kellereien. Zu sehen ist hier u. a. noch der wunderschöne zweistöckige Kreuzgang. Vom Dach des Monastère Fortifié blickt man über die Insel und auf die Gemüsegärten der Mönche im nicht zugänglichen Gartentrakt des Klosters.

Kapellen und Badebuchten

Auf der Ile St-Honorat gibt es mehrere kleine Kapellen. Besichtigt werden kann die **Chapelle de la Trinité** im Westen der Insel, die vermutlich aus dem 11. Jh. stammt (Juli–Sept. Gratisführungen, Zeiten wie beim Monastère Fortifié).

Rings um die Insel liegen winzige **Badebuchten** – u. a. links vom Monastère Fortifié, an der Pointe St-Férreol und ihrer Verlängerung bis zum kleinen Jachthafen Port de la Vigne.

Einkaufen

Klosterprodukte – In einem **Andenkenladen** vor dem Kloster kann man Honig, Lavendelölextrakte, Wein, Schnaps und den berühmten Likör *La Lérina* kaufen. Alles stammt aus der Eigenproduktion der Mönche, die ihre Waren ganz fortschrittlich auch über das Internet vertreiben (www.abbaye delerins.com).

Infos

Bootsverkehr: Regelmäßige Verbindungen von Cannes, Golfe-Juan und Juan-les-Pins. Die letzten Boote zum Festland legen jeweils gegen 18 Uhr von den Inseln ab.

Massif de l'Esterel

▶ L/M 6

Das karge Esterelmassiv westlich von Cannes bildet eine Art natürliche Barriere zur westlichen Côte und dem Département Var. Von den höchsten Erhebungen des Esterels – **Mont Vinaigre, Pic de l'Ours** und **Pic du Cap Roux** – hat man einen herrlichen Ausblick auf die bizarre, rote Felslandschaft und das dahinter liegende, tiefblaue Meer. In den Felsen wachsen dichte Bestände von Eichen, Korkeichen und Pinien, die immer wieder Opfer von Waldbränden werden.

Das Massiv ist ca. 30 km lang und an seiner höchsten Stelle, dem Mont Vinaigre, 614 m hoch. An seiner zerklüfteten Küste verläuft zwischen Theoule-sur-Mer und St-Raphaël die Corniche de l'Esterel, die immer wieder schöne Perspektiven aufs Meer bietet und hier durch kleine Badeorte führt. Allerdings braucht man auf der kurvenreichen Küstenstraße sehr viel länger als über die Autobahn im Hinterland.

Die rote Farbe der Felsen prägt die Landschaft im Massif de l'Esterel

Im Hinterland von Cannes

Highlight !

St-Paul-de-Vence: Von Mauern umgeben, hoch auf einem grünen Hügel liegt dieses Dorf mit wunderschönen kleinen Gassen und einem Dorfplatz, auf dem schon Yves Montand Boule spielte. St-Paul ist auch der Sitz der Fondation Maeght, einer der wichtigsten Kunstadressen der Küste. An der Gestaltung des Ausstellungsgebäudes beteiligten sich namhafte Künstler wie Braque, Giacometti, Chagall und Miro. S. 204

Auf Entdeckungstour

Lichte Farbigkeit – Chapelle du Rosaire: Eine kleine, weiße Kapelle am Ortsrand von Vence, geplant und gestaltet von Henri Matisse auf Bitten der Nonne, die ihn einst pflegte. Ein Kunstwerk für sich mit bunten Fenstern und bemalten Kacheln. S. 202

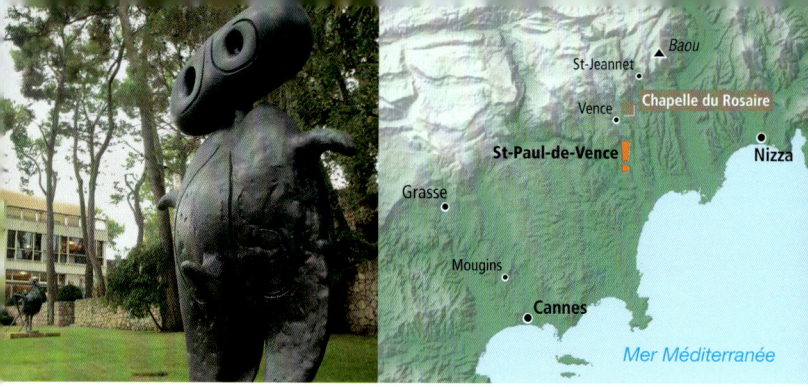

Kultur & Sehenswertes

Musée de la Photographie: Das kleine Museum mitten in Mougins widmet sich der Fotografie. Permanent sind Aufnahmen von Lartigue, Doisneau, Villers zu sehen. S. 190

Château de Villeneuve: Die Fondation Emile Hugues präsentiert Wechselausstellungen moderner Kunst in einem wunderschönen Herrenhaus in der Altstadt von Vence. S. 201

Aktiv & Kreativ

Kochkurs im Amandier de Mougins: Eines der bekanntesten Gourmetrestaurants der Region führt zweieinhalbstündige Kochkurse für Normalsterbliche durch. S. 191

Wanderung auf den Baou: Vom Bergdorf St-Jeannet führt ein gut befestigter, leicht zu bewältigender Weg auf das Plateau des Baou – ein 800 m hoher Kalkfelsen. S. 200

Genießen & Atmosphäre

Bastide Saint-Antoine: Am Ortsrand von Grasse verwöhnt Starkoch Jacques Chibois mit ausgefeilten Menüs, die man auf einer wunderschönen Terrasse im Grünen genießen kann. S. 198

Café de la Place: Beim Kaffee auf dem Dorfplatz von St-Paul-de-Vence den älteren Herren beim Boulespiel zuzuschauen, ist ein erschwingliches und dazu großes Vergnügen. S. 209

Abends & Nachts

Colombe d'Or: Abends an der Bar kann man ein wenig von der Luft des legendären Künstlertreffs in St-Paul-de-Vence schnuppern, die Kunstwerke sind jedoch hinter dicken Türen verborgen. S. 204, 205, 206

Essen beim Kreativkoch: Christophe Dufau serviert im Les Bacchanales etwas außerhalb von Vence Ausgefallenes wie Tintenfisch-Cannelloni in Algen-Bouillon. S. 201

Mittelalterliche Dörfer auf grünen Hügeln, schneckenartig angelegte Ortszentren mit verwinkelten Gassen – mit jedem Kilometer gen Hinterland lässt man den Trubel an der Küste zunehmend hinter sich.

Im Gourmetdorf Mougins gibt es nicht nur jede Menge Restaurants und Villen hinter hohen Hecken, sondern auch ein Fotografiemuseum. In Grasse kann man sich in die geheime Welt der Düfte einweihen lassen oder in St-Jeannet den Felsen des Baou erklettern. In St-Paul-de-Vence, das mit einer Lage wie auf einem Aussichtsplateau bezaubert, fasziniert des Weiteren die berühmte Kunstsammlung der Fondation Maeght. Wer das Hinterland der Côte nicht gesehen hat, verpasst jedenfalls etwas.

Mougins ►M 5

Das malerische Dorf liegt auf einem Hügel hinter Cannes. Reste einer alten Stadtmauer umgeben die kreisförmig angelegten engen Gassen. Der Maler Francis Picabia ließ sich hier in den 1920er-Jahren nieder. Picasso kaufte sich außerhalb von Mougins gegenüber der Kapelle Notre-Dame-de-Vie ein Haus, in dem er bis zu seinem Tod lebte. Zwölf Jahres seines Lebens, in der Zeit zwischen 1961 und 1973, verbrachte der Maler hier.

Zu Festivalzeiten in Cannes – egal ob es sich um das Internationale Filmfestival, die Fernsehmesse MIP TV oder das Werbefilmfestival handelt – wird Mougins regelmäßig von den Messeteilnehmern gestürmt, die sich hier in einem der Restaurants des kleinen Ortes zum Essen verabreden.

Musée de la Photographie
Porte Sarrazine, tgl. 10–18 Uhr, Juli–Aug. 10–20 Uhr, Eintritt frei
André Villers, der Picasso oft fotografierte, wohnt noch heute in Mougins. Ihm ist die Eröffnung eines Fotografiemuseums mitten im Dorf zu verdanken. Neben Wechselausstellungen werden Picasso-Porträts von Jacques-Henri Lartigue, Robert Doisneau, André Villers u. a. gezeigt.

Übernachten

Luxus pur – **Mas Candille:** Tel. 04 92 28 43 43, www.lemascandille.com, DZ ab 300 €. Das provenzalisches Landhaus liegt auf einem Hügel mit Zypressen vor Mougins. Geboten werden zwei Pools, ein Tennisplatz und ein Beauty-Spa.
Landhausleben – **Le Manoir de l'Etang:** 66, Allée du Manoir, Tel. 04 92 28 36 00, www.manoir-de-letang.com, DZ 200–350 €. Sehr schönes, efeubewachsenes Haus aus dem 19. Jh. mit Terrasse unter alten Bäumen. Schöner Pool, Terracotta-Böden und 16 geschmackvoll eingerichtete Zimmer. Eigenes Restaurant mit Piemonteser Küche: Thunfischtartar, Risotto und Tiramisu (à la carte um 45 €).

Infobox

www.decouverte-paca.fr
Informationen zum Hinterland der Côte bietet die offizielle Seite der Region Provence-Alpes-Côte.

Verkehr
Ab Nizza fahren mehrmals tgl. Busse nach St-Paul-de-Vence und Vence, ab Cannes nach Mougins, Valbonne und Grasse. Größtmögliche Flexibilität gewährt allerdings der private Wagen.

Für Aktive – **Arc H.:** 1082, route Valbonne, Tel. 04 93 75 77 33, www.arc-hotel.com, DZ 120–160 €. Angenehmes, neu erbautes 3-Sterne-Haus, 4 km außerhalb im Grünen gelegen, mit Garten, Pool und Tennisplätzen. Zimmer mit kleinen Terrassen.

Essen & Trinken

Mougins ist vor allem wegen seiner vielen Spitzenrestaurants bekannt. Während des Festivals in Cannes stürmt die Prominenz den Hügel für ein sündhaft teures Dîner mit Aussicht. *Essen beim Starkoch* – **Moulin de Mougins:** Notre-Dame-de-Vie, 2,5 km südöstlich an der D 3, Tel. 04 93 75 78 24, www.moulindemougins.com, Menü 58 (mittags), 98, 150 €. Gourmet-Restaurant von Starkoch Alain Llorca in einer Mühle aus dem 16. Jh. Auf der Karte stehen u. a. Sardinen-Tartelette, Dorade, Risotto mit Calamari und Trüffel sowie *foie gras* aus der Pfanne. Auf jeden Fall gut, aber auch teuer.
Gourmettreff im Dorf – **Feu Follet:** Place de la Mairie, Tel. 04 93 90 15 78, www.feu-follet.fr, Menü 26 (mittags), 39, 55 €. Auf einer sehr hübsch gelegenen Terrasse vor dem Dorfbrunnen werden Gerichte wie Risotto mit Zucchiniblüten, Fricassé von Kalbsnieren und regionale Weine serviert. Bodenständiger als das Restaurant Moulin de Mougins.
Essen in einer alten Olivenölmühle – **Amandier de Mougins:** Place du Cdt. Lamy, Tel. 04 93 90 00 91, www.amandier.fr, Menü 26 (mittags), 34, 44 €. Restaurant direkt im Dorf in einem Gebäude aus dem 14 Jh. Sehr empfehlenswertes und überraschend preiswertes Mittagsmenü mit Gänsestopfleber und gefüllten Sardinen oder Entenbrust, ansonsten stehen Risotto mit Morcheln und Loup de Mer auf der Karte.

Mein Tipp

Kochen wie ein Profi

Das Restaurant **Amandier de Mougins** organisiert außerhalb der Saison zweieinhalbstündige **Kochkurse** mit max. 15 Teilnehmern. Unter Anleitung von Profiköchen wird ein Zwei-Gänge-Menü zubereitet und anschließend probiert. In speziellen, thematisch orientierten Kursen erfährt man alles Wissenswerte über die Zubereitung von *foie gras* (Gänsestopfleber) und anderer Delikatessen. Ab acht Personen kann man sich als Gruppe anmelden (Infos unter Tel. 04 93 90 00 91 oder www.amandier.fr).

Provenzalisch und einfach gut – **Le Bistrot de Mougins:** Place du Village, Tel. 04 93 75 78 34, Menü 19, 46 €, à la carte 40–50 €. Erschwinglicher als die Konkurrenz und dennoch eine der guten Adressen von Mougins. In dem Gewölbekeller gibt es gebackene Zucchiniblüten, Mangoldtarte und Artischockensalat.
Natursteinwände und Holzstühle – **Au Rendezvous de Mougins:** Place du Cdt.-lamy, Tel. 04 93 90 00 91, www.aurendezvous-mougins.com, Menü 15 (mittags), 19, 25 €. Der kleine und günstige Ableger des Amandier de Mougins. Empfehlenswertes Mittagsmenü. Terrasse mit wunderschönem Ausblick.

Infos

Office de Tourisme: Av. Jean Charles Mallet, 96250 Mougins, Tel. 04 93 75 87 67, www.mougins.fr.

Valbonne ► M 5

Valbonne ist ein hübscher, kleiner Ort mit einem arkadengesäumten Platz und einer romanischen Kirche, die im 12. Jh. als Abteikirche errichtet wurde. Seine mittelalterliche Struktur – alle Häuser gruppieren sich um den Hauptplatz – ist intakt geblieben. Das Publikum ist aufgrund des benachbarten Wissenschaftsparks Sophia-Antipolis sehr international: In und um Valbonne leben und arbeiten Menschen aus 80 Ländern.

3 km nordöstlich liegt die Ruine der Kapelle **Notre-Dame-du-Brusc**, eines der wenigen, zumindest teilweise erhaltenen Beispiele frühromanischer Kunst im Süden. Die Kapelle ist Gegenstand archäologischer Forschungen: Man vermutet, dass sich an gleicher Stelle schon in vorchristlicher Zeit eine Kultstätte befand.

Sophia-Antipolis

www.sophia-antipolis.net und www.sophia-antipolis.fr
Das 1969 gegründete **Wissenschafts- und Technikzentrum** liegt in einem Pinienhain zwischen Valbonne, Biot und Vallauris auf einem fast 2000 ha großen Gelände. Über 1300 internationale Unternehmen beschäftigen hier 27 000 Personen. Damit ist Sophia-Antipolis der mit Abstand wichtigste Wirtschaftsfaktor der gesamten Region.

Zur *Cité Internationale de Science et de la Sagesse* gehören Mini-Dörfer mit Schulen und Kindergärten, eine Universität mit rund 4000 Studenten, ein Theater sowie einige Reitställe, Tennis- und Golfplätze. Interessierte können den Hightechpark auf eigene Faust erkunden. Das Office de Tou-

risme in Valbonne hält einen Stadtplan bereit, der die Orientierung in der sehr weitläufigen Anlage erleichtert.

Übernachten

Im Grünen – **Castel Provence:** 30, chemin de Pinchinade, Tel. 04 93 12 11 92, www.bestwestern.fr, DZ 120–170 €. Etwa 2 km außerhalb im Grünen gelegenes ockerfarbenes Haus mit 36 Zimmern und einem Pool.

Familiär – **Armoiries:** Place des Arcades, Tel. 04 93 12 90 90, www.hotellesarmoiries.com, DZ ab 98–150 €. Kleines, liebevoll eingerichtetes Haus aus dem 17. Jh. mit nett-altmodischen Zimmern im Zentrum von Valbonne.

Ländlich – **La Bastide de Valbonne:** 107, chemin de Font de Cubert, route de Cannes, Tel. 04 93 12 33 40, www.bastide-valbonne.com, DZ 95–155 €. Frisch renoviertes 3-Sterne-Haus außerhalb des Ortes mit Pool und sehr nettem Empfang.

Essen & Trinken

Provenzalisch – **Lou Cigalon:** 4–6, bd. Carnot, Tel. 04 93 12 27 07, www.alainparodi.com, Menü 39 (mittags), 89 €. Schöner kleiner Saal mit Terrasse mitten im Ort. Alain Parodi bietet gehobene provenzalische Küche. Die beiden Menüs wechseln täglich je nach Marktangebot, die Weine kommen aus der Region.

Regionale Spezialitäten – **L'Auberge Fleuri:** 1016, route de Cannes, Tel. 04 93 12 02 80, Menü 27, 33 €, à la carte bis 50 €. Etwa 1,5 km außerhalb des Ortes mit schöner Terrasse. Exzellente Küche von Jean-Pierre Battaglia und dem jungen Lionel Debon, etwa Krabbenravioli oder gefüllte Wachteln auf Pfifferlingen.

Einladende Terrasse – **Bistro de Valbonne:** 11, rue de la Fontaine, Tel. 04 93 12 05 59, www.bistro-valbonne. com, Menü 19 (mittags), à la carte 45–55 €. Kleines Restaurant mitten im Ort. Hier saßen schon Roger Moore und Elizabeth Taylor auf der Terrasse. Traditionelle französische Küche mit frischen Zutaten aus dem Bioanbau.

Infos

Office de Tourisme: 1, place de l'Hôtel de Ville, 06560 Valbonne, Tel. 04 93 12 34 50, www.tourisme-valbonne.com.

Grasse ► M 4/5

Grasse – spätestens seit Patrick Süskinds Roman »Das Parfum« als französische Parfüm-Metropole bekannt – liegt in 350 m Höhe im Hinterland von Cannes. Romantisch-lieblich ist Grasse jedoch schon lange nicht mehr. Die Stadt der Düfte erstickt regelmäßig in Autoabgasen: Hier staut sich der Verkehr der Route Napoléon, die durch den Ort Richtung Küste führt.

Grasse war einst eine sehr reiche Stadt. Die zahlreichen **Stadtpalais,** in denen nun teilweise Museen untergebracht sind, erinnern daran. Auch diese guten Zeiten sind vorbei. Trotz der Renovierung einzelner Palais macht die Altstadt im Gegensatz zu anderen an der Küste einen vernachlässigten bis trostlosen Eindruck. Grasse hat einen relativ hohen Bevölkerungsanteil an Nordafrikanern, was in der Vergangenheit nicht ohne Konflikte blieb: In den 1980er-Jahren zog hier der erste stellvertretende Bürgermeister der rechtsextremen Partei Front National in ein französisches Rathaus ein.

Altstadt

Place aux Aires 1
Schönster Platz der Altstadt ist die arkadengesäumte Place aux Aires, auf

Abseits des Touristenrummels – in der Altstadt von Grasse

Grasse

der jeden Morgen außer am Montag **Markt** gehalten wird. Früher wuschen die Gerber der Stadt hier ihre Lederhäute. Einer der reichsten unter ihnen, Maximin **Isnard,** wohnte in Haus Nr. 33, das einen schönen schmiedeeisernen Balkon besitzt.

Musée International de la Parfumerie 2

8, place du Cours Honoré Cresp, www.museesdegrasse.com, Juni–Sept. tgl. 10–18.30 Uhr, Okt.–Mai Mi–Mo 10–12.30, 14–17.30 Uhr, Nov. geschl., Eintritt 4 €

Am Rande der Altstadt liegen gleich mehrere Museen. Das Schönste unter ihnen ist sicherlich das Internationale Parfümmuseum in einem prächtigen Stadthaus, das sich ein wohlhabender Parfümeur im 18. Jh. bauen ließ und das erst jüngst aufwendig renoviert wurde. Auf drei Etagen wird die **Entwicklung des Parfüms** von der Antike bis zur Gegenwart aufgezeigt. Im Erdgeschoss ist eine Fabrikhalle nachgebildet, in der ersten Etage sind ein Labor und eine umfassende Sammlung von Flakons, Puderdosen und alten Reklameplakaten zu sehen. Auf dem Dach befindet sich ein Gewächshaus mit Pflanzen, die zur Herstellung von Essenzen benutzt werden.

Villa-Musée Fragonard 3

23, bd. Fragonard, Öffnungszeiten wie Parfümmuseum, Eintritt 3 €

In einer eleganten Villa des 17. Jh. mit Garten sind Bilder von Jean-Honoré Fragonard zu sehen, dessen Cousin das Haus einst gehörte. Fragonard (1732–1806) wurde als Sohn eines Gerbers in Grasse geboren. Bemerkenswert ist das Treppenhaus der Villa.

Musée d'Art et d'Histoire de Provence 4

2, rue Mirabeau, Öffnungszeiten wie das Parfümmuseum, Eintritt 3 €

Das Museum der Kunst und Geschichte der Provence ist ebenfalls in einem ehemaligen Stadtpalais von 1770 untergebracht, dem Hôtel de Clapiers-Cabris. Hier wohnte einst eine Schwester von Graf Mirabeau, die Marquise de Clapiers-Cabris. Küche, Zimmer und Badezimmer wurden originalgetreu rekonstruiert. Das Museum besitzt eine bedeutende Fayencensammlung.

Musée Provençal du Costume et du Bijou 5

2, rue Jean Ossola, tgl. 10–13, 14–18 Uhr, an einigen Sonntagen im Jahr geschl., Eintritt frei

In einem kleinen Teil des Hôtel de Clapiers-Cabris betreibt die Parfümfabrik Fragonard das Museum für provenzalische Trachten und Schmuck.

Cathédrale Notre-Dame du Puy 6

An der Place du Petit Puy liegt die Kathedrale, ursprünglich eine romani-

sche Kirche, die aber im Laufe der Jahrhunderte immer wieder erweitert und verändert wurde. Im Inneren befinden sich drei Bilder von Rubens, ein Triptychon von Louis Bréa sowie eines der seltenen religiösen Bilder von Jean-Honoré Fragonard. Hinter der Kirche hat man von der Place du 24 Août eine wunderschöne Aussicht über das Tal.

Parfümfabriken

Die drei Parfümfabriken von Grasse bieten täglich Besichtigungen an, bei denen ganze Busladungen von Touristen durch die Produktionsstätten geschleust werden (s. auch S. 52).

Fragonard **7**: 20, bd. Fragonard, Tel. 04 93 36 44 65, www.fragonard.com, im Sommer tgl. Führungen 9–18.30, im Winter 9–12.30, 14–18 Uhr, Eintritt frei. Das Haus besitzt eine umfassende Flakonsammlung.

Molinard **8**: 60, bd. Victor-Hugo, Tel. 04 93 36 01 62, www.molinard.com, Mo–Sa im Sommer 9–18.30, im Winter 9–12.30, 14–18 Uhr, Eintritt frei.

Galimard **9**: 73, route de Cannes, Le Plan, Tel. 04 93 09 20 00, www.galimard.com, im Sommer tgl. 9–18.30, im Winter tgl. 9–12.30, 14–18 Uhr, Eintritt frei. Etwas außerhalb des Ortes, an der Straße nach Cannes gelegen.

Ausflug auf der Route Napoléon ▶ J–N 3–5

Napoléon brauchte bei seiner Rückkehr aus der Verbannung auf Elba genau sieben Tage für die Strecke von Cannes nach Grenoble. Die N 85 entspricht genau dem Weg, den der Verbannte 1815 zurücklegte, um den Thron zurückzuerobern. Die 331 km lange Route Napoléon führt von Cannes über Grasse, Castellane, Digne, Sisteron, Gap nach Grenoble und ist mit einem Adler, der auf einem großen ›N‹ sitzt, ausgeschildert. Die Strecke gehört zu den schönsten, aber auch kurvenreichsten Landstraßen Frankreichs. Man sollte sich daher genügend Zeit nehmen, um die Fahrt in Ruhe genießen zu können.

Der schönste Abschnitt der Route Napoléon erstreckt sich zwischen Grasse und Digne. Ein Zwischenstopp bietet sich in **Castellane** an. Das hübsche Dorf, das am östlichen Ende der Gorges de Verdon liegt, wird von einem 184 m hohen Kreidefelsen überragt, auf dem die Kapelle Notre-Dame-du-Roc steht.

Übernachten

Ländlich-luxuriös – **Bastide Saint-Antoine** : 48, rue Henri-Dunant, 1,5 km außerhalb, Tel. 04 93 70 94 94, www.jacques-chibois.com, DZ 220–380 €. Wunderschönes Gebäude aus dem 18. Jh. in einem Olivenhain mit Pool. Die Zimmer und Suiten sind mit Möbeln im Landhausstil und Steinfliesen ansprechend eingerichtet. Das hauseigene Gourmetrestaurant sorgt für das leibliche Wohl der Gäste (s. u.).

Wie zu Gast bei Freunden – **Clos des Cypres** : 87, chemin des Canebiers, Tel. 04 93 40 44 23, www.closdescypres.fr, DZ 100–130 €. Behutsam renoviertes Landhaus von 1880 in einem 2 ha großen Park mit Pool. Fünf hübsche Zimmer mit Holzbalken und Steinfußböden.

Provenzalisch – **Hôtel du Patti** : Place du Patti, Tel. 04 93 36 01 00, www.hotelpatti.com, DZ 85–120 €. Angenehmes Hotel in der Altstadt mit ockerfarbener Fassade und schmiedeeisernen Betten. Eigenes Restaurant für Hotelgäste mit Terrasse und gelbblauen provenzalischen Servietten.

Einfaches Stadthotel – **Victoria** : 7, av. Riou Blanquet, Tel. 04 93 40 30 30, Fax 04 93 36 36 05, DZ 70–110 €. 49 Zimmer in einem großen weißen Hotelkasten von 1903 mit Palmen vor der Tür. Pool, hauseigenes Restaurant für Halbpensionsgäste.

Handgepflückte Jasminblüten aus Grasse – heute rar und teuer

Essen & Trinken

Schlemmen beim Sternekoch – **Bastide Saint-Antoine:** Im gleichnamigen Hotel **1** (s. o.), à la carte 120 €. Mit zwei Michelin-Sternen gekröntes Restaurant von Starkoch Jacques Chibois. Spezialitäten sind Jakobsmuscheln mit Kichererbsen-Mousse und St-Pierre-Fisch an Trüffelöl. Empfehlenswert ist es, mittags wegen des vergleichsweise-günstigen Menüs (59 €) einzukehren. Schöne Terrasse und großer Garten.

Bistroküche – **Café Arnaud 1** : Place de la Foux, Tel. 04 93 36 44 88, Menü 11, 20, 30 €. Lokal mit Gewölbedecke und kleiner Terrasse. Täglich wechselnde Gerichte wie *ravioli carbonara* oder *tête de veau,* gut geeignet für ein Mittagessen.

Gut für Kleinigkeiten – **Café des Musées 2**:1, rue Ossola, Tel. 04 92 60 99 00, Gerichte 12–20 €. Modern eingerichtetes Café mit kleiner Terrasse, das mittags jeweils ein Tagesgericht, Salate und Quiche anbietet.

Einkaufen

Märkte – Jeden Morgen außer Mo auf der **Place aux Aires 1**

Infos & Termine

Office de Tourisme
Palais des Congrès, 22, Cours Honoré Cresp, 06130 Grasse, Tel. 04 93 36 66 66, www.grasse.fr.

Tourrettes-sur-Loup – Village perché auf steilem Fels

Termine
EXPO ROSE: 8.–12. Mai. Die traditionelle Rosenausstellung wird seit 1930 veranstaltet. Beeindruckende Rosenbouquets mit 300–600 Rosen pro Strauß werden während der EXPO in der Villa Fragonard ausgestellt .
Fête du Jasmin: 1. Wochenende im Aug. Provenzalisches Fest zur Jasminblüte mit Blumenkorso, Feuerwerk und Wahl der Jasminkönigin.

Gourdon ▶ M 4

Das Dorf Gourdon liegt auf einem über 700 m hohen Felsen über dem Loup-Tal und zählt zu den klassischen *Villages perchés* aus dem Mittelalter. Trotz seiner isolierten Lage ist Gourdon kein einsames Dorf mehr, sondern längst touristisch erschlossen und in der Saison auch Ziel von Reisebusgesellschaften.

Das **Château** von Gourdon hat zwar mittelalterliche Bausubstanz. Im Wesentlichen wurde die vierflügelige Anlage aber im 16. Jh. gebaut. Im Erdgeschoss ist ein kleines **Museum** mit einer Waffen- und Gemäldesammlung untergebracht. Andere Räume des Châteaus sind für Besucher nicht zugänglich (Juni–Sept. tgl. 11–13, 14–19 Uhr, Di geschl., Eintritt 4 €).

Infos

Syndicat d'Initiative: Place Victoria, 06620 Gourdon, Tel. 04 93 09 68 25, www.gourdon-france.com,

Tourrettes-sur-Loup

▶ N 4

Auch Tourrettes ist ein *Village perché*. Die Häuser sind in einem Kreis angeordnet und von einer mittelalterlichen **Wehrmauer** umgeben. Wie das benachbarte Gourdon ist das Dorf Ziel zahlreicher Touristen und mit Andenkenständen gepflastert. Die landschaftlich reizvolle Fahrt entschädigt aber für vieles. In der aus dem 12. Jh. stammenden, mehrfach umgebauten **Kirche** steht ein sehenswerter Dreiflügelaltar.

Infos

Office de Tourisme: 2, route de Vence, 06140 Tourrettes-sur-Loup, Tel. 04 93 24 18 93, www.tourrettessurloup.com.

St-Jeannet ▶ N 4

St-Jeannet liegt an dem Steilhang des 800 m hohen Kalkfelsens Baou. Die Einwohner des Ortes treffen sich noch jeden Nachmittag auf dem Dorfplatz – die Frauen auf der einen, die Männer auf der anderen Seite. In dem verwinkelten Dorf mit engen Gassen und Steintreppen stehen ein **Waschhaus** aus dem 19. Jh. (vom Dorfeingang kommend am Ende der Rue Nationale rechts) und eine **Kirch**e aus dem 17. Jh. Vom Vorplatz der Kirche hat man einen schönen Blick über das Tal.

Wanderwege

Auskünfte und Routenvorschläge im Fremdenverkehrsamt und unter www.saintjeannet.com.
St-Jeannet ist ein guter Ausgangsort für Wanderungen. Man kann sich auch organisierten Gruppenwanderungen anschließen. Auf schwierigen Strecken – die Felsen sind nicht ungefährlich – sollte man sich ohnehin den erfahrenen Bergführern anvertrauen.

Mein Tipp

Auf dem Baou

Von St-Jeannet führt ein guter, leicht zu bewältigender Weg in etwa einer Stunde zum Gipfel des Baou de St-Jeannet. Auf der Place St-Barbe biegt man in die erste Straße rechts ein, den Chemin du Baou. Nach rund 1,5 km geht es links auf einem kleinen Pfad bergauf zum Plateau. Oben hält man sich erneut links, um auf den Gipfel des Kalkfelsens zu kommen. Während der Wanderung bieten sich immer wieder wunderbare Ausblicke auf das unter dem imposanten Felsen des Baou liegende Dorf St-Jeannet und die Umgebung, bei gutem Wetter sogar bis zur Küste. Der Maler Raoul Dufy verewigte den Baou schon 1923 auf einem Bild, das heute in der Tate Gallery in London hängt (Auskünfte und Karte im Syndicat d'Initiative).

Übernachten

Mitten im Dorf – **Auberge des Baous:** 35, rue du Saumalier, Tel. 04 93 58 98 05, www.thefrogshouse.com, DZ ca. 70–90 €. Acht einfache, aber liebevoll eingerichtete Zimmer, alle mit Bad, in einem Haus mit Terrasse. Familäre Atmosphäre. Abends kocht die Hausherrin Corinne für ihre Gäste und serviert zum Mahl Wein aus St-Jeannet zum Einkaufspreis. Ein Internetanschluss ist ebenfalls vorhanden. Das Hotel organisiert auch Aufenthalte mit Programm.

Einfach – **Le Ste-Barbe:** Place Ste-Barbe, Tel. 04 93 24 94 38, DZ um 50 €. 5-Zimmer-Haus am Rand des Dorfes. Die Badezimmer und Toiletten befin-

den sich auf dem Flur. Ein Plus: Das hauseigene Restaurant besitzt eine Terrasse.

Essen & Trinken

Rustikaler Saal – **Chante Grill:** Tel. 04 93 24 90 63, Menü ab 20 €. Einfaches Restaurant mit Terrasse gegenüber dem alten Waschhaus. Auf dem Speisezettel stehen regionale Gerichte wie *pissaladière, aïoli* und *ossobuco*.

Infos

Syndicat d'Initiative: 8, rue de la Soucare, Tel. 04 93 24 73 83, www.saint jeannet.com.

Vence ▶ N 4

Der 13 000-Einwohner-Ort besitzt eine sehr hübsche **Altstadt** – ein Oval mit engen Gassen und Plätzen, umgeben von einer mittelalterlichen Stadtmauer. Die Neustadt ist rund um den alten Kern angelegt. Im 8. Jh. wurde Vence – einst eine römische Siedlung – von Sarazenen zerstört und wahrscheinlich erst im 10. Jh. wieder aufgebaut.

Der beste Weg in die Altstadt führt von der Place du Frêne durch die 1810 fertiggestellte **Porte Peyra**, ein Steintor in der alten Stadtmauer. Bis zum Mittelalter gab es nur zwei Durchgänge: die **Porte de Levis,** ein Zugtor am Ende der Rue du Portail Levis, und die **Porte Signadoux.**

Cathédrale Nativité de la Vierge
Place Clémenceau

Die Kathedrale in der Altstadt stammt aus dem 10. Jh., wurde im Laufe der Jahrhunderte aber immer wieder umgebaut und verändert, sodass sie heute

Baustile verschiedener Epochen aufweist. Im Baptisterium befindet sich ein Mosaik von Marc Chagall.

Château de Villeneuve – Fondation Emile Hugues

2, place du Frêne, Di–So 10–12.30, 14–18 Uhr, Mo geschl., Eintritt 4,50 €
Gleich links neben der Porte Peyra liegt das **Museum für Moderne Kunst** im Château de Villeneuve. Das Château wurde der Gemeinde 1966 vom ehemaligen Bürgermeister Emile Hugues vermacht. Jetzt werden in den großzügigen und ansprechend renovierten Räumen des einstigen Herrenhauses Wechselausstellungen moderner und zeitgenössischer Kunst gezeigt. Das Museum besitzt ein sehr schönes Treppenhaus aus dem 17. Jh.

Ausstellungsorte

Der Ort Vence hat sich der Kunst verschrieben. Außer in der Fondation Hugues werden auch in der **Chapelle des Pénitents Blancs** aus dem 16. Jh., (Av. Henri Isnard, Mo–Sa 10–12.30, 14.30–18.30, So 10–13 Uhr). sowie in der **Galerie Beaubourg** im Château Notre-Dame-des-Fleurs, einem Anwesen aus dem 19. Jh. Wechselausstellungen moderner Kunst organisiert (route de Grasse, Di–Sa 12.30–17.30, im Sommer Mo–Sa 11–19 Uhr).

Übernachten

Luxus im Grünen – **Hôtel Cantemerle:** 258, chemin de Cantemerle, Tel. 04 93 58 08 18, www.relais-cantemerle.com, DZ 200–245 €. Empfehlenswertes Haus mit geschmackvoll eingerichteten Zimmern, modernen Bädern, einem schönen Pool und Hammam. Für Halbpensionsgäste gibt es ein hauseigenes Restaurant mit hübscher Terrasse zum Garten.

Einfach und zentral – **Auberge des Seigneurs:** Place du Frêne, Tel. 04 93 58 04 24, www.auberge-seigneurs.com, DZ 85–95 €. Hier wohnten schon Renoir, Modigliani und Dufy. Das Hotel ist in einem Seitenflügel des ehemaligen Château untergebracht. Einfache, altmodische Zimmer. Restaurant im gleichen Haus. Die Fleischgerichte werden im Kamin des Hauses auf Holzfeuer zubereitet (Menü 31, 45 €).
Altstadthotel mit Garten – **Le Provence:** 9, av. Marcellin Maurel, Tel. 04 93 58 04 21, www.hotelleprovence.com, DZ 50–76 €. Einfaches, ruhiges Haus mit 16 Zimmern in zentraler Lage. Bei gutem Wetter wird das Frühstück im Garten serviert. Die Besitzer sind Schweden, der Empfang ist herzlich.

Essen & Trinken

Essen bei einem der kreativsten Köche der Küste – **Les Bacchanales:** 247, Ave. de Provence, Tel. 04 93 24 19 19, www.lesbacchanales.com, Menu 34, 60 €, à la carte 80 €. In einer Villa aus dem 19. Jh. etwas außerhalb von Vence kocht der junge Christophe Dufau z. B. Rotbarden in Melonen-Jus oder Petersfisch mit grünem Tee und Spargeleis zum Nachtisch. Er wurde an der Côte d'Azur geboren, verbrachte aber mehrere Jahre in Dänemark, New York und Italien. Das Restaurant mit Terrasse ist modern und sachlich eingerichtet. Reservierung empfohlen.
Rustikal – **Auberge des Templiers:** 39, av. Joffre, Tel. 04 93 58 06 05, Menü 39, 59 €. Restaurant mit Garten und etwas biederen Speisesälen in der Altstadt. Auf der Karte stehen gefüllte Zucchiniblüten oder *gaspacho* als Vorspeise sowie *carré d'agneau provençale* (Lammrücken provenzalischer Art).
Klosteratmosphäre – **Le Vieux Couvent:** 37, rue Alphonse Toreille, Tel. 04

Auf Entdeckungstour

Lichte Farbigkeit – Chapelle du Rosaire

Weiß-blaue Dachziegel, ein hohes, schmiedeeisernes Kreuz mit goldenen Halbmonden und eine Palme vor weißer Fassade – eines der bedeutendsten Kunstwerke von Henri Matisse kann man in Vence entdecken.

Dauer: 2 Std.

Ort: Chapelle du Rosaire in Vence, 468, av. Henri Matisse (an der Straße Richtung St-Jeannet).

Öffnungszeiten: Mo, Mi, Sa 14–17.30, Di, Do 10–11.30, 14–17.30 Uhr, in den Schulferien auch Fr 14–17.30 Uhr, Mitte Nov.–Mitte Dez. und Fei geschl., Eintritt 3 €, Tel. 04 93 58 03 26.

Der Atheist und die Nonne

Es würde sie nicht geben, diese kleine, von einem erklärten Atheisten gestaltete Kapelle, wäre Henri Matisse nicht sehr krank, und wäre da nicht die junge Krankenschwester Marie Bourgeois gewesen. Die gerade mal 26-jährige Marie pflegte den Maler in seiner Villa Le Rêve in Vence von 1943 bis 1949. Sie wird seine Vertraute, sie interessiert sich für seine Arbeit, sie steht sogar Modell für ihn. Sie sagt ihm auch schon mal, dass sie die Farben eines Bildes zwar schön, aber die Formen ganz fürchterlich findet. Der Künstler mag ihre Unverstelltheit. Dann aber entscheidet sich Marie Nonne zu werden, tritt einem Orden bei und heißt von nun an Schwester Jacques-Marie. Matisse versteht diesen Schritt nicht, der Kontakt zwischen beiden aber reißt nicht ab.

Im August 1947 bittet die junge Nonne Matisse, einen Gebetsraum ihres Klosters neu zu gestalten. Letztendlich entsteht daraus das Projekt, eine neue Kapelle zu bauen. Ein Dominikanerbruder mit Architektenausbildung entwirft die Pläne, Matisse gestaltet zunächst die über 5 m hohen Glasfenster. Er zeichnet sie nach dem Prinzip seiner berühmten *papiers découpés,* dem zentralen Motiv seines Spätwerks.

Zerschnittene Papiere

Auch die *papiers découpés* hätte es ohne seine Krankheit wohl nie gegeben: Ans Bett gefesselt, ließ der Künstler Papierbahnen von seinen Assistenten bemalen. Aus ihnen schnitt er mit der Schere Formen aus und setzte sie zu Bildkompositionen zusammen. So entstanden Scherenschnitte, in denen er Formen und Farben auf das Wesentliche reduzieren konnte, wie er selbst sagte. Er wählte vor allem florale und biomorphe Formen, darunter immer wieder das berühmt gewordene Algen-Motiv, das sich auch in den dreifarbigen Fenstern der Kapelle wieder findet. Das Gelb der Fenster steht für die Sonne und damit für Gott, das Grün für die Natur, das Blau für den mediterranen Himmel.

Die Fenster gehören zu den einzigen farbigen Elementen in der Chapelle du Rosaire. Der gesamte Innenraum, dieses begehbare Bild des Künstlers, ist weiß gehalten: der gekachelte Boden, die Wände, die Decke. Das Ganze sehe aus wie ein großes Badezimmer, soll Picasso nach der Einweihung gehässig bemerkt haben. Nur drei Zeichnungen mit feinem schwarzen Strich sind an den Wänden zu sehen: »Die Jungfrau und ihr Kind«, »Der Kreuzweg« und »Der Dominikaner«.

»Bei der Kapelle war mein Hauptanliegen«, schrieb Matisse später, »ein Gleichgewicht herzustellen zwischen einer Fläche voll Licht und Farbe und einer einfachen weißen Wand mit schwarzen Zeichnungen«.

Das Meisterwerk

Der Altar und die Kultgegenstände für die Eucharistie stammen ebenfalls von Matisse. In einer kleinen Galerie in einem Nebenraum der Kapelle sind Entwurfsskizzen sowie Architekturmodelle ausgestellt. Vier Jahre lang dauerten die Arbeiten an dem Bauwerk, die Matisse zusammen mit Schwester Jacques-Marie penibel überwachte.

Im Juni 1951 wird das Gesamtkunstwerk eingeweiht, Matisse kann wegen Krankheit nicht kommen, lässt aber einen Text verlesen: »Dieses Werk hat mich vier Jahre harte Arbeit meines Lebens gekostet. Die Kapelle ist das Ergebnis meines gesamten künstlerischen Schaffens. Und trotz aller Ungenauigkeiten würde ich sagen, sie ist mein Meisterwerk.«

93 58 78 58, www.restaurantlevieux couvent.com, Menü 38 €, à la carte bis 55 €. Vom Restaurantkritiker Gault et Millau ausgezeichnete Küche in einem ehemaligen Klostergebäude aus dem 17. Jh.

Fisch, Kräuter, Gemüse – **La Farigoule:** 15, rue H.-Isnard, Tel. 04 93 58 01 27, Menü um 25 €. Provenzalische Küche zu vergleichsweise moderaten Preisen. Der Koch Patrick Bruot hat bei den ganz Großen gelernt, darunter Chibois, Ducasse und Maximin, und gibt sich nun alle Mühe, mit viel Kräutern und Gemüse köstliche Rotbarbenfilets *(rougets), soupe au pistou* und Wolfsbarsch auf den Tisch zu bringen.

Einkaufen

Märkte – Di und Fr vormittags auf der **Place Godeau** und der **Place Clemenceau** in der Altstadt von Vence, jeden Vormittag auf der **Place du Grand Jardin**.

Infos & Termine

Office de Tourisme
8, place du Grand-Jardin, 06140 Vence, Tel. 04 93 58 06 38, www.ville-vence.fr.

Termine
Les Nuits du Sud: Mitte Juli–Mitte Aug. Open-Air-Festival mit Musikern aus aller Welt (www.nuitsdusud.com).

St-Paul-de-Vence !

▶ N 4

Das Künstlerdorf auf dem Hügel, in den 1920er-Jahren Treffpunkt von Modigliani, Bonnard, Soutine und Signac, wird mittlerweile jedes Jahr im Som-

mer zum Touristendorf: Ganze Reisebusladungen strömen dann durch die mittelalterlichen Gassen, in denen es an jeder Ecke Kräuter der Provence und Kunstgewerbliches zu kaufen gibt. Beschaulich ist der Ort (2500 Einw.) schon lange nicht mehr, dennoch lohnt sich ein Besuch. Schließlich liegt oberhalb von St-Paul die Fondation Maeght, eine der bedeutendsten Sammlungen moderner Kunst. Sie dürfte dazu beigetragen haben, dass St-Paul das Dorf mit der größten Galeriendichte ganz Frankreichs ist – leider auch mit vielen ausgesuchten Scheußlichkeiten im Angebot.

Klassiker der Moderne des 20. Jh. bekommen die Gäste des **Colombe d'Or** zu sehen. Den Speisesaal schmücken Bilder von Bonnard, Braque, Chagall, Matisse und Picasso. Angeblich überließen die Künstler ihre Bilder zur Begleichung ihrer Rechnung dem früheren Wirt Paul Roux, der selbst Maler und Sammler war. So avancierte das Hotel-Restaurant zum Kunsttempel. In den 1950er-Jahren machten Jacques Prévert, Simone Signoret und Yves Montand es zu ihrem Stammlokal, und während des Filmfestivals in Cannes stürmte die Prominenz den Speisesaal. Wer nur ein bisschen Colombe-d'Or-Luft schnuppern möchte, kehrt – entsprechend angezogen – auf einen Aperitif in die hübsche kleine Bar des Hotels ein (s. auch Lieblingsort S. 206).

Das mittelalterliche Dorf
Die vollständig erhaltene, im 16. Jh. unter König François I. erbaute **Wehrmauer** von St-Paul-de-Vence kann man rundum begehen. Die Rue Grande, eine gepflasterte Gasse, führt quer durch den Ort, an dem Brunnen der Place de la Grande Fontaine und an einem ehemaligen Waschhaus vorbei. Die Kirche von **St-Paul**, eines der ältesten Bauwerke des Dorfes, stammt aus

dem 12. und 13. Jh. Sie wurde jedoch im 17. und 18. Jh. erneuert. Im Ortskern dokumentiert das kleine **Musée d'Histoire Locale** mit Wachsfiguren die Geschichte von St-Paul und zeigt Fotoausstellungen (Place de l'Eglise, tgl. 10–12.30, 13.30–17.30 Uhr, Eintritt 3 €).

Fondation Maeght

Tel. 04 93 32 81 63, www.maeght.com, Juli–Sept. 10–19, Okt.–Juni 10–18 Uhr, Eintritt 11 €, geführte Besichtigungen in Englisch, Französisch und Spanisch 4 € (Auskünfte an der Kasse). Zufahrt über Chemin de Passe-Prest – vor dem Ortseingang zum alten Dorf den Schildern links den Hügel hinauf folgen.

Die Stiftung von Aimé und Marguerite Maeght ist einer der wichtigsten Orte der modernen Kunst an der Côte. Neben fest installierten Werken von Braque, Miró, Giacometti, Tal-Coat und Calder werden große Wechselausstellungen präsentiert, die oft als Retrospektive einem einzelnen Künstler gewidmet sind. Zudem beherbergt die Stiftung eine der größten Kunstbibliotheken Frankreichs mit über 40 000 Bänden (s. auch S. 88).

Übernachten

Quartier im Kunsttempel – **La Colombe d'Or:** Place du Général de Gaulle, Tel. 04 93 32 80 02, www.la-colombe-dor. com, DZ 285–430 €. Sehr schöne Appartements und Zimmer im Haupthaus oder in separaten kleinen Bungalows. Baldachinbetten, alte Holzmöbel und moderne Kunst in allen Räumen. Pool mit Braque-Mosaik und Calder-Mobile. Das Frühstück wird auf einer der schönsten Terrassen der Côte d'Azur serviert, von der man auf eine Wandkeramik von Léger schaut. Im Restaurant des Hauses empfiehlt es sich zu reservieren (à la carte 60–90 €; s. auch Lieblingsort S. 206).

Symbiose von Kunst und Natur – im Garten der Fondation Maeght

Lieblingsort

La Colombe d'Or – Kunstgenuss im Hotel

Es gab Zeiten, da konnte man einfach in das legendäre Colombe d'Or hineinspazieren und im Speisesaal die Bilder berühmter Maler bewundern. Heute sind die Gemälde hinter dicken Holztüren verborgen. Doch die Gäste des Hauses sind immer noch von moderner Kunst umgeben – selbst am Pool bewegt sich ein Mobile von Calder im Wind (s. auch S. 204, 205).

Im Hinterland von Cannes

Luxuriös – **Le St-Paul:** 86, rue Grande, Tel. 04 93 32 65 25, www.lesaintpaul.com, DZ 250–600 €. Ausgesprochen schönes und altes Haus der Relais-et-Chateaux-Kette mitten im Dorf, aber mit tollem Blick. Salon mit Kamin und gemütlichen Stoffsofas. Im Gewölbesaal oder auf der hübschen Terrasse des sehr guten Restaurants, das von Michelin mit Sternen ausgezeichnet ist, gibt es provenzalische Küche (Menü mittags 48 €, abends 70–100 €).

Charmant – **Le Hameau:** 528, route de la Colle, Tel. 04 93 32 80 24, www.le-hameau.com, DZ 105–220 €. 3-Sterne-Hotel in einem ehemaligen Bauernhaus außerhalb des Ortes, großes Schwimmbad, Garten mit Orangenbäumen und Zimmer mit Aussicht, z. T. mit Terrasse.

Eine Oase der Ruhe – **Hostellerie des Messugues:** Domaine des Gardettes, Tel. 04 93 32 53 32, www.messugues.com, DZ 95–160 €. Etwas außerhalb des Dorfes, umgeben von Pinien. 15 rustikal möblierte Zimmer. Im hübschen Garten ist auch ein Pool für die Hotelgäste.

Einfach – **Hostellerie les Remparts:** 72, rue Grande, Tel. 04 93 32 09 88, Fax 04 93 32 06 91, DZ 40–80 €. Erstaunlicherweise findet sich ein erschwingliches Hotel mitten auf der Rue Grande. Mittelalterliche Mauern und ein hauseigenes Restaurant (Tagesgerichte ab 12 €).

St-Paul-de-Vence – das Künstlerdorf liegt exponiert auf einer Hügelkuppe

Essen & Trinken

Typische Dorfschenke – **Café de la Place:** Place de Gaulle, Tel. 04 93 32 80 03, Menü um 20 €. In diesem einfachen Café trank schon Yves Montand seinen Aperitif und spielte stundenlang Boule auf dem Dorfplatz davor. Mittags gibt es ein Tagesgericht oder Salate.

Einkaufen

Moderne Kunst – **Galerie Catherine Issert:** Place de Général de Gaulle, Mo–Sa 11–13, 15–19 Uhr. Eine wichtige Adresse für Kunstinteressierte. Mit Werken zeitgenössischer Künstler wie Ben, Blais, Le Gac, Pagès und Viallat gehört sie zu den bedeutendsten Galerien an der Côte d'Azur. **Galerie Guy Pieters:** Chemin des Trious, auf dem Weg zur Fondation Maeght, Juni–Okt. 10–19, Nov.–Mai 10–12.30, 14–18 Uhr. Im Jahr 2000 eröffnete eine weitere bedeutende Galerie für moderne Kunst im Ort. Der Belgier Pieters vertritt Künstler wie Christo, Niki de Saint Phalle und Tom Wesselmann.

Infos

Office de Tourisme: rue Grande, 06570 St-Paul-de-Vence, Tel. 04 93 32 86 95, www.saint-pauldevence.com.

Rund um Fréjus und St-Tropez

Highlight !

St-Tropez: Die hübsche, weitgehend intakte Altstadt und den berühmten Jachthafen muss man einfach gesehen haben. Zudem hat St-Tropez die schönsten Strände der Côte d'Azur – mehrere Kilometer lang und exklusiv. Abseits der Hauptstraßen säumen sie die Bucht von Pampelonne. S. 225

Auf Entdeckungstour

Fernab der Welt – Chartreuse de la Verne: Mitten im Maurenmassiv liegt die beeindruckende Klosteranlage, die heute wieder von Nonnen bewohnt wird. Sie ist auf einer holprigen Piste per Auto zu erreichen, viel schöner aber ist es, sich ihr auf einer mehrstündigen Wanderung zu nähern. S. 222

Sentiers du Bonheur – Wanderungen bei St-Tropez: Ein kleiner Weg führt durch Kräuter und Mittelmeervegetation, immer entlang der Küste um die Halbinsel von St-Tropez und offenbart eine andere Seite des sonst so turbulenten Ferienortes. S. 234

Kultur & Sehenswertes

Fréjus: Ein Spaziergang durch die Stadt führt von der Antike ins Mittelalter – im Nordosten die Ausgrabungen mit römischem Aquädukt und Amphitheater, im Zentrum der Kathedralbezirk mit Baptisterium aus dem 5. Jh. und Kreuzgang. S. 212

Musée de l'Annonciade in St-Tropez: Bilder von Signac, Seurat und Dufy in einer ehemaligen Kapelle aus dem 16. Jh. Durch die Fenster schaut man auf die Jachten in der Marina. S. 225

Aktiv & Kreativ

Wasserskifahren, Segeln und Tauchen: St-Raphael ist als *Station voile* für seine guten Wassersportmöglichkeiten ausgezeichnet. S. 215, 217

Weinproben: Die ausgeschilderte *Route des Vins* führt durch die Weinfelder auf der Presqu'Ile de St-Tropez und zu bekannten Domainen. S. 237

Genießen & Atmosphäre

Auberge de la Môle: In der ehemaligen Tankstelle werden zur Vorspeise mannshohe Gurkengläser und riesige Pastetenschüsseln auf den Tisch gestellt. S. 224

Café Sénéquier: Die roten Tische und Stühle des Cafés am Hafen von St-Tropez sind legendär, die Aussicht auf die davor ankernden Jachten auch. S. 232

Abends & Nachts

Les Caves du Roy: Die legendärste Diskothek der Côte mit hoher Celebrity-Dichte befindet sich natürlich in St-Tropez. S. 233

V.I.P Room: Laut Karl Lagerfeld angeblich der beste Club der Welt, am neuen Hafen von St-Tropez. S. 233

Café de Paris: Bar, Restaurant und Nightclub in einem Café mit Blick auf den Vieux Port von St-Tropez. S. 233

In Fréjus hinterließen die Römer ein beeindruckendes Amphitheater, ein Stadttor und ein Äquadukt. Aus dem Mittelalter stammen Mosaiken und Kreuzgänge im Kathedralbezirk. Die Strände, auch die des benachbarten St-Raphaël, sind ideal für einen Familienurlaub. Kastanienhaine, Korkeichenwälder und ein einsames Kartäuserkloster locken ins Massif des Maures. Im Jet-Set-Mekka St-Tropez gibt es die schönsten Sandstrände der blauen Küste, ein Impressionistenmuseum, Designerboutiquen wie in Paris und lange Diskothekennächte.

Fréjus ► L3

Fréjus, das 43 v. Chr. erstmals als *forum julii* erwähnt wurde, entwickelte sich schon im 1. Jh. n. Chr. zu einem bedeutenden **römischen Kriegshafen.** Die antike Siedlung erstreckte sich damals über 35 ha und zählte 6000 Einwohner, heute sind es knapp 47 000. Ab 1370 wurde der Ort **Bischofssitz.** Auf den Ruinen der römischen Stadt entstanden Episkopalbauten, darunter auch die imposante Kathedrale.

Etwa 2 km von der kleinen Altstadt entfernt liegt die **Feriensiedlung Fréjus-Plage,** die im Osten fast unbemerkt in St-Raphaël übergeht. Sandstrände säumen ihre Promenade, die durch Hochhausneubauten und Appartementblocks verschandelt wurde. Oberhalb des Strandes verläuft die stark befahrene Küstenstraße. Westlich des Hafens findet man – in geschützter Lage am **Golfe de Fréjus** – weitere Strände.

Fréjus wie auch St-Raphaël gehören zu den preisgünstigeren Urlaubszielen der Côte d'Azur, wo vor allem Familien mit Kindern ihre Ferien verbringen. Jedes Jahr im Sommer verdreifacht sich daher die Bevölkerung.

Die römische Stadt

Cité Romaine
Amphithéâtre: Rue H. Verdon, Mai– 14. Okt. 9.30–12.30, 14–18.30, 15. Okt.–15. April 9.30–12.30, 14–17 Uhr, Mo geschl., Eintritt 4,60 €
Im Nordosten des Stadtzentrums, zwischen der Rue Gustave, der Avenue d'Ayachon und der Avenue du XVe-Corps, liegt der Ausgrabungsbezirk mit den Ruinen eines ehemals 40 km langen **Aquädukts** sowie eines riesigen **Amphitheaters.** Da Letzteres für die hier ansässigen römischen Soldaten gebaut wurde, fiel es entsprechend schlichter aus als die Arenen von Arles oder Nîmes. In dem 114 x 82 m großen Oval, das Platz für etwa 10 000 Personen bot, finden nach wie vor Veranstaltungen statt, beispielsweise die Féria de la Côte d'Azur und ein Theaterfestival.

Infobox

Internet
Über den Küstenabschnitt informieren die Portale www.esterel-cotedazur.com und www.st-tropez-lesmaures.com sowie die Website des Départements Var www.tourismevar.com.

Verkehr
Ab Fréjus/St-Raphaël verläuft die Bahnstrecke landeinwärts. An der Küste und auf der Halbinsel von St-Tropez verkehren regelmäßig Linienbusse. Im Sommer bedienen zudem Boote die Hafenorte. Das Maurenmassiv ist mit öffentlichen Verkehrsmitteln nur bedingt zu erkunden.

Porte des Gaules und römische Hafenanalge

Südöstlich des Amphitheaters, zwischen der Avenue de Verdun und der Rue Général de Gaulle, liegt die **Porte des Gaules,** das einstige Tor zu den 3 km langen römischen Befestigungsanlagen. Die halbmondförmige Porte des Gaules wurde von zwei Türmen flankiert, von denen heute aber nur noch einer erhalten ist.

Noch weiter südwestlich, zwischen der Porte d'Orée, einst vermutlich Teil der Thermen, und der Lanterne d'Auguste befand sich der **Militärhafen der Römer,** in dem es vermutlich schon eine Art Leuchtturm, 2 km lange Hafenquais, Werkstätten und Lagerräume gab. Heute kann man die wenigen Überreste der ehemaligen Hafenanlage trockenen Fußes besichtigen. Das Meer hat sich seit der Römerzeit um mehr als 2 km zurückgezogen.

Rund um die Kathedrale

Le Groupe Episcopal

Place Formigé, Kathedrale frei zugänglich, Kreuzgang nur nach frühzeitiger Anmeldung, Tel. 04 94 51 26 30, www.monum.fr, Juni– Sept. 9– 18.30, Okt.– Mai 9–12, 14–17 Uhr, Mo, Fei geschl., Eintritt 5 €, Parkplätze an der Esplanade Paul Vernet

Der Kathedralbezirk zeugt von einem späteren Abschnitt der Ortsgeschichte Die Stadt war seit 1370 Bischofssitz. Im ehemaligen **Bischofspalais** aus dem 14. Jh. ist heute das Rathaus untergebracht. Der Kathedralbezirk umfasst ein **Baptisterium** aus dem 5. Jh., die **Kathedrale** mit Bauelementen verschiedener Epochen, das sogenannte **Haus des Propstes** und einen malerischen **Kreuzgang,** der die Gebäude miteinander verbindet. Mit Ausnahme der Kathedrale selbst kann der Kathedralbezirk nur im Rahmen einer Führung besucht werden.

Musée Archéologique

Place Calvini, Tel. 04 94 52 15 78, Di–So 9.30–12.30, 14–18.30 Uhr, 15. Okt.– 15. April bis 17 Uhr, Eintritt 2 €

Nördlich grenzt an die Kathedrale das archäologische Museum an. Es zeigt Fundstücke aus gallo-romanischer Zeit, die im Laufe des 20. Jh. in Fréjus bei Ausgrabungsarbeiten entdeckt wurden. darunter ein 1921 frei gelegtes römisches Mosaik und hübsche griechische Amphoren.

Villa Aurélienne

Av. du Général d'Armée Calliès, im Sommer 9–19 Uhr, im Winter 9–17 Uhr

Etwas außerhalb des Ortes liegt diese beeindruckende, italienisch anmutende Säulenvilla von 1880 in einem 22 ha großen Park. Sie wurde umfangreich renoviert, wird heute von der Stadt für Empfänge und Veranstaltungen genutzt und regelmäßig als Ort für wechselnde Fotoausstellungen. Der Park ist öffentlich zugänglich.

Strände

Neben dem Stadtstrand Fréjus-Plage besitzt der Ort 7,5 km lange Sandstrände, die alle westlich des Hafens liegen. Ein Großteil dieser Strände wird überwacht – auf einer Länge von 4,5 km stehen allein neun Rettungsstationen. Es gibt bewirtschaftete Abschnitte mit Liegenverleih und Restaurants wie auch öffentliche Strände *(plages publics).* Zwischen Fréjus und dem ca. 2,5 km entfernten St-Aygulf kann man in kleinen Felsbuchten *(calanques)* baden.

Übernachten

Thalassotherapie – **Mercure Thalassa: Port-Fréjus:** Rue Forces Françaises Libres, Tel. 04 94 52 55 00, www.mercure.com, DZ 120–160 €. Modernes 3-Sterne-Hotel direkt am Strand mit großem Pool und Thalassotherapie-Zentrum.

Zimmer im provenzalischen Stil – **L'Aréna:** 139, bd. Général de Gaulle, Tel. 04 94 17 09 40, www.arena-hotel.com, DZ 90–160 €. Eine der besten Adressen von Fréjus, in der Nähe des Ausgrabungsbezirks, mit Pool und kleinem Garten hinter rot getünchten Mauern. Hoteleigenes Restaurant.

In Strandnähe – **Oasis:** Impasse Jean-Baptiste Charcot, Tel. 04 94 51 50 44, www.hotel-oasis.net, DZ 60–80 €. Einfaches Hotel nahe der Port de Plaisance, zum Strand sind es nur 150 m. 27 Zimmer mit TV, Telefon, Minibar. Bei schönem Wetter wird das Frühstück auf einer kleinen Terrasse serviert.

Essen & Trinken

Trüffel und mehr – **Port Royal:** Place du Tambourinaire, Port-Fréjus Ouest, Tel. 04 94 53 09 11, Menü um 30, 35 €, à la carte 50–60 €. Exklusives Restaurant mit Terrasse am neuen Hafen. Gourmets schlemmen hier Trüffel, Gänsestopfleber und gegrillten Hummer.

Provenzalisch – **L'Arena:** 139, bd. Gén. de Gaulle, Tel. 04 94 17 09 40, Menü 25 (mittags), 45 €. Sehr gutes Restaurant des gleichnamigen Hotels, mit Außenplätzen in einem kleinen Garten. Besonders lecker sind gegrillte Tintenfische und Schnecken-Ravioli.

Bodenständig und regional – **Les Potiers:** 135, rue des Potiers, Tel. 04 94 51 33 74, Menü 26, 35 €. Empfehlenswertes und erschwingliches Restaurant in einer unscheinbaren Seitenstraße in der Altstadt.

Einkaufen

Märkte – Mi und Sa vormittags in **Fréjus-Stadt** sowie während der Saison zusätzlich Di und Fr vormittags in **Fréjus-Plage.**

Wein – **Domaine de Curebeasse:** Route de Bagnols, 83600 Fréjus, Tel. 04 94 52 10 17. Jean et Jérôme Paquette verkaufen ihren Wein direkt ab Domaine. Selbstverständlich kann man zuvor probieren.

Aktiv & Kreativ

Für Kinder – **Parc Zoologique Safari de Fréjus:** Le Capitou, direkt an der Autobahn-Ausfahrt Fréjus, Tel. 04 94 40 70 65, tgl. 9–17 Uhr. 20 ha großer Safaripark mit Zoo. **Aquatica:** Tel. 04 94 51 82 51, www.aqualand.fr, 11. Juni – 7. Juli und erste Hälfte Sept. 10–18 Uhr, 8. Juli–31. Aug. 10–19 Uhr. Es ist der größte Aquapark der Côte d'Azur. **Kid's Club:** Bd. d'Alger, Tel. 04 94 51 90 00. Juli–Aug. Wassersportangebote für Kinder ab 13 Jahren.

Parachuting – **Sublim Sky:** Port de Fréjus Ouest, Tel. 06 09 53 85 16, www.sublimsky.fr Einzel- oder Tandemstunden im Fallschirmspringen und Gleitflüge über dem Meer, gezogen von einem Motorboot.

Segeln – **Blanc Bleu Marine:** Poste 636, quai Est, Port de Fréjus, Tel. 04 94 49 51 78. Segelkurse und Bootsverleih von Katamaranen und Optimisten.

Tauchen – **Plongée Sud:** Quai de Caravello, Port de Fréjus Ouest, Tel. 06 80 32 46 18, joel.aillaud@club-internet.fr, Tauchkurse und Verleih von Ausrüstung. **Centre International de Plongée:** Aire de Carénage, Port de Fréjus Est, Tel. 04 94 52 34 99. www.cio-frejus.com. Tauchschule, auch Kurse für Kinder, Ausflüge zu verschiedenen Tauchspots und Verleih von Ausrüstung.

Infos & Termine

Office de Tourisme
325, rue Jean Jaurès, 83600 Fréjus, Tel.
04 94 51 83 83, www.frejus.fr.

Termine
Les Nuits Auréliennes: Zweite Hälfte
Juli. Theaterfestival im römischen Amphitheater.
Féria de la Côte d'Azur: Mitte Aug.
Corridas im Amphitheater.

St-Raphaël ▸ L 3

Der Journalist und Schriftsteller Alphonse Karr lebte im 19. Jh. in St-Raphaël. Er machte den Ort in eleganten
Pariser Kreisen bekannt, und das Seebad kam in Mode. Davon ist nicht mehr
viel zu spüren: St-Raphaël, das heute
über 30.000 Einwohner zählt verlor im
Laufe des 20. Jh. zunehmend an Exklusivität und fiel dann diversen Bausünden der 1960er- und 1970er-Jahre zum
Opfer. Der Ortskern ist daher leider
ziemlich verbaut.

Wie Fréjus ist auch St-Raphaël römischen Ursprungs; sein **Casino** steht auf
den Resten einer römischen Villa. Im
12. Jh. errichtete der Templerorden
eine **wehrhafte Kirche,** die Schutz vor
Piratenüberfällen bieten sollte. Das
Musée d'Archéologie dokumentiert
die Ortsgeschichte mit Unterwasserfunden wie Amphoren, Ankern und
Kanonen alter Kriegsschiffe (Place de
la Vieille Eglise, Mai–Okt. 9.30–12, 14–
18.30, im Winter bis 17.30 Uhr, Mo
geschl., Eintritt frei).

Strände und Wasserport

Die **Sandstrände** von St-Raphaël erstrecken sich unterhalb der stark befahrenen Küstenstraße. Um ruhigere

Mein Tipp

Bootstouren
Ein halber bis ganzer Tag reicht aus,
um mehr von der Küste zu sehen – zum
Beispiel, um nach St-Tropez zu fahren,
zu den Iles de Lérins, zu den Buchten
des Esterelmassivs oder nach Porquerolles vor Hyères. Mit dem Auto
braucht man dafür in der Hauptsaison
Stunden, mit dem Boot tuckert man
entspannt über das Meer. Auch Nachtfahrten oder Ausflüge mit einem Glasbodenboot werden ab St-Raphaël angeboten (Auskünfte bei Bateaux de St-Raphaël, Vieux Port, Gare Maritime,
quai Nomy, Tel. 04 94 95 17 46).

Stellen zu finden, sollte man ein Stück
über die D 98 Richtung Cannes fahren
und die kleinen Stichstraßen zum Meer
nehmen.

St-Raphaël ist eine sogenannte **Station voile**. Aufgrund des umfangreichen Angebots an Wassersportmög-

Die Esplanade du Port in St-Raphaël im Licht der untergehenden Sonne

lichkeiten wurde es mit diesem Label ausgezeichnet. Mehrere Wassersport-schulen tragen den blauen Schriftzug, der professionelle Ausbilder und ein-wandfreies Material garantieren soll.

Übernachten

Landhaushotel – **La Chêneraie:** 167, bd. des Gondins, Valescure 3,5 km nord-östlich der Stadt, über die D 37, Tel. 04 94 83 65 03, www.lachenerai.com, DZ 100–160 €. Zehn Zimmer mit Flatscreen-TV, Klimaanlage und modernen Badezimmern in einer Villa von 1890. Garten und Pool sind auch vorhanden. Sehr empfehlenswert.

Weißes Strandhotel – **Excelsior:** Promenade R. Coty, Tel. 04 94 95 02 42, www.excelsior-hotel.com, DZ 80–190 €. Älteres Haus an der Strandpromenade und in Casino-Nähe mit 36 altmodisch eingerichteten Zimmern.

Im Grünen – **San Pedro:** 890, av. du Colonel Brooke, 3 km nordöstlich der Stadt, über die D 37, Tel. 04 94 19 90 20, www.hotel-pedro-saint-raphael.cote.azur.fr, DZ 75–160 €. Landhaus mit Pool und Garten in einem Pinienhain. Altmodische Zimmer mit Baldachinbetten. *Sehr einfach –* **Hôtel Provençal:** 197, rue de la Garonne, Tel. 04 98 11 80 00, www.hotel-provencal.com, DZ 55–80 €. Direkt neben dem alten Hafen mit zweckmäßigen Zimmern in Gelb und Blau. Das Haus vermietet auch kleine Appartements mit Küchenzeile und zwei Schlafzimmern.

Essen & Trinken

Klassische französische Küche – **L'Arbousier:** 6, av. de Valescure, Tel. 04 94 95 25 00, www.arbousier.net, Menü 28 (mittags), 36, 59 €. Ein Speisesaal mit gelben Wänden und ein hübscher, kleiner Garten im Zentrum der Stadt. Hier speist man z. B. Hummer-Minestrone oder Milchlamm.

Alt eingesessen – **Le Pastorel:** 54, rue de la Liberté, Tel. 04 94 95 02 36, Menü 28 €. Seit Generationen ein Familienbetrieb, inzwischen steht der Enkel am Herd und kocht Spezialitäten aus der Region für das frische *menu du marché*. Mit Terrasse.

Leicht und frisch – **Le Semillon:** 12, rue de la République, Tel. 04 94 40 56 77, www.lesemillon.com, Menü 22, 28 und 35 €. Je nach Marktangebot gibt es z. B. Krabbensalat oder Rotbarben mit Orangen und Rosmarin. Mit Terrasse.

Einkaufen

Märkte – **Fisch:** Jeden Morgen ab 7.30 Uhr auf den Quais des alten Hafens, dem Vieux Port. **Lebensmittel:** Jeden Vormittag auf der Place Victor Hugo und der Place de la République. **Antiquitäten und Trödel:** Jeden Di 8–18 Uhr auf der Place Coullet.

Aktiv & Kreativ

Golfen – Rund um St-Raphaël gibt es insgesamt vier Golfplätze. **Golf de Valescure:** Av. Paul l'Hermite, Tel. 04 94 52 16 58, www.golfdevalescure.fr. Traditionsreicher 18-Loch-Platz von 1895 (!) am Rande des Esterelmassivs mit angeschlossener Golfschule. Elegantes Clubhaus, gepflegte Anlage. Auch Tennisplätze. **Golf de l'Esterel:** Av. du Golf, Tel. 04 94 52 68 30. Hügeliger 18-Loch-Platz in einem Pinienhain mit Wasserhindernissen. **Golf de Cap Esterel:** RN 98 – BP 940, Tel. 04 94 82 55 00, www.capesterel.com. 9-Loch-Platz mit Blick auf das Meer. **Parcours der Golf Académie:** Av. du Golf, Tel. 04 94 44 64 65. 9-Loch-Platz.

Segeln, Surfen, Kajak – **Esterel Loisirs:** Tel. 04 94 82 76 57. Kajak, Surfen und Katamaran, Kurse für Teilnehmer ab 8 Jahren. Von Ausbildern begleitete Kajaktouren. **Ecole de Croisière Sillage:** Tel. 04 94 40 83 30. Segelkurse aller Ni-

veaus. **Ecole Olivier Lacourtablaise:** Tel. 04 94 83 11 21. Segeln 5-Tages- oder Wochenendkurse.

Tauchen – **Plongée 83:** 29, av. de la Gare, Tel. 04 94 95 27 18, www.plongee83.com. Tauchkurse und Verleih von Tauchequipment. **Club sous l'eau:** Port Santa Lucia, Tel. 04 94 05 90 33. Staatlich geprüfte Lehrer für Kinder, Anfänger und Fortgeschrittene.

Wasserski – **Slide Water Camp:** Ponton Beau Rivage, Tel. 06 09 84 23 41. **Fun Ski School:** Tel. 06 07 08 17 17. Wasserski und Parachuting in der Bucht von Agay unter professioneller Anleitung.

Abends & Nachts

Rien ne va plus – **Casino:** Le Vieux Port, tgl. 10–4 Uhr, im Juli/Aug. bis 5 Uhr. Über 150 Glücksspielautomaten und elf Spieltische – Jackpot, *roulette anglaise*, Black-Jack und Stud-Poker. Zum Haus gehören Bar und Restaurant Le Nautile Café (Tel. 04 98 11 17 77, www.lucienbarriere.com).

Infos

Office de Tourisme
Rue Waldeck-Rousseau, 83700 St-Raphaël, Tel. 04 94 19 52 52, www.saintraphael.com.

Verkehr
Bahn: Gare Fréjus-St-Raphaël, rue Waldeck-Rousseau, Tel. 08 36 35 35 35. Verbindungen in Richtung Cannes, Nizza, Monaco, Ventimiglia und ins Hinterland nach Draguignan.
Bus: Regelmäßige Verbindungen mit Fréjus, Cannes, St-Tropez, Draguignan und Marseille vom *Gare Routière* (hinter dem SNCF-Bahnhof). Busverbindungen zum Flughafen Nizza: Société Varoise d'Autocars, Tel. 04 94 83 87 63.

Ste-Maxime ► I 7

Der lebhafte Badeort liegt gegenüber an der Nordseite der Bucht von St-Tropez. Im Gegensatz zum benachbarten und exklusiveren St-Tropez verbringen in Ste-Maxime relativ viele Familien ihren Urlaub. Die Sandstrände sind weitläufig, liegen aber alle unterhalb der lauten Küstenstraße.

Ste-Maxime besitzt ein kleines **Casino**, einen überdachten **Markt** und eine palmengesäumte **Strandpromenade** mit vielen Cafés und Geschäften. In dem Mini-Park neben dem Pavillon des Office de Tourisme wird jeden Nachmittag unter hoher Zuschauerbeteiligung Boule gespielt.

Nordwestlich der Strandpromenade liegt der weniger touristische Ortsteil von Ste-Maxime: an den Hang gebaute Einfamilienhäuser mit Blick über die Bucht. Im unteren Teil des Ortes stehen große Appartementblocks mit Ferienwohnungen.

In Richtung Fréjus wurden die Feriensiedlungen **La Nartelle** und **Val d'Esquières** in Hanglage erbaut. Hier gibt es weitere kleine Sandstrände. Da sich der Verkehr nach St-Tropez in der Hauptsaison bis Ste-Maxime zurückstaut, sollte man von hier besser mit dem Boot übersetzen und das Auto an der Avenue St-Exupéry oder am Boulevard des Mimosas parken. Im Sommer legen im Hafen regelmäßig Boote ab.

Übernachten

Direkt am Meer – **Belle Aurore**: 5, bd. Jean Moulin, Tel. 04 94 96 02 45, www.belleaurore.com, DZ 185–420 €. Zimmer mit Terrasse zum Meer, schöner Pool, der auf das Meer hinausgeht.
Zimmer mit Aussicht – **Montfleuri**: 3, av. Montfleuri, Tel. 04 94 55 75 10, www.montfleuri.com, DZ 110–200 €. Angenehmes Haus mit Pool im Grünen, trotzdem zentral. Freundlich eingerichtete Zimmer mit provenzalischen Stoffen, überdachte Terrasse, Garten mit Korbstühlen und Kieselsteinen.
Ruhig – **Calidianus**: Bd. Jean Moulin, Tel. 04 94 96 23 21, www.domaineducalidianus.com, DZ 90–180 €. Kleine Häuser mit Terrasse, nur etwa 100 m vom Meer entfernt. Mit Pool und Tennisplatz.
Altmodisch und gemütlich – **Marie-Louise**: 2 km südwestlich im Hameau de Guerrevieille, Tel. 04 94 96 06 05, www.hotel-marielouise.com, DZ 50–110 €. Einfaches 12-Zimmer-Haus im Grünen, nur 200 m vom Meer entfernt. Innen dunkles Holzmobiliar und Kamin, außen Frühstücksterrasse, kleiner Garten und Pool.

Essen & Trinken

Klassisch – **Café de France:** 2, place Victor Hugo, Tel. 04 94 96 18 16, à la carte um 30 €. Brasserie mit großer Terrasse an der Strandpromenade. Mittags wird ein günstiges Tagesgericht angeboten.

Familiär und gut – **La Maison Bleue:** 48, rue Paul-Bert, Tel. 04 94 96 51 92, Menü 22, 28 €. Klassisches Traditionsrestaurant mit Terrasse unter Platanen, Fischsuppe, hausgemachte frische Nudeln und Gnocchi. Gute Auswahl an Weinen der Côte de Provence.

Bretonisch – **La Bolée Bretonne:** 6, av. de Gaulle, Tel. 04 94 96 31 69, Menü ab 20 €. Als Hauptgericht gibt es *galettes*, die salzige Variante der bretonischen Pfannkuchen, zum Beispiel mit Schinken und Käse, als Nachtisch dann süße Crêpes, mit oder ohne Füllung.

Abends & Nachts

Glücksspiel – **Casino:** 23, av. Charles de Gaulle, Tel. 04 94 55 07 00, tgl. ab 20 Uhr bis zum frühen Morgen. 80 Spielautomaten und ein Spielsaal. Im Restaurant **La Plage** speist man mit schönem Meerblick, im Sommer kann man auch direkt am Strand essen (Menü ab 25 €).

Infos

Office de Tourisme

Promenade Simone Lorière, 83120 Ste-Maxime, Tel. 04 94 55 75 55, www.ste-maxime.com.

Verkehr

Schiffsverkehr: Les Bateaux Verts, quai L. Coudroyer, Tel. 04 94 49 29 39; **Taxis**

Aus der Retorte – die Lagunenstadt Port-Grimaud

Bateaux, La Royale, Tel. 06 09 53 15 47; **Transports Maritimes, quai** L. Coudroyer, Tel. 04 94 96 51 00. Überfahrten nach St-Tropez, Fahrzeit 20 Min., und Cannes, Fahrzeit knapp 1 Std.

Port-Grimaud ►I 8

Die pastellfarbene **Lagunenstadt aus der Retorte** wurde in den 1960er-Jahren unter Leitung des Architekten François Spoerry gebaut und der Architektur mediterraner Dörfer nachempfunden. Obwohl künstlich aus dem Boden gestampft, bleibt sie eines der gelungeneren Beispiele für die Baupolitik an der Côte d'Azur. Jedes Haus hat einen eigenen Bootsanlegeplatz. Kleine Brücken verbinden die Gassen und Plätze miteinander.

Sehenswert sind die Fenster der **Eglise St-François-d'Assise,** die von Vasarely gestaltet wurden. Vom Kirchturm hat man eine schöne Aussicht auf den Golf von St-Tropez und das Maurenmassiv. Am **Hafen** werden Kanalrundfahrten durch die künstliche Lagunenstadt angeboten. Autos müssen außerhalb des Ortes bleiben (Parkplätze links vom Ortseingang).

Übernachten

Wohnen mit Blick auf die Bucht von St-Tropez – **Giraglia:** Place du 14 Juin, Tel. 04 94 56 31 33, www.hotelgiraglia. com, DZ 280–430 €. Luxushotel mit großem Pool und Privatstrand mitten in diesem künstlichen Venedig. Komfortabel ausgestattete Zimmer, viele davon mit Balkon oder Terrasse.
Maritimes Umfeld – **Le Suffren:** Tel . 04 94 55 15 05, www.hotellerieudusoleil. com, DZ 120–250 €. 3-Sterne-Haus mit 19 Zimmern direkt am Wasser. Vom Frühstückssaal mit roten Wänden

schaut man auf die Boote vorm Fenster. Neben Zimmern hat das Haus auch Studios und Mini-Appartements.

Essen & Trinken

Gehobene Küche – **L'Amphitrite:** Grand-Rue, Tel. 04 94 56 31 33, Menü um 50 €. Das Restaurant des Hotels Giraglia bietet beste Fischgerichte und eine schöne Terrasse.
Fisch und Fleisch – **Café Sud:** 24, place François Spoerry, Tel. 04 94 56 41 79, à la carte 25–40 €. Von der großen Terrasse blickt man auf die Wasserstraßen des Ortes und wählt zwischen Speisen aus dem Meer oder den Bergen.

Infos

Office de Tourisme: Mairie, 83310 Port Grimaud, Tel. 04 94 43 20 12, www. grimaud-provence.com.

Massif des Maures

► G–L 7–9
Kurvige Gipfelstraßen, Korkeichenwälder und Kastanienhaine – das ist das Maurenmassiv. Der sanfte, grüne Gebirgszug erstreckt sich über eine Länge von mehr als 60 km oberhalb der Halbinsel von St-Tropez im Hinterland der Küste. Er zählt zu den ältesten Gebirgsformationen Frankreichs. Sein Name soll auf das provenzalische Wort *maouro,* das ein dunkles Holz bezeichnet, zurückgehen – und nicht etwa auf die Mauren bzw. Sarazenen, die bis zum 10. Jh. in Garde-Freinet die Stellung hielten.

Lange Zeit lebte man hier von der Korkherstellung. Das ist nicht mehr der Fall. Aber immer noch werden die Maronen in den Wäldern für den Verzehr gesammelt – man isst sie pur oder als Marmelade. Obwohl an keiner Stelle höher als 800 m, bietet das Maurenmassiv dramatische Landschaften und einsame Wanderwege, auf denen man sich weit weg von den Stränden St-Tropez wähnt.

Cogolin ▶ K 8

Der kleine, nicht besonders hübsche Ort (9000 Einw.) am Rande des Maurenmassivs ist berühmt für seine **Teppichindustrie** und **Pfeifenwerkstätten.** Teppiche aus Cogolin liegen im Elysée-Palast ebenso wie im Weißen Haus in Washington. Auch die Pfeifen werden in alle Welt exportiert.

Oberhalb des Ortes kann man die Ruinen einer ehemaligen **Mühle** und des **Schlosses von Cogolin** besichtigen, das im 16. Jh. zerstört wurde. Der Ort besitzt eine Zweigstelle am Wasser, Les **Marines de Cogolin,** die Ende der 1960er-Jahre auf 50 ha am Golf von St-Tropez erbaut wurde.

Fabrique de Pipes Courrieu

58, av. Georges-Clemenceau, Tel. 04 94 54 63 82, Mo–Fr 9–12, 14–18, Sa 9– 12, 14–18, So 9–12 Uhr, Eintritt frei Während eines ungefähr halbstündigen Besuchs wird die Pfeifenherstellung erklärt. Kaufinteressierte sind natürlich auch willkommen.

Grimaud ▶ K 8

Der 3000-Einwohner-Ort mit einer hübschen, verwinkelten **Altstadt** und einer sehenswerten **romanischen Kirche** liegt auf einem Hügel. Von der Ruine der im 11. Jh. errichteten **Burg** oberhalb des Ortes hat man bei klarem Wetter einen guten Ausblick auf die Bucht von St-Tropez und das Maurenmassiv.

La Garde-Freinet ▶ J 7

Im 9. und 10. Jh. hatten die von Seeräuberei lebenden **Sarazenen** in La Garde-Freinet ihren Hauptstützpunkt eingerichtet. Heute ist der 1400-Einwohner-Ort vor allem ein guter Ausgangspunkt für **Ausflüge ins Massif des Maures.** Von hier aus kann man die kurvige Gipfelstraße Route des Crêtes mit dem Auto befahren oder zu Fuß bewandern. Sie führt am Sauvette (779 m), der höchsten Erhebung des Maurenmassivs, vorbei.

La Môle ▶ J/K 8

Das kleine Dorf La Môle gilt als das älteste der Region; es wurde schon im Jahr 1008 erwähnt. In der Umgebung gibt es gute Wandermöglichkeiten, u. a. ein Weg zur **Chartreuse de la Verne** (s. Entdeckungstour S. 222).

Übernachten

Cogolin

Zentrales Boutique-Hotel – **Bliss Hotel:** Place de la République, Tel. 04 94 54 15 17, www.bliss-hotel.com, DZ 75–205 €. Moderne, gut ausgestattete Zimmer in sanften Beige- und Brauntönen, mit Flachbildschirmen und Wifi.

Grimaud

Mit Aussicht auf das Maurenmassiv – **La Boulangerie:** Route de Collobrières, Tel. 04 94 43 23 16, www.hotel-la boulangerie.com, DZ 119–139 €. Ruhiges Zehn-Zimmer-Haus in einem 2 ha großen Park mit Pool, Tennisplatz. Hoteleigenes Restaurant.
Im Landhausstil – **Le Verger:** Route de Collobrières, Tel. 04 94 55 57 80, www. hotel-grimaud.com, DZ 95–270 €. Ein Hotel, das wie ein Privathaus anmutet

Auf Entdeckungstour

Fernab der Welt – Chartreuse de la Verne

Im Herzen des Maurenmassivs liegt die imposante Chartreuse de la Verne. Noch heute ist das Kloster auf 420 m Höhe ein sehr einsamer Ort.

Reisekarte: ▶ J 8

Dauer: Hin- und Rückweg inkl. Besichtigung ca. 5–6 Std.

Öffnungszeiten: www.la.verne.free. fr, Sommer 11–18, Winter 10–17 Uhr, Di geschl., Eintritt 5 €.

Anfahrt: Von St-Tropez auf der N 98 nach La Môle, dort an der Ampel Richtung Toulon rechts den Weg zum Stausee der Verne *(barrage)* nehmen, an der Staumauer parken.

Der Verne entlang durch das Massif des Maures

Zwar führt ab Collobrières ein befahrbarer Weg zum Kloster, doch es ist viel schöner, die wuchtigen Mauern der Anlage nach einer Wanderung plötzlich im Wald zu entdecken. Unterwegs bieten sich dabei immer wieder schöne Ausblicke auf das Maurenmassiv.

Zunächst verläuft die Wanderung ohne große Höhenunterschiede am Ufer der gestauten Verne entlang. Nach etwa 4–5 km ist ein Tor erreicht, hinter dem links der markierte Weg zur Chartreuse beginnt. Nun folgt ein teils recht steiler Anstieg durch den Wald (ca. 2–3 km). Kurz darauf steht man vor der Klosterpforte.

Revolution, Verfall und Steinraub

Die Chartreuse wurde 1174 von Kartäusermönchen aus Grenoble mitten im Maurenmassiv gegründet und der Jungfrau Maria geweiht. Bis zum heutigen Tag liegt das Kloster fernab der Welt. Im 13. und 14. Jh. brannte es fast vollständig ab, wurde aber wieder aufgebaut. In Stein eingemeißelte Jahreszahlen weisen auf die zahlreichen baulichen Veränderungen hin. Die wesentlichen, heute sichtbaren Bauteile stammen aus dem 17. und 18. Jh.

Während der Französischen Revolution ging das Kloster in Staatsbesitz über, die Mönche mussten fliehen, ihr Besitz wurde geplündert und später versteigert. Die Anlage zerfiel, und die Bewohner der Umgebung versorgten sich hier mit Baumaterial. So sind noch heute in zahlreichen Dörfern Serpentinsteine zu finden, die ursprünglich aus der Chartreuse de la Verne stammen. Diesen grünen Stein des Maurenmassivs kann man am Haupteingang der Chartreuse entdecken, darüber hinaus in Tür- und Fenstereinfassungen und den Arkaden des Klosterhofs.

Neues religiöses Leben

1921 wurde die Chartreuse schließlich unter Denkmalschutz gestellt, Doch erst 1968 nahm sich eine Stiftung ihres Erhalts an. In der gesamten Anlage werden fortwährend Restaurierungsarbeiten durchgeführt. Derzeit wird die erste Kirche wieder hergestellt. Sie ist eine der wenigen erhaltenen Bauteile aus romanischer Zeit.

Seit 1983 wird das Kloster von den Schwestern von Bethlehem bewirtschaftet. Die Besichtigung der Anlage führt durch die klostereigene Bäckerei, die Ölmühle, die Kirche, den Kreuzgang und durch einige Innenräume. Zu sehen ist auch eine rekonstruierte karge Mönchszelle. Wegen Baumaßnahmen können einzelne Gebäudeteile zeitweise nicht zugänglich sein.

– mit nur zehn Zimmern sowie einem Garten mit Pool und Obstbäumen.

Dorfgasthof – **Coteau Fleuri:** Place des Pénitents, Tel. 04 94 43 20 17, www.coteaufleuri.fr, DZ 60–115 €. Efeubewachsenes altes Haus mitten im Dorf. Zimmer mit schöner Aussicht. Mit Restaurant.

La Môle

Schlicht Weiß – **Mas des Brugassières:** Route de Grimaud, Plan de la Tour (über D 74), Tel. 04 94 55 50 55, www.mas-des-brugassieres.com, DZ 90–120 €. Sehr angenehmes, ruhiges Hotel mit weiß gekalkten Zimmern, z. T. mit Terrasse. Pool, Tennisplatz und Blick aufs Maurenmassiv.

Essen & Trinken

Cogolin

Frisch vom Markt – **Grain de Sel:** 6, rue du 11 Novembre, Tel. 04 94 54 46 86, Menü 35 €, à la carte bis 50 €. Frischer Ziegenkäse mit Thunfisch, Artischockensuppe, Calamari und andere Gerichte in einem Bistro in der Nähe des Rathauses. Kleine Terrasse.

Grimaud

Für Feinschmecker – **Les Santons:** Route Nationale, Tel. 04 94 43 21 02, www.restaurant-les-santons.fr Menü 35, 49 €, à la carte ab 50 €. Es zählt zu den besten provenzalischen Restaurants der Region und serviert z. B. Hummersalat und Kalbsbries mit Trüffeln.

Einfache provenzalische Küche – **Café de France:** Place Neuve, Tel. 04 94 43 20 05, Menü 20–40 €. Von der Terrasse kann man das Boulespiel auf dem Dorfplatz verfolgen.

La Garde-Freinet

Dörflich – **La Faucado:** 31, bd. de l'Esplanade, Tel. 04 94 43 60 41, Menü um

30 €. Regionale Küche, günstiges Mittagsmenü.

La Môle

Schlemmen in der Tankstelle – **Auberge de la Môle:** Tel. 04 94 49 57 01, Menü ca. 60 €. Von außen unscheinbar, aber in der ehemaligen Tankstelle befindet sich ein ungewöhnliches Restaurant. Der Weg zum Speisesaal mit Kamin und Eisenbahnplakaten an der Wand führt nur durch die Küche. Das üppige Menü umfasst fünf Gänge. Bemerkenswert ist der erste Gang: riesige Terrinen mit hausgemachter Paté werden zur Auswahl auf den Tisch gestellt. Dazu eine beeindruckende Weinkarte.

Aktiv & Kreativ

Wandern – Neben den Hauptwanderwegen (GR 9, GR 90) sind im Maurenmassiv viele Rundwanderwege markiert. Tourenvorschläge erhält man bei den Tourismusämtern und unter www.st-tropez-lesmaures.com.

Infos & Termine

Offices de Tourisme

Cogolin: 83310, place de la République, Tel. 04 94 55 01 10, www.cogolin-provence.com. **Grimaud:** 83310, 1, bd. des Aliziers, Tel. 04 94 43 26 98, www.grimaud-provence.com. **La Garde-Freinet:** 83680, 1, place Neuve, Tel. 04 94 43 67 41, www.lagardefreinet-tourisme.com. **La Môle:** 83310, Centre du Village, Tel. 04 94 40 05 80, www.golfe-infos.com;

Termine

Bravade: Erstes Wochenende im Mai in Cogolin. Dreitägiges Patronatsfest zu Ehren des hl. Maure, Prozession durch den Ort in historischen Uniformen.

St-Tropez ❗

▶ K/L 8 und Karte 3, B1

St-Tropez – seit den 1960er-Jahren Hauptstadt des Dolce Vita an der Côte, heute Zweitwohnsitz von Industriebossen, alternden Millionären und jungen Erben – hat wenig mit Nizza, Cannes oder Monte Carlo gemein. St-Tropez ist anders: im Sommer ein **Badeort mit Volksfestcharakter,** mit viel bestauntem Jachthafen, überfüllten Stränden und Autoschlangen vor dem Ortseingang – im Winter eine **Kleinstadt,** in der sich ältere Damen in Bademantel und mit Lockenwicklern von Haustür zu Haustür unterhalten.

Der Ort ändert sein Gesicht, wenn Ende September die letzten Touristen verschwinden. Zum Vorschein kommt dann das St-Tropez der Tropezianer und der **Traditionen** – ein Dorf mit gezählten 5640 Einwohnern, in dem Boule gespielt und Pastis getrunken wird und das über ein reges Vereinsleben verfügt. Selbst junge Tropezianer engagieren sich in der örtlichen **Folkloregruppe Lou Rampeu** und nehmen mit sehr viel Ernst an der alljährlichen **Bravade** teil. Diese Idylle ist während des Rummels im Juli und August kaum vorstellbar, obwohl man auch dann, unbeeindruckt vom Trubel, auf der altehrwürdigen **Place des Lices** Boule spielt – allerdings mit prominenter Besetzung. Im Hafen ziehen die Touristen in der Hochsaison in Schulklassenstärke an den Jachten vorbei und hoffen, so etwas vom Leben der oberen Zehntausend mitzubekommen.

St-Tropez zählt in den Sommermonaten bis zu 100 000 Tagestouristen – und dafür ist es relativ intakt geblieben. Die **Altstadt** mit ihren ockerfarbenen Fassaden und verschachtelten Dächern hat sich seit Jahrhunderten kaum verändert. Die Häuserfront am **Hafen** wurde originalgetreu wieder aufgebaut, nachdem sie von den Deutschen im Krieg gesprengt worden war.

St-Tropez ist klein und überschaubar und daher gut zu Fuß zu erschließen. Autos sollte man am besten auf den Parkplätzen am Ortsrand abstellen.

Vom Hafen zur Zitadelle

Vieux Port 1

Die meistbesuchte Sehenswürdigkeit in St-Tropez ist natürlich der Jachthafen, im Sommer umstellt von Malerstaffeleien, Eiswagen und T-Shirt-Verkaufsständen, aber dennoch ein Muss. Auf den Quais gibt es Restaurants, Cafés und zahlreiche Geschäfte.

Musée de l'Annonciade 2

Place Georges Grammont, Tel. 04 94 17 84 10, 1. Juni–30. Sept. 10–12, 14–19, 1. Okt.–31. Mai 10–12, 14–18 Uhr. Di, Fei, Nov. geschl., Eintritt 6 €
Am Hafen, hinter dem Quai de l'Epi, liegt eines der schönsten Museen der Côte. Es ist in einer ehemaligen Hafenkapelle aus dem 16. Jh. untergebracht. Das Museum geht auf die Schenkung eines Lyoner Industriellen zurück und bietet einen Überblick über die Epoche zwischen Impressionismus und Kubismus mit Gemälden des Pointillismus, Neo-Impressionismus und Fauvismus. Die Sammlung umfasst u. a. Werke von Matisse, Bonnard, Van Dongen, Braque, Derain, Dufy, Rouault, Signac, Seurat, Camoin, Vuillard und Manguin sowie Skulpturen von Maillol.

Viele der Maler haben zumindest eine kurze Zeit in St-Tropez gearbeitet und Motive wie die Place des Lices und den Hafen in ihren Bildern festgehalten. Durch die Fenster der Museumskapelle blickt man auf das Meer und den Jachthafen.

Altstadt

Zwischen dem Hafenquai Jean-Jaurès, der Rue Gambetta und der Rue Miséricorde liegen die engen Straßen und Gassen der Altstadt von St-Tropez. Am Hafen, rechts vom **Café Sénéquier** `3` führt ein steinernes Tor über einen kleinen Fischmarkt auf die **Place aux Herbes** `4`. Jeden Morgen findet hier ein Markt statt. Hält man sich links, kommt man zur **Eglise Paroissale** `5`, in der die Büste des Stadtheiligen Torpes aufbewahrt wird. Hinter der Pfarrkirche liegt die dörfliche **Place de l'Ormeau,** von der es nicht mehr weit zum **Hôtel de Ville** `6` und zum Fischerhafen **La Ponche** `7` ist. Von hier führen mehrere Wege hoch zur Zitadelle.

Citadelle `8`

Musée de la Citadelle: Tel. 04 94 97 59 43, ganzjährig von 10–12.30 und 13.30–17.30 Uhr geöffnet, Fei geschl., Eintritt 3 €

Von der Zitadelle hat man einen wunderschönen Blick über die Dächer von St-Tropez und auf die Bucht. Die Zitadelle wurde 1583 zum Schutz des Ortes errichtet, der im 9. und 10. Jh. mehrfach von Sarazenen zerstört worden war. In der Befestigungsanlage, die übrigens nie eingenommen wurde, befindet sich ein **Museum zur Geschichte der Stadt und der Schifffahrt,** mit Schiffsmodellen, Fotos, Reliefplänen des Ortes, Kostümen der Bravade und Dokumenten zur Landung der Alliierten 1944.

Unterhalb der Zitadelle liegt der **Cimetière Marin** `9`, sicherlich einer der schönsten Friedhöfe Frankreichs: Die Gräber grenzen direkt ans Meer.

An der Place des Lices

Die Rue du Petit Bal und die Rue de la Miséricorde führen von der Zitadelle hinunter auf die **Rue Gambetta,** eine der Haupteinkaufsstraßen von St-Tropez. In den vielen Boutiquen findet man fast alle gängigen Pariser Designermarken von Gaultier bis Lacroix und Galiano. Der Eingang der **Chapelle de la Miséricorde** `10` wurde, wie häufig in dieser Region, mit grünem Serpentinstein eingefasst.

Die **Place des Lices** `11` hat trotz der Touristenschwärme und eines kleinen Karussellbetriebs nichts von der Würde eines provenzalischen Platzes eingebüßt. Hier treffen sich jeden Nachmittag die Boulespieler des Ortes. Zweimal in der Woche findet auf dem Platz der Markt von St-Tropez statt.

Maison des Papillons `12`

9, rue Etienne Berny, Tel. 04 94 97 63 45, April–Okt. Mo–Sa 14.30–18 Uhr, Eintritt 3 €

Von der Place des Lices führen enge, grün bewachsene **Passagen,** hinter deren Mauern links und zu kleine Gärten mit Obstbäumen auftauchen, in Richtung Hafen zurück. In einer der schönsten dieser Passagen, der Rue Etienne Berny, gibt es ein kleines **Schmetterlingsmuseum.** Sein Besuch lohnt sich vor allem, weil es in einem bezaubernden kleinen Wohnhaus mit Garten untergebracht ist. Es gehörte einst der Familie Lartigue. Zuletzt wohnte hier der Künstler Dany Lartigue, Sohn des berühmten Fotografen Jacques-Henri Lartigue. In der Küche des Hauses hängen Schwarzweiß-Familienfotos seines Vaters.

Strände ▶ Karte 3

Die Strände von St-Tropez und seiner Halbinsel zählen zu den schönsten der

Blick über die Dächer von St-Tropez und die Bucht

Sehenswert	
1 Vieux Port	**3** Café Sénéquier	**7** La Ponche
2 Musée de l'Annonciade	**4** Place aux Herbes	**8** Citadelle
	5 Eglise Paroissale	**9** Cimetière Marin
	6 Hôtel de Ville	

Côte d'Azur. Direkt in Ortsnähe befinden sich links vom Hafen die **Plage de la Bouillabaisse, Plage Golfe Azur** und **Plage Pearl Beach** mit Blick auf die Bucht von St-Maxime. Die Strände werden gerne von Windsurfern genutzt. Man kann dort baden, ist aber dabei nicht ungestört von Autoverkehr und Hafenbetrieb.

Hinter dem Friedhof liegt die **Plage des Graniers,** ein Sandstrand, der leider oft überfüllt ist. Den nächsten Strand in der **Baie des Canebiers,** erreicht man zu Fuß auf dem Sentier du Littoral in ca. 45 Minuten. Die Route des Salins führt zur **Plage des Salins,** ein sehr kleiner, nicht besonders tiefer Sandstrand im Südwesten der Halbin-

St-Tropez

4 La Ferme d'Augustin
5 B Lodge Hôtel
6 Sube
7 Les Palmiers
8 Lou Cagnard

Essen & Trinken

1 Spoon Byblos
2 Oth Sombath
3 Caprice des Deux
4 Le Ban-Hoi
5 Chez Fuchs
6 Le Bistrot
7 La Table du Marché
8 Le Café

Einkaufen

1 Maison des Lices
2 Galeries Tropeziennes
3 La Tarte Tropezienne
4 O & Co
5 Vignerons de la Cave de St-Tropez

Aktiv & Kreativ

1 Premium
2 Sportmer
3 Suncap Company

Abends & Nachts

1 Café de Paris
2 Les Caves du Roy
3 V.I.P Room

10 Chapelle de la Miséricorde
11 Place des Lices
12 Maison des Papillons

Übernachten

1 La Maison Blanche
2 Hôtel de la Ponche
3 Le Mandala

sel von St-Tropez. Die Strände aber, die St-Tropez berühmt gemacht haben, liegen in der **Anse de Pampelonne** und gehören zum Gemeindebezirk von Ramatuelle. Von der Nationalstraße D 93 führen kleine Stichstraßen nach Bora Bora, Moorea oder Pago Pago – jeder Strandabschnitt hat einen eigenen Namen, der oft an die Südsee erinnert.

Zu den Stränden à la mode und en vogue gehören Plage de Tahiti, La Voile Rouge, Kai Largo, Plage des Jumeaux und Club 55, wo sich russische Millionäre bevorzugt mit Champagner aus Magnumflaschen bespritzen.

Meist gibt es Bar- und Restaurantbetriebe in Bambushütten; Liegen und Sonnenschirme werden gegen Gebühr

Am Vieux Port ziehen trendige und traditionsreiche Cafés die Nachtschwärmer an

ausgeliehen, Surfbretter, Wasserski und Katamarane können gemietet werden. Die Strandrestaurants öffnen in der Regel von Ostern bis Mitte November. Die Preise sind ebenso exklusiv wie die Umgebung.

Übernachten

Wohnen im Stadtpalais – **La Maison Blanche** [1]: Place des Lices, Tel. 04 94 97 52 66, www.hotelmaisonblanche.com, DZ 240–390 €. Weißes Stadtpalais mit Garten und Art-déco-Zimmern direkt an der Place des Lices.

Ehemaliger Existentialistentreff – **Hôtel de la Ponche** [2]: 3, rue des Remparts, Tel. 04 94 97 02 53, www.la ponche.com, DZ 214–425 €. Altes, sehr schön renoviertes 4-Sterne-Haus mit

Meerblick, auf dessen Restaurant-Terrasse (s. u.) einst Picasso und Juliette Greco saßen. Zimmer z. T. mit Dachterrasse; hier wohnte auch schon Romy Schneider.

Modernes Design – **Le Mandala** [3]: Ecke av. P. Signac/av. Foch, Tel. 04 94 97 68 22, www.lemandala.net, DZ 200–490 €. Hotel mit wunderschönem Pool und kleinen Terrassen. Zwölf weißgraue Zimmer mit klaren Linien.

Ländlich – **La Ferme d'Augustin** [4]: Plage de Tahiti, Tel. 04 94 55 97 00, www.fermeaugustin.com, DZ 195–360 €. Sehr schönes, ruhig gelegenes Haus außerhalb des Ortes mit riesigem Garten und Pool, nur 100 m vom Strand. Eingangshalle mit Kamin, Frühstücksterrasse.

Klein und fein – **B Lodge Hôtel** [5]: 23, rue de l'Aïoli, Tel. 04 94 97 06 57,

-lou-cagnard.com, DZ 50–110 €. Hinter der Place des Lices, einfache Zimmer und Garten.

Essen & Trinken

Luxusklasse – **Spoon Byblos** **1**: Av. Foch, Tel. 04 94 56 68 20, nur abends geöffnet, Menü 89 €, à la carte um 90 €. Essen wie in Hollywood am Hotelpool. Das ›in‹-Restaurant des Hotels Byblos gehört zur Luxuskette von Starkoch Alain Ducasse. Thunfisch mit Sataysauce und Wokgemüse.

Auf den Hügeln – **Oth Sombath** **2**: 11, Chemin du Pinet, Tel. 04 94 97 99 99, www.hotel-benkirai.com, Starkoch Oth Sombath ist sehr à la mode, daher vorher reservieren. Das Mittagessen gibt es am Hotelpool, das Abendmenü (55 €) in einem lichten, modernen Saal.

Altstadtklassiker – **Caprice des Deux** **3**: 40, rue du Portail Neuf, Tel. 04 94 97 76 78, Menü 58 €. Kleines Restaurant in der Altstadt, seit Jahren geführt von Stéphane und Philippe und fast schon ein Klassiker in St-Tropez. Gänsestopfleber und Lachs-Sashimi. Leicht überteuertes Menü.

Gehobene Mittelmeerküche – **Restaurant de la Ponche:** Im gleichnamigen Hotel **2**, à la carte 40–60 €. Sehr gutes Restaurant mit hübscher Terrasse zum alten Fischerhafen. Sensationell günstiges Mittagsmenü für 26 €. Weine aus der Kooperative von St-Tropez.

Thailändisches In-Lokal – **Le Banh-Hoi** **4**: 12, rue du Petit St-Jean, Tel. 04 94 97 36 29, www.banh-hoi.com, Menü 30–50 €. Angesagtes thailändisches Restaurant mit großen Buddhas an den Wänden, kolonialem Intérieur und europäisch-asiatischer Fusionsküche.

Eine Institution – **Chez Fuchs** **5**: 7, rue des Commercants, Tel. 04 94 97 01 25, à la carte um 40 €. Eine Institution in St-Tropez, nur wenige Schritte vom Hafen

www.hotel-b-lodge.com, DZ 140–290 €. Zehn geschmackvoll eingerichtete Zimmer, z. T. mit Balkon, moderne Badezimmer, Pub im Haus, unterhalb der Zitadelle.

Traditionshaus am Jachthafen – **Sube** **6**: Le Port, Tel. 04 94 97 30 04, www.hotel-sube.com, DZ 90–290 €. Eines der ältesten Hotels von St-Tropez. Beim Frühstück mit Blick auf den Jachthafen können Sie den Bootsbesitzern auf die *scrambled eggs* schauen. Maritime Bar.

Familiär und zentral – **Les Palmiers** **7**: Place des Lices, Tel. 04 94 97 01 61, www.hotel-les-palmiers.com, DZ 80–210 €. Liebenswerter Familienbetrieb mit freundlich eingerichteten Zimmern und blühendem Garten vor der Haustür.

Günstig – **Lou Cagnard** **8**: 18, av. P. Roussel, Tel. 04 94 97 04 24, www.hotel

entfernt. Brasserie, in die sogar die Einheimischen gehen.

Essen auf der Terrasse – **Le Bistrot** 6: 3, place des Lices, Tel. 04 94 97 11 33, www.bistrot-saint-tropez.com, Menü mittags 18 €, abends um 35 €. Französische Küche und Sushi am schönsten Platz von St-Tropez mit Terrasse.

Gut für Kleinigkeiten – **La Table du Marché** 7: 38, rue G. Clémenceau, Tel. 04 94 97 85 20, www.christophe-leroy.com, Menü 19, 50 €. Tomatentarte, *nems* (gefüllte Reisblätter) und Lamm wie in Marrakesch in einem Restaurant mit angeschlossenem Feinkosthandel.

Cafés

Logenplatz zum Jachthafen – **Café Sénéquier** 3: Quai Jean Jaurès Tel. 04 94 97 20 20, www.senequier.com. Das Café am Hafen ist mit seinen roten Tischen mittlerweile fast ein Wahrzeichen von St-Tropez. Insider setzen sich nie ganz vorn an die Hafenfront. Die Preise sind gesalzen, dafür gibt es aber auch viel zu sehen. Die zugehörige Pâtisserie (Eingang an der Place aux Herbes) ist berühmt für ihren köstlichen *nougat blanc*, der neben Kuchen, glacierten Maronen und konfierten Früchten in altmodischen Etageren präsentiert wird.

Boulespielertreff – **Le Café** 8: Place des Lices, Tel. 04 94 97 44 69. Einfaches Lokal, früher Treffpunkt der Boulespieler. Am Eingang rechts steht noch ein schöner alter Holzschrank zur Aufbewahrung der Boulekugeln, teilweise mit den Namen der Besitzer.

Einkaufen

Deko für Haus und Garten – **Maison des Lices** 1: 18, bd. Louis Blanc. Hübsche Tischwäsche, Steingutgeschirr, Lampen und Kerzenleuchter. **Galeries Tropeziennes** 2: 56, rue Gambetta.

Jacquard-Tücher und Tischdecken, Liegestühle, Stoffe und Keramik. Eine Institution in St. Tropez.

Feinkost – **Epicerie du Marché:** Auf der Place aux Herbes 4. Sehr schöner Feinkostladen mit einer wunderbaren Auswahl an Käse, frischer Pasta, selbst gemachten Saucen und italienischen Spezialitäten.

Gebäck – **La Tarte Tropezienne** 3: Place des Lices, www.tarte-trope zienne-traiteur.com. Bäckerei und Patisserie mit der berühmten Tarte Tropezienne als Spezialität des Hauses. Angeschlossener Teesalon.

Märkte – Jeden Morgen Gemüse- und Fischmarkt auf der **Place aux Herbes** 4. Di und Sa 8–13 Uhr Markt auf der **Place des Lices** 11. Auskünfte zu **Flohmärkten** *(brocantes)* unter www.anti quaires-contact.com.

Mode – Boutiquen sind flächendeckend über den Ort verteilt. Auf der **Place des Lices** gibt es Plein Sud, Prada, Gucci und belgische Designer, in der **Rue Gambetta** und der **Rue Sibilli** alle anderen gängigen Marken (Gaultier, Montana, Kenzo, Kelian, Tod's, Paul Smith, Helmut Lang, Ralph Lauren, Dorothee bis etc.), in denen die Gäste der Jachten am Hafen schnell mal shoppen gehen.

Olivenöl – **O & Co** 4: 11, rue Clémenceau. Olivenöle aus der Provence und Italien, die man im Geschäft probieren kann; hübsche und praktische Glasflakons, die man einzeln kaufen und mit Öl füllen kann.

Wein – **Vignerons de la Cave de St-Tropez** 5: Av. Paul Roussel, Tel. 04 94 97 01 60. Gute Auswahl an Weinen von mehreren Winzern der Umgebung.

Aktiv & Kreativ

Bootsverleih – **Premium** 1: 9, av. Foch, Tel. 04 94 97 00 42, www.premium

Hier gibt es eine typische Spezialität der Stadt

yachts.com. Jachten, Motor- und Segelboote, Katamarane. **Sportmer** :8, place Blanqui, Tel. 04 94 97 32 33, www.sportmer.com. Auch im Angebot die sogenannten Zigaretten-Motorboote. **Suncap Company** : Passage du Port, Tel. 04 94 97 11 23, www. suncap.fr. Motorboote.

Golfen – **Golf de Beauvallon:** Zwischen St-Tropez und Ste-Maxime, Tel. 04 94 96 16 98. Ebener 18-Loch-Platz mit Wasserhindernissen. Das Richtige für Anfänger.

Segeln – **UST Voile St-Tropez:** Baie des Canebiers, Tel. 04 94 97 12 58, www. ecole-de-voile.fr. Segelunterricht in Einzel- und Gruppenkursen, Vermietung von Segelbooten und Windsurfbrettern. **La Moune:** Route de St-Tropez (von St-Tropez kommend Richtung La Foux), Tel. 04 94 97 71 05, www.lamoune.com. Kurse und Verleih von Windsurfbrettern und Katamaranen, englisch sprechende Lehrer.

Tennis – **Tennis Club de St-Tropez:** Route des Plages, Tel. 04 94 97 15 52. **Tennis du Golfe de St. Tropez:** Quartier des Marres, Tel 06 14 09 38 72. In beiden Clubs ganzjährig Kurse, Einzelunterricht und Platzvermietung.

Abends & Nachts

Eine Institution – **Café de Paris** : 15, quai Suffren, Tel. 04 94 97 00 56, www.cafedeparis.fr. Der trendigen Brasserie am Hafen sind mittlerweile auch eine Sushi-Bar und ein Night Club mit kitschigen Kronleuchtern angeschlossen. Es gibt sogar eine eigene Musik-Kompilation.

Exklusiv – **Les Caves du Roy** : Av. Paul Signac, Tel. 04 94 56 68 00, www.lescavesduroy.com. Die Diskothek des exklusiven Hotels Byblos, seit Jahrzehnten ein Dauerrenner. Hohe Celebritiydichte.

Modernes Design – **V.I.P. Room** : Résidence du Nouveau Port, Tel. 04 94 94 14 70, www.viproom.fr. Restaurant und Diskothek in einem. Lagerfeld befand angeblich, dies sei der beste Club der Welt.

Auf Entdeckungstour

Sentiers du Bonheur – Wanderungen bei St-Tropez

Man ahnt kaum, was für ein paradiesisches, unverbautes Stück Küste ganz nah hinter dem im Sommer überlaufenen St-Tropez liegt.

Reisekarte: ▶ Karte 3, A/B 4 und C 3/4

Dauer: Je nach Strecke 1–6 Std.

Start: Plage de la Bonne Terrasse.

Ausrüstung: Feste Schuhe, Wasser, Verpflegung, Badesachen, Handy und Faltblatt *Les Sentiers du Bonheur* vom Office de Tourisme in St-Tropez.

Taxi: Tel. 06 18 77 48 75, Preis ab 30 €.

Geschütztes Küstenparadies

Der Küstenwanderweg *sentier littoral* umrundet die weitgehend unbebaute Halbinsel von St-Tropez und bietet immer wieder grandiose Ausblicke. An klaren Tagen kann man sogar die Iles d'Hyères sehen. Das Conservatoire du Littoral hat hier in den vergangenen Jahrzehnten neue Bauvorhaben erfolgreich verhindert. Es hat Grundstücke aufgekauft und somit eine wunderbare Landschaft erhalten.

An der Küste stehen Schirmpinien und Korkeichen in dichtem Unterholz, hier gedeihen rare Mittelmeerpflanzen und eine weiße Heide. An vielen Stellen führt der *sentier littoral* wie durch einen dichten Kräutergarten, an anderen passiert er Weinstöcke, die hoch über dem Meer wachsen.

Der interessanteste Abschnitt des schmalen Küstenwegs liegt zwischen der Plage de Bonne Terrasse und der Plage de Gigaro. Trainierte Wanderer können die etwa 15 km in fünf Stunden bewältigen und lassen sich per Taxi zum Ausgangspunkt zurückfahren. Ebenso ist es möglich, nur ein Teilstück zu erwandern und auf gleichem Weg zurückzukehren. Als sichere Orientierung dient ein gelber Strich. Da das Gelände hügelig ist, man an vielen Stellen über kleine Felsen klettern muss, ist eine gewisse Kondition erforderlich.

Nistplatz für Vögel

An der **Plage de la Bonne Terrasse** beginnt die Wanderung sogleich mit einem steilen Anstieg zur **Phare de Camarat** (20 Min.). Dieser Leuchtturm ist 130 m hoch und seit 1831 in Betrieb. Von dort führt der Weg hinunter auf das ins Meer ragende **Cap Camarat.**

Die Landzunge, auf der viele Vögel nisten, wird von einem kleinen Rundweg erschlossen. Weiter Richtung Escalet geht es zunächst kräfteraubend über Felsen immer wieder rauf und runter, später passiert der *sentier littoral* auf Meereshöhe mehrere kleine Badebuchten. An der **Plage de Escalet** erinnert eine Tafel – wie an vielen anderen Stellen – an die Landung der Alliierten im August 1944 (ab Plage de Bonne Terrasse ca. 7 km, 2–2,5 Std.).

Mediterrane Vegetation

Etwa 2 km südlich des Escalet-Strandes schiebt sich das Cap Taillat ins Meer (ca. 30 Min.). Dieser Wegabschnitt ist recht einfach zu begehen. Vom Strand wandert man auf einen kleinen Hügel. Kräuter bilden einen dichten Teppich, und es ergeben sich wunderbare Ausblicke aufs tiefblaue Meer.

Über mehrere Felsen geht es zum **Cap Taillat,** das mit Sträuchern bewachsen ist und auch einer seltenen Zwergpalme, der *Barbe de Jupiter,* geschützten Raum bietet. Von der Höhe des Caps schaut man auf den verschiedenfarbigen Meeresgrund, der das Wasser je nach Lichteinfall türkis, dunkelblau oder grün schimmern lässt.

Einladende Strände

Vom Cap Taillait klettert man an Felsen entlang abwärts zum breiten Strand **Bastide Blanche,** der an das Weinanbaugebiet der Halbinsel angrenzt. Einige Privathäuser stehen direkt am Wasser. Auch der Club Méditerranée wollte sich hier niederlassen, was aber erfolgreich verhindert wurde.

Vom Strand führt der Weg bergan durch duftende Garrigue, über Felsen, durch kleine Pinienwaldstücke und vorbei am **Cap Lardier** Richtung Gigaro. Bevor sich die Bucht in einem großen geschwungenen Bogen öffnet, und man die bewirtschafteten Strände von **Gigaro** erreicht, laden wunderbare kleine Buchten zum Baden ein (ab Cap Taillat ca. 6 km, 2 Std.).

Infos & Termine

Office de Tourisme

Quai Jean-Jaurès, 83994 St-Tropez, Tel. 04 94 97 45 21, www.ot-saint-tropez.com.

Termine

Voiles latines: Anfang Mai. Regatta mit alten, kleinen Segelbooten *(petits pointus)*.

Bravade: 16.–18. Mai. Dreitägiges Fest zu Ehren des hl. Torpes (s. S. 34).

Bravade des Espagnols: 15. Juni. Umzug in historischen Kostümen durch den Ort.

Fête de Saint-Pierre: 29. Juni. Fackelprozession zu Ehren des Schutzheiligen der Fischer.

Fête des Pêcheurs: 30. Juni. Traditionelles Fest der Fischer, bei dem ein Ruderboot mit Fackeln erleuchtet wird. Anschließend wird im Viertel La Pesquière nahe La Ponche gefeiert

Les Voiles: Anfang Okt. Große Segelregatta entlang der Küste mit traditionellen und modernen Booten.

Verkehr

Hubschrauber: Héli Sécurité, Tel. 04 94 55 59 99, www.helicopter-saint-tropez.com. Mit dem Hubschrauber braucht man nur 20 Min. vom Héliport de Grimaud bis zum Nizzaer Flughafen, vorausgesetzt, man kann sich die horrenden Preise leisten

Bahn: Bis St-Raphaël/Fréjus (38 km) oder bis Toulon.

Bus: Regelmäßige Verbindungen von St-Raphaël nach Toulon über St-Tropez, Info-Tel. 04 94 97 88 51. Abfahrt der Busse am *Gare Routière* an der Av. du 8 Mai.

Schiffsverkehr: Regelmäßiger Fährverkehr zwischen Ste-Maxime und St-Tropez, Info-Tel. 04 94 96 51 00; im Sommer auch von/nach St-Raphaël (50 Min.), Info-Tel. 04 94 95 17 46.

Presqu'Ile de St-Tropez ▶ Karte 3

Die beiden Dörfer im Zentrum der Halbinsel von St-Tropez mussten sich jahrhundertelang gegen Eindringlinge verteidigen. Noch heute sind **Ramatuelle** (s. Lieblingsort S. 238) und Gassin von einer intakten Stadtmauer umgeben. Im Innern der beiden Orte kommt man in den schmalen Gassen nur zu Fuß weiter. Vor den Häusern stehen malerisch Tontöpfe mit Oleander und trotz vieler Tagestouristen sind sowohl Gassin wie das denkmalgeschützte Ramatuelle erstaunlich intakt geblieben. Von Ramatuelle führt ein Spaziergang an der Landstraße entlang zu den Ruinen der **Moulins de Paillas,** einer Windmühle aus dem 16. Jh

Gassin (▶ Karte 3, A 2) ist eines der wenigen 2000-Einwohner-Dörfer mit einem eigenen 18-Loch-Golfplatz. Für Wassersprtler entstand unten am Golfe de St-Tropez eine Filiale des alten Bergdorfes: **Port-Gassin,** eine Ferienanlage mit Hafen. Gunther Sachs besitzt in Nähe des alten Ortes ein Haus.

Übernachten

Gassin

Wohnen wie bei reichen Freunden –
Mas de Chastelas: Quartier Bertaud, Tel. 04 94 56 71 71, www.chastelas.com, DZ 150–400 €. Luxushotel mit Pool und Tennisplatz in einem Anwesen aus dem 18. Jh., umgeben von Weinfeldern.

Ramatuelle

Landhausstil – **Les Moulins:** Route des Plages, an der Straße nach St-Tropez, Tel. 04 94 97 17 22, www.christophe-leroy.com, DZ 210–340 €. Sehr schön, sehr teuer und sehr ›in‹. Fünf geschmackvoll eingerichtete Zimmer. Sehr gutes Restaurant.

Luxus am Dorfrand – **Le Baou:** Av. G. Etienne, Tel. 04 98 12 94 20, www.al pazurhotels.com, DZ 190–340 €. Am Ortsrand gelegen. Von den Zimmern wunderschöner Blick auf Ramatuelle und die Weinberge. Garten mit Pool. Gutes Restaurant.

Bungalows im Pinienhain – **Les Bouis:** Route des Plages, Tel. 04 94 79 87 61, www.hotel-les-bouis.com, DZ 170–240 €. Kleine Bungalows, sehr ruhig in einem Pinienwald an der Straße nach St-Tropez gelegen. Zimmer mit Meerblick und Privatterrasse, sehr schöner Pool.

Designhotel – **La Réserve:** La Quessine, Tel. 04 94 44 94 44, www.lareserve-ra matuelle.com, DZ ab 400 €. 23 Zimmer, 1000 m²-Spa, sensationelle Lage am Meer. Von Stararchitekt Jean-Michel Wilmotte renoviert. Zwei Pools.

Gepflegt und einfach – **L'Ecurie du Castellas:** Route des Moulins de Paillas, Tel. 04 94 79 20 67, www.lecurieducas ,tellas.com, DZ 76–200 €. Nette Zimmer mit Aussicht oberhalb des Dorfplatzes, eigenes Restaurant.

Rustikal – **Leï Souco:** Route des Plages: Tel. 04 94 79 80 22, www.leisouc.com, DZ 80–140 €. Acht rustikale Zimmer mit Holzbalken an der Decke inmitten von Olivenbäumen, Weinstöcken und Pinien außerhalb des Ortes.

Essen & Trinken

Gassin

Der Wein wächst gleich vor der Tür – **La Verdoyante:** Montée de Gassin, Tel. 04 94 56 16 23, www.la-verdoante.fr, Menü 38, 48 €. Familienbetrieb mit rustikalem Speisesaal und kühler Terrasse im Grünen. Gleich nebenan liegen die Weinstöcke des Château Minuty, das für La Verdoyante einen eigenen Hauswein vinifiziert. Die Küche bietet re-

gionale Spezialitäten wie *tartines de foie de lapin* und *daube provençale.*

Hübsche Dorfterrasse – **Le Micocoulier:** Place des Barrys, Tel. 04 94 56 14 01, Menü 25 u. 30 €. Mitten im Ort mit klassischer französischer Küche. Als Entrée gibt es Artischockenherzen, im Hauptgang gefolgt von St-Pierre-Fisch mit schwarzen Oliven.

Ramatuelle

Gourmetküche – **La Terrasse de Baou:** Av. G. Etienne, Tel. 04 98 12 94 20, Menü 58, 85 €. Herrliche Terrasse mit Blick auf das Dorf, klassische Karte und gute Auswahl an Weinen der Region.

Marseiller Fischsuppe – **Chez Camille:** Plage de la Bonne Terrasse, über D 93 und Route Camarat, Tel. 04 98 12 68 98, www.chezcamille.fr, à la carte 40–75 €. Viele halten die Bouillabaisse von Camille für die beste der Region, aber man muss sie vorbestellen.

Ländlich – **Ferme Ladoceur:** Quartier La Rouillère, Tel. 04 94 79 24 95, www.fermeladouceur.com, nur abends, Einheitsmenü mit drei Gängen inkl. Wein um 40 €. Umgebauter Bauernhof an der D 61. Sehr schöne Terrasse neben Weinstöcken. Ungedingt reservieren. Es gibt auch einige Zimmer.

Hommage an den Süden – **La Forge:** Rue Victor Léon, Tel. 04 94 79 25 56, Menü um 35 €. Eines der wenigen empfehlenswerten Restaurants direkt im Ort. Sardinentarte mit Zwiebelconfit und gegrillte Tomaten mit Tapenade stehen u.a. auf der Karte.

Einkaufen

Märkte – Do und So, jeweils von 8–13 Uhr in **Ramatuelle** auf der Place de l'Ormeau.

Wein – Zahlreiche Weingüter laden entlang der ausgeschilderten *Route des Vins* zu Dégustation und Verkauf

Lieblingsort

Ramatuelle – Dorfleben im Hinterland von St-Tropez

▶ Karte 3, B2

Ramatuelle ist ein malerisches Dorf im Hinterland von St-Tropez. Vom Ort, der seit 1959 unter Denkmalschutz steht, bietet sich ein herrlicher Blick über die Halbinsel. Ramatuelle musste sich jahrhundertelang gegen Eindringlinge verteidigen. Noch heute wird es von der alten Ringmauer umgeben. Im Dorfkern mit seinen schmalen Gassen und eng aneinander gebauten Häusern, vor denen Tontöpfe mit Oleander stehen, kommt man nur zu Fuß weiter. Trotz der bis zu 30 000 Tagestouristen im Sommer ist Ramatuelle erstaunlich intakt geblieben. Zentraler Ort des Dorflebens ist die Place de l'Ormeau, auf der früher eine gewaltige Ulme aus dem 17. Jh. stand. Sie musste jedoch vor einigen Jahren durch einen Olivenbaum ersetzt werden.

Mein Tipp

Ramatuelle im Festivalfieber
Im Sommer wird Ramatuelle zur Festivalstadt. Eröffnet wird die Saison Ende Juli mit den *Temps Musicaux,* den Tagen klassischer Muisk. In der ersten Augusthälfte folgt das **Festival de Ramatuelle.** Dieses Theaterfestival wurde 1985 von Jean-Claude Brialy begründet und ursprünglich dem französischen Schauspieler Gérard Philippe gewidmet, der bis zu seinem Tod in Ramatuelle lebte und hier auch beerdigt ist (www.festivalderamatuelle.com). Den swingenden Abschluss macht Mitte August das **Jazz Festival** mit internationaler Besetzung (www.jazzfestivalramatuelle.com). Alle Festivals finden in einem Amphitheater unterhalb des Dorfes statt.

ein (Karte im Office de Tourisme in St-Tropez). **Celliers des Vignerons de Ramatuelle:** An der Landstraße unterhalb von Ramatuelle, Tel. 04 94 79 23 60, tgl. 9–12.30, 14.30–19 Uhr. **Domaine de Bertaud-Belieu:** An der D 61 zwischen Ramatuelle und Gassin, Tel. 04 94 56 16 83, Di–Sa 9–13, 15–18 Uhr. **Château Barbeyrolles:** Chemin de la Berle-Gassin an der D 61, Tel. 04 94 56 33 58, www.toureveque.com, Mo–Sa 9–17 Uhr. **Château Minuty:** Route de Bertaud, an der D 61, Tel. 04 94 56 12 09, Mo–Fr 9–12, 14–18.30 Uhr. **Château de la Rouillère:** Route de Ramatuelle, an der D 61, Tel. 04 94 55 72 60, www.domainedelarouillere.com, tgl. 8.30–12, 14–19 Uhr. **Maîtres Vignerons de la Presqu'Ile**: La Foux, Carrefour de la Foux-Gassin, Tel. 04 94 56 32 04, www.mavigne.com.

Infos

Office de Tourisme: Place de l'Ormeau, 83350 Ramatuelle, Tel. 04 98 12 64 00, www.ramatuelle-tourisme.com. **Maison de Tourisme:** Carrefour de la Foux, 83580 Gassin, Tel. 04 94 55 22 00, www.golfe-info.com.

La Croix-Valmer ▶ K 8

Der ruhige Ferienort (2000 Einw.) mit vielen alten Villen, gebaut um 1900, liegt einige Kilometer von der Küste entfernt in 100 m Höhe. Der nächste Strand ist der von Gigaro.

Übernachten

Schloss mit Palmengarten – **Château de Valmer:** Route de Gigaro, Tel. 04 94 55 15 15, www.chateauvalmer.com, DZ 195–520 €. Luxushotel mit Privatstrand in 5 ha großem Park, riesiger Palmengarten. Im Restaurant gibt es Artischockenragout oder Frikassee vom St-Pierre-Fisch (Menü ab 50 €). Zum selben Haus gehört auch das etwas günstigere **Hotel Pinède Plage,** ebenfalls mit einer hübschen Restaurantterrasse mit Teakholzmöbeln direkt am Meer (DZ ab 200 €, Menü ab 50 €).
Die Inseln von Hyères im Blick – **Les Moulins de Paillas Plage de Gigaro:** Tel. 04 94 79 71 11, www.lesmoulinsdepaillas.com, DZ 160–180 €. Empfehlenswertes 3-Sterne-Haus mit Privatstrand, Pool und Tennisplätzen. Gutes, hoteleigenes Restaurant **La Brigantine** (Menü ab 25 €).
Familiär geführtes Haus – **Hôtellerie La Ricarde:** Plage du Débarquement, Tel. 04 94 79 64 07, www.hotel-la-ricarde.com, DZ 45–90 €. 150 m vom Meer entfernt, kleiner, exotischer Garten, im Sommer Halbpension möglich.

Essen & Trinken

Einfach, aber sympathisch – **Le Patio:**
Rue Louis Martin, Tel. 04 94 79 70 85, à
la carte 15–22 €. Mitten im Ort mit Terrasse, es gibt Pizza und gegrillten Fisch.

Infos

Office de Tourisme: BP 56, Esplanade
de la Gare, 83420 La Croix-Valmer, Tel.
04 94 55 12 10, www.lacroixvalmer.fr.

Cavalaire-sur-Mer

▶ K 8

In dem kleinen Familienbadeort mit einem rund 4 km langen Sandstrand do-
minieren flache, aber nicht besonders
hübsche Appartementhäuser. Camper
finden zahlreiche Plätze vor.

Übernachten

Zimmer mit Aussicht – **Hôtel de la Calanque:** Rue de la Calanque, Tel. 04 94
64 04 27, www.hotel-la-calanque.com,
DZ 190–250 €. Fantastisch an einer Fels-
bucht gelegen. Die nicht immer geschmackvoll eingerichteten Zimmer
haben einen Balkon zum Meer. Auch
Pool und Restaurant mit Aussicht.
Man spricht Deutsch – **Hôtel Villa Provençale:** Rue des Maures, Tel. 04 94 00
47 90, www.hotelvillaprovencale.com,
DZ 80–110 €. Familiäres Haus mit schönem Garten, unter deutscher Leitung.
600 m vom Jachthafen entfernt.

Infos

Office de Tourisme: Square de Lattre-
de-Tasigny, 83240 Cavalaire-sur-Mer,

Tel. 04 94 01 92 10, www.cavalaire-sur-
mer.com.

Cavalière ▶ J 9

Der kleine Ort an der wunderschönen
Küstenstraße zwischen Le Lavandou
und St-Tropez ist vor allem für Urlau-
ber, die Ruhe suchen, sehr empfehlenswert.

Übernachten

Traumlage direkt am Meer – **Le Club:**
Plage de Cavalière, Tel. 04 98 04 34 34,
www.clubdecaviere.com, DZ ab 390 €.
Luxushotel der Relais & Chateau-Kette
mit Pool, Privatstrand, Spa und eigenem Restaurant (Menü 53 €). Die Zimmer sind sehr geschmackvoll eingerichtet.
In Strandnähe – **Hôtel du Cap Negre:**
Tel 04 94 05 80 46, www.hotel-cap-
negre.com, DZ 60–98 €. Einfaches und
funktionales 2-Sterne-Haus mit gelb
getünchter Fassade, 50 m vom Strand.
Viele Zimmer haben einen Balkon oder
eine Terrasse und Meerblick.

Le Lavandou ▶ J 9

Das ehemalige Fischerdorf entwickelt
sich mehr und mehr zum modernen,
verbauten Badeort mit großen Appar-
tementhäusern, Feriensiedlungen und
Campingplätzen. Beliebt ist Le Lavandou vor allem bei Holländern und
Deutschen. Im Ort befinden sich Sandstrände.

Übernachten

Luxuriös – **Les Roches:** 1, av. des Trois
Dauphins, Aiguebelle-Plage, Tel. 04 94

Lieblingsort

Domaine du Rayol – mediterrane und exotische Gartenwelten
▶ K 8
Der Garten in Le Rayol-Canadel zwischen Cavalaire und Cavalière gehört
zu den schönsten der Küste. 1910 wurde er von dem Pariser Bankier
Alfred Courmes angelegt, der exotische Pflanzen aus Chile, Australien
und Südafrika importierte. Beim Börsenkrach 1929 verlor er sein gesam-
tes Vermögen. Das Anwesen ist sowohl mit als auch ohne Führung zu
besichtigen. Im Garten lädt das Café des Jardiniers zu einem Imbiss ein
(www.domainedurayol.org).

71 05 07, www.hotel-prestigeprovence.com, DZ ab 200 €. Das exklusive Hotel befindet sich in dem kleinen Badeort Aiguebelle, einige Kilometer östlich von Le Lavancou. Hier wohnte schon Thomas Mann auf dem Weg nach Sanary. Zimmer direkt über dem Meer, ein in Stein gehauener Pool und ein Restaurant wie ein Schiff.

Provenzalisch – **Auberge de la Calanque:** 62, av. du Général de Gaulle, Tel. 04 94 71 05 96, www.aubergedelacalanque.com, DZ 150–300 €. Hübsches Haus über der Bucht, mit Park und Pool, die 32 Zimmer haben Terrassen zum Meer.

Strandhotel – **L'Orangeraie:** Av. André Gide in St-Clair (an der N 559), Tel. 04 94 71 04 25, www.hotelorangeraie.com, DZ 70–110 €. Angenehme Unterkunft, nur 150 m zum Strand, Zimmer mit Balkonen zum Meer, z. T. mit Kochecke.

Essen & Trinken

Für Gourmets – **Mathias Dandine:** Im Hotel Les Roches (s. o.), Tel. 04 94 71 05 05, Menü 62–125 €, à la carte 110 €. Spitzenküche. Bouillabaisse und gefüllte Calamari. Im Speisesaal sitzt man wie in einem Boot, unter einem ist nur noch das blaue Meer. Große Glasfenster geben den Blick auf die Bucht frei

Küche des Südens – **Le Sub:** Av. des Trois Dauphins/Aiguebelle, Tel. 04 94 05 76 98, Menü 59 €. Hummer-Risotto und Sisteron-Lamm werden hier von einem Bocuse-Schüler perfekt zubereitet. Das Dekor ist allerdings leicht kitschig.

Einfach und rustikal – **Le Relais du Vieux Sauvaire:** Route des Crêtes, Tel. 04 94 05 84 22, à la carte 30 €. Haus unter Pinien außerhalb des Ortes. Roland Gallo ist berühmt für seine Pizza, grillt aber auch Langusten.

Aktiv & Kreativ

Bootsausflüge – **Compagnie des Transports Maritimes,** 15, quai Gabriel Péri und Gare Maritime, Tel. 04 94 71 01 02. Im Juli/August fast stündlich Boote zur Ile du Levant und zur Insel Port-Cros. Porquerolles wird auch während der Saison nur 1 x tgl. angefahren. Die gleiche Gesellschaft organisiert Bootsfahrten zum Fort Brégançon sowie Unterwasserfahrten im Aquascope, einem ›gläsernen‹ U-Boot.

Infos

Office de Tourisme: Quai Gabriel Péri, 83980 Le Lavandou, Tel. 04 94 71 00 61, www.lelavandou.com.

Bormes-les-Mimosas

▶ J 9

Der hübsche Ort liegt am Hang oberhalb von Le Lavandou. Bormes-les-Mimosas trägt den Titel *Premier village fleuri de France* und organisiert ganzjährig Veranstaltungen zum Thema Blumen, darunter einen Blumenkorso im Februar, der Blütezeit der Mimosen. Von den Schlossruinen hat man eine schöne Aussicht auf die Bucht.

Fort de Bregançon

Zur Gemeinde gehört das Fort de Bregançon, seit 1968 offizielle Ferienresidenz der französischen Staatspräsidenten. Nicolas Sarkozy verbringt den Sommer aber lieber in der Familienresidenz mit Frau, Carla Bruni, am nahen Cap Nègre. Von dort gibt es dann alljährlich Fotos des Präsidentenpaars in Badehose und Bikini. Das Fort, das auf einem Felsen wenige Meter vom Festland entfernt steht, ist nur im Rahmen der *Journées du Patrimoine* (Tag des offenen Denkmals) am vorletzten Wochenende im September zu besichtigen.

Übernachten

Der Traum vom Süden – **Domaine du Mirage:** 38, rue Vue des Iles, Tel. 04 94 05 32 60, www.domainedumirage. com, DZ 123–280 €. Hübsch gelegenes, exklusives Hotel mit Schwimmbad und einer Terrasse mit blühenden Bougainvillea. 51 Zimmer, teilweise mit Balkonen zum Pool.

Erholsame Ruhe – **Villa Nais:** 1568, route de Martegasse, Tel. 04 94 71 28 57, www.villanais.com, DZ 100–160 €. Neun-Zimmer-Haus mit Pool und Tennisplätzen etwas außerhalb des Ortes.

Familiäres Ambiente – **Hôtel de la Plage:** Bd. de la Plage, Tel . 04 94 71 02 74, www.hotelbormes.com , DZ 66–78 €. Einfaches Hotel 300 m vom Strand entfernt.

Essen & Trinken

Artischockenrisotto und mehr – **La Rastègue:** 48, bd. du Levant, Tel. 04 994 15 19 41, Menü 46 €. Provenzalischer Saal mit kleiner Terrasse. Keine große Karte, aber was es gibt, ist gut.

Mediterrane Spezialitäten – **La Tonnelle:** Place Gambetta, Tel. 04 94 71 34 84, www.la-tonnelle-bormes.com, Menü 27, 38, 48 €. Mittlerweile ein Klassiker, mitten im Dorf.

Infos

Office de Tourisme: 1, place Gambetta, 83230 Bormes-les-Mimosas, Tel. 04 94 71 15 17, www.bormeslesmimosas. com.

Segler finden in der Baie du Gaou bei Le Lavandou optimale Bedingungen

Die westliche Côte und Marseille

Highlights !

Ile d'Hyères: Die goldenen Inseln – Porquerolles, Port-Cros, Le Levant und Bagaud – locken mit unberührter Natur, karibischen Stränden und endlosen Pinienhainen. S. 251

Les Calanques: Zwischen Cassis und Marseille fressen sich die Buchten tief in die Steilküste hinein. Nur per Boot oder auf einem Wanderweg sind sie zu erreichen. S. 265

Marseille: Die uralte Hafenstadt hat ihren üblen Ruf erfolgreich bekämpft, sie investierte in die Erneuerung des historischen Zentrums und in die Kultur und ist heute die angesagteste Stadt in Frankreich. S. 269

Auf Entdeckungstour

Porquerolles – auf dem Fahrrad durchs Paradies: Die Insel ist weitgehend autofrei. Ihre unverfälschte Schönheit kann man auf dem Fahrrad am besten entdecken. Kleine Sandwege führen zu tropischen Stränden mit türkisblauem Wasser, Leuchttürmen und alten Forts. S. 252

Marseille gestern und heute – rund um den Vieux Port: Theater im alten Fischmarkt, Kultur im ehemaligen Armenhaus, Hightech in den früheren Docks und dazwischen neue Szenetreffs, Gourmetrestaurants und Geschäfte mit Tradition – Marseille ist wieder in. S. 270

Marseille
Marseille gestern und heute
Les Calanques
Cassis
Route des Crêtes
Toulon
Bandol
Hyères
Ile de Port-Cros
Porquerolles
Iles d'Hyères

Kultur & Sehenswertes

Villa des Noailles: Erbaut von einem reichen Mäzenenpaar, später als Gästehaus genutzt von Man Ray, Luis Buñuel und Alberto Giacometti. Heute ist die Villa in Hyères ein Museum. S. 249

Vieille Charité in Marseille: Im ehemaligen Armenhaus von Marseille sind gleich drei Museen untergebracht – das Musée d'Archéologie Méditerranéenne, das Musée des Arts Africains und das Musée d'Egyptologie. S. 272, 273

Aktiv & Kreativ

Parcours Sousmarin auf Port-Cros: Mit Schnorchel und Flossen an zehn verschiedenen Stationen das Leben unter Wasser beobachten. S. 256

Route des Crêtes: Wanderung durch eine bizarre Felslandschaft, immer entlang der Steilküste zwischen La Ciotat und Cassis, mit spektakulären Ausblicken in die Tiefe. S. 264

Genießen & Atmosphäre

Maison des Vins de Bandol: Die besten Rotweine der Küste probieren und für den heimischen Keller einkaufen. S. 263

Les Arcenaulx: Eine Buchhandlung in einem ehemaligen Lagerhaus mit angeschlossenem Restaurant – einer der Treffpunkte von Marseille. S. 277

Abends & Nachts

Im Hafen von Cassis: Einen Aperitif – ein Glas Weißwein oder Kir – in einem der zahlreichen Cafés am Hafenquai trinken und dabei den Fischern und Kapitänen der Ausflugsboote zuschauen. S. 265, 269

L'Intermédiaire: Jazz-, Blues- und Rockkonzerte in einer Musikkneipe unweit des Vieux Port in Marseille. S. 279

Hyères ist das älteste Seebad der Küste – mit einer sehenswerten Altstadt, dem kubistischen Baudenkmal Villa des Noailles und kilometerlangen Stränden auf der Halbinsel von Giens. Die Iles d'Hyères, die vorgelagerten Inseln Porquerolles und Port-Cros, sind kleine Paradiese für sich, besitzen Badebuchten mit türkisblauem Wasser und gelten als die Karibik der Côte. In Toulon führt eine Drahtseilbahn auf den Mont Faron, in Bandol werden die besten Rotweine der Küste produziert. In Sanary-sur-Mer wandelt man auf den Spuren deutscher Exilliteraten und in der idyllischen Hafenstadt Cassis sollte man in den weißen Felsbuchten der Calanque sonnenbaden. Marseille ist seit einigen Jahren wie verwandelt: An den Hafenkais gibt es Bouillabaisse, Muscheln und Szenekneipen, im ehemaligen Armenhaus der Stadt moderne Kunst.

Infobox

Internet

Die Websites www.visitprovence.com und www.web-provence.com informieren über die westliche Côte und Marseille.

Verkehr

TGV und Regionalzüge verbinden Hyères und Toulon mit Marseille mehrmals täglich. Auch Linienbusse fahren regelmäßig die Küstenorte an. Die Iles d'Hyères sind ab Hyères per Boot zu erreichen. In Hyères ist die gesamte Altstadt für Autos gesperrt. In Marseille empfiehlt es sich, das Auto an einem der großen Parkplätze der Stadt abzustellen und mit öffentlichen Verkehrsmitteln weiterzufahren.

Hyères ▶ H 9

Hyères ist das älteste Seebad der Küste. Hier begann die Geschichte des Tourismus an der Côte d'Azur. Die kleine Stadt östlich von Toulon wurde schon im 19. Jh. – noch vor Cannes und Nizza – von reichen Engländern als Winterurlaubsort entdeckt. Der Schriftsteller Stephen Liégeard soll hier 1887 beim Anblick des tiefblauen Meeres zum ersten Mal »Ah, la Côte d'Azur …« (»Ah, die azurblaue Küste …«) ausgerufen haben.

Vom Ruhm jener Tage ist heute nur noch wenig zu spüren. Die Stadt (45 000 Einw.) ist keine mondäne Urlaubsadresse, sondern ein **Familienbadeort,** den manche gar nicht mehr zur Côte d'Azur zählen. Im Gegenzug ist die Stadt Hyères angenehm ›normal‹ geblieben. Der Ferienbetrieb mit Stränden, Campingplätzen, modernen Ferienwohnungen, jeder Menge Supermärkten und einem Jachthafen konzentriert sich auf die vorgelagerte Halbinsel, die **Presqu'île de Giens.** Hier, bei der **Tour Fondue** an der Spitze der Halbinsel, legen auch die Boote nach Porquerolles ab.

Die Stadt selbst lebt nicht ausschließlich vom Tourismus, sondern auch von der örtlichen Palmenzucht, von Obst- und Gemüseanbau, kleineren Industrien sowie der Salzgewinnung in den Salinen.

Altstadt

Sehenswert ist die Altstadt von Hyères – die Place Clémenceau, place de la République, Porte de la Rade, rue Massillon sowie Place St-Paul – und dort insbesondere die **Eglise St-Louis** an der Place de la République. Sie stammt ursprünglich aus dem 13. Jh., wurde aber im 19. Jh. nach Zerstörungen während der Französischen Revolution vollständig restauriert.

Ebenfalls zu empfehlen ist ein Besuch der **Tour St-Blaise-des-Templiers,** eine Komturei des Templerordens aus dem 12. Jh. Der Turm diente bis 1913 als Rathaus und beherbergt inzwischen Ausstellungssäle, für die die originale Eingangstür wieder freigelegt wurde (Place Massillon, Mi–Mo 10–12, 16–19 Uhr, Nov.–März Mi–So 14–17 Uhr).

Auf der Place St-Paul gibt es einen schönen Aussichtspunkt. Bei der Orientierung hilft die Tafel vor der **Eglise St-Paul** (12. Jh., im 16. Jh. verändert). Neben der Kirche steht ein hübsches Renaissance-Haus an der Stelle eines Eingangstores der mittelalterlichen Stadtmauer, der Porte St-Paul.

Parc St-Bernard

8–19.30 Uhr, im Winter bis 17 Uhr, ca. 15 Min. Fußweg vom Zentrum
Oberhalb der Altstadt liegt St-Bernard, ein botanischer Garten, von dem man auf die Bucht von Hyères und auf die gegenüberliegenden Inseln blickt. Vom Park führt ein ausgeschilderter Weg in einer knappen halben Stunde hinauf zum mittelalterlichen **Château des Aires,** von dem lediglich Ruinen erhalten sind. Auch von diesem alten Schloss bietet sich eine schöne Aussicht.

Villa des Noailles
Montée des Noailles, Tel. 04 98 08 01 98, www.villanoailles-hyeres.com, Fußgänger-Zugang über die Rue St-Esprit oder die Rue St-Bernard, Mi–Mo. außer Fr von 14–19, Fr von 16–22 Uhr, Eintritt frei
Die Villa Noailles im oberen Teil des Parc St-Bernard ist ein avantgardistisches Relikt aus vergangenen Zeiten.

Das kubistische Gebäude mit Schwimmbad, Gymnastikraum und zahlreichen Gästezimmern wurde im Jahr 1924 von dem damals noch unbekannten Architekten Mallet-Stevens für das kunstliebende Ehepaar Charles und Marie-Laure de Noailles gebaut. Der amerikanische Maler und Fotograf Man Ray drehte hier einen Film, Luis Buñuel schrieb in der Villa ein Drehbuch, Jean Cocteau und Alberto Giacometti waren Gäste des Kunstmäzens Noailles. In der Villa, die heute der Stadt gehört, findet u. a. das renommierte Festival de Mode et de Photographie statt.

Außerhalb des Zentrums

Erholung findet die Stadtbevölkerung auch im **Jardin Olbius-Riquier,** ein großer exotischer Park mit tropischen Pflanzen (Av. Ambroise Thomas, südlich der Cité Administrative, Anfahrt über die Av. Gambetta, tgl. 7.30–20 Uhr, im Winter bis 17 Uhr)

Auf der Anhöhe Costebelle, 3 km südlich der Stadt, steht die Mitte des 20. Jh. errichtete **Chapelle Notre-Dame-de-Consolation.** Sie ist der letzte von mehreren Nachfolgebauten einer Wallfahrtskirche aus dem 11. Jh. (Anfahrt über Av. Victoria und Av. Paul Bourget, dann ausgeschildert, tgl. 8.30–20 Uhr).

Strände

Die **Plage L'Ayguade** am Boulevard de la Marine liegt der Stadt am nächsten. Die schöneren und weitläufigeren Sandstrände säumen jedoch die **Halbinsel Giens:** Hyères-Plage, La Capte, La Bergerie, La Madrague und L'Almanarre. Die Westseite der Halbinsel gilt als windiger und ist daher bei Surfern sehr beliebt, auf der Ostseite wird das Wasser nur allmählich tiefer, weshalb Familien mit kleinen Kindern hier gern herkommen. Die **Plage des Salins** ist sehr naturbelassen, ein Teil davon FKK-Gebiet.

Übernachten

Wunderbare Lage – **Le Provençal:** Place St-Pierre, Tel. 04 98 04 54 54, www. provencalhotel.com, DZ 122–174 €. An der Spitze der Presqu'île de Giens; wunderschöner Blick und in Fels gehauener Pool über dem Meer; etwas altmodische Zimmer.

Altstadthotel – **Hôtel du Soleil:** Rue du Rempart, Tel. 04 94 65 16 26,www. hoteldusoleil.com, DZ 80–120 €. Efeubewachsenes Haus in der Altstadt mit 22 Zimmern. Das Hotel organisiert auch Ausflüge per Katamaran zu den Inseln von Hyeres.

Familiär – **La Reine Jane:** Port de l'Aguyade, Tel. 04 94 66 32 64, www. reinejane.com, DZ 65–90 €. 15 Zimmer mit Meerblick an einem kleinen Hafen.

Zentral und zweckgemäß – **Relais du Bon Acceuil:** 1, route du Niel, Tel. 04 98 04 55 10, Fax 04 94 58 90 46, DZ 60–80 €. Zehn Zimmer direkt in Hyères, angeschlossen ist ein angenehmes Restaurant (Menü ab 18 €). Schöner Blick aufs Meer.

19-Zimmer-Haus – **Hôtel Portalet:** 4, rue de Limans, Tel. 04 94 65 39 40, www.ghb.fr, DZ 50–60 €. Preiswertes Hotel am Rande der Altstadt, 4 km vom Meer entfernt. Ein Teil der Zimmer hat Balkon oder Terrasse.

Essen & Trinken

Für Weinfreunde – **Jardin de Bacchus:** 32, av. Gambetta, Tel. 04 94 65 77 63, Menü (25 mittags), 33, 44, 55 €. Nahe

dem Casino. Zu Rotbarbentarte, Hummerravioli und gefüllten Zucchiniblüten werden die Weine der Region ausgeschenkt. Leicht kitschiges Dekor, mit Terrasse.

Provenzalisch – **La Colombe:** 663, route de Toulon-la-Bayorre, Tel 04 94 35 35 16, Menü 29 u. 37 €. Am Stadtrand, gute Küche zu vernünftigen Preisen, Langusten-Omelette und Kaninchen-Rillette.

Klassiker in der vieille ville – **Le Bistrot de Marius:** 1, place Massillon, Tel. 04 94 35 88 38, Menü 20, 26, 32 €. Traditionsreiches Haus neben der Tour des Templiers, wahrscheinlich die beste Adresse in der Altstadt, rustikaler Saal mit Holzbalkendecke, angenehme Terrasse. Aïoli, Bouillabaisse und Fischgerichte.

Aktiv & Kreativ

Bootsverleih – **Apaca:** Port d'Hyères, Tel. 04 94 38 43 01, www.apaca.fr. Verleih von Katamaranen mit und ohne Skipper. **Arc en Ciel:** Plage L'Ayguade, Tel. 06 80 76 96 11, www.arcencielcroisieres.com. Verleih von Katamaranen und Segelbooten und Touren zu den Iles d'Hyères.

Jetski – **Audemar Jet:** Plage L'Ayguade, Tel. 04 94 05 30 30. Materialverleih und Touren.

Meerwasserkuren – **Accor Thalassa Hyères:** Allée de la Mer La Capte, Tel. 01 53 21 86 11 (zentrale Reservierung) www.allo-thalasso.com. Thalassotherapiezentrum auf der Presqu'île de Giens direkt am Meer. Angeschlossen ist ein funktionelles 95-Zimmer-Hotel der Accor-Kette (DZ 70–130 €).

Tauchen – **Aquarel Plongée:** Port d'Hyères, Tel. 04 94 62 14 55, www. aquarel-plongée.com. Tauchkurse und Verleih von Ausrüstung. Kurse für Kinder ab 8 Jahren.

Infos

Office de Tourisme
Forum du Casino, 3, av. Ambroise Thomas, B. P. 721, 83412 Hyères, Tel. 04 94 01 84 50, www.hyeres-tourisme.com.

Verkehr
Flughafen: Der Flughafen Toulon-Hyères wird nur für innerfranzösische Flüge genutzt. Info-Tel. 04 94 00 83 83. **Bahn:** Gare SNCF, Place de l'Europe, Tel. 08 36 35 35 35. Regelmäßige Verbindungen mit Marseille und Toulon.

Iles d'Hyères ❗ ▶ H/J 10

Die Iles d'Hyères – Porquerolles, Port-Cros, Le Levant und die unzugängliche kleine Ile de Bagaud – vor der Küste zwischen Hyères und Pramousquier gehören zu den schönsten der gesamten Côte d'Azur. **Porquerolles** ist mit 1248 ha und etwa 300 Einwohnern die größte der Iles d'Or, der goldenen Inseln, wie man die drei landschaftlich beeindruckenden und unzerstörten Eilande auch nennt. **Port-Cros** steht als Nationalpark unter besonderem Schutz, und der nicht dem Militär unterstellte Teil von **Le Levant** wurde als FKK-Gebiet frei gegeben. Autofahren ist auf allen drei Inseln nur den Inselbewohnern erlaubt.

Porquerolles ▶ Karte 5

Von den drei Inseln liegt Porquerolles der Küste am nächsten und wird daher im Sommer auch am häufigsten von Tagestouristen besucht. Porquerolles bietet keine nennenswerten Sehenswürdigkeiten, aber **wunderschöne Strände** – Grande Plage, Plage Notre-Dame, Plage de la Courtade und Plage d'Argent – und eine **weitgehend unberührte Landschaft** (s. Entdeckungstour S. 252).

Inselidylle auf Port-Cros

Auf Entdeckungstour

Porquerolles – auf dem Fahrrad durchs Paradies

»Porquerolles ist die irdische Abteilung des Paradieses«, sagte einmal der Krimiautor Georges Simenon.

Reisekarte: ▶ Karte 5, B–D 2/3

Dauer: Tagesausflug

Karte: Rad- und Wanderkarte beim Bureau d'Informations Porquerollais.

Radverleih im Dorf: www.cycle-por querollais.com, Tel. 04 94 58 30 32; www.lindien.fr, Tel. 04 94 58 30 39; www.locavelo.fr, Tel. 04 94 58 35 65.

Radwege, Strände und Forts

Wie durch ein Wunder ist Porquerolles von Immobilienspekulation und Massentourismus weitgehend verschont geblieben. Hier kann man erahnen, wie die Côte d'Azur zu Beginn des 20. Jh. ausgesehen haben muss. Sandwege führen durch Pinien- und Kiefernwälder zu Buchten mit fast weißem Sand und glasklarem, türkisblauem Wasser. Auf der Insel wachsen Wacholder, Rosmarin und Myrthe. Viele Zugvögel haben hier ein Refugium gefunden.

Trotz bis zu 4000 Tagestouristen im Sommer wird die Inselidylle kaum durch Lärm und Abgase gestört. Nur die Autos der Inselbewohner sind auf dem Eiland zugelassen. Besucher können Porquerolles auf vier markierten Wegen bequem per Fahrrad erkunden.

Der **blau** markierte **Circuit du Couchant** führt gen Westen zur Plage d'Argent und weiter zur einsamen Pointe du Grand Langoustier, wo ein luxuriöses Hotel-Restaurant steht (ca. 10 km, 2 Std., mittelschwer). Auf dem **roten Circuit du Mistral** geht es zu der Calanque de l'Oustaou de Diou an der Südküste (knapp 14 km, 2 Std., leicht). Den südlichsten Inselzipfel mit dem 1837 erbauten, 82 m hohen Leuchtturm erreicht man auf dem **orangen Circuit du Midi** (6,5 km, 45 Min., leicht).

Knapp drei Stunden sollte man für den **gelben Circuit du Levant** einplanen. Auf der Fahrt zum östlichen Inselende und der Pointe de Galère passiert man zunächst den Strand von La Courtade – wegen der Hafennähe oft der vollste –, das Fort an der Pointe d'Alycastre und die sanft geschwungene Plage Notre-Dame. Der Rückweg zum Hafen führt, mit einem kleinen Umweg, am Fort de la Repentance und der Domaine de la Courtade vorbei (14 km, einige Steigungen).

Madame setzt sich durch

Es ist vor allem Claude Pompidou, der Gattin des früheren Präsidenten von Frankreich zu verdanken, dass Porquerolles bis heute paradiesisch anmutet. Sie liebte die Insel, die gegenüber von Fort de Bregançon, dem Feriendomizil der französischen Staatschefs, liegt. Als Anfang der 1970er-Jahre der Club Méditerranée auf Porquerolles Feriendörfer bauen wollte, überzeugte Madame ihren Gatten davon, die unberührte Natur vor Investoren zu schützen. So kaufte 1971 der französische Staat die 1254 ha große Insel und stellte sie unter Naturschutz.

1988 wurde Porquerolles schließlich zum Site Classé erklärt. Dementsprechend muss die Insel in ihrer jetzigen Form erhalten bleiben, Baugenehmigungen werden, wenn überhaupt, nur sehr restriktiv erteilt.

Mediterrane und exotische Vegetation

Zuvor hatte Porquerolles der Erbengemeinschaft von Jean-Francois Fournier gehört, einem belgischen Ingenieur, der beim Bau des Panama-Kanals reich geworden war. Fournier hatte die Insel 1912 für eine Million Francs erstanden und verwandelte sie in einen großen Garten: Er ließ über 170 ha mit Wein, Eukalyptus und Feigen bepflanzen. Aus Mexiko importierte er einen Bellombra-Baum, der noch heute hier steht.

Seit 1979 widmet sich das Conservatoire Botanique National Méditerranéen auf Porquerolles dem Erhalt seltener Mittelmeerpflanzen und Baumarten. Dem botanischen Institut unterstehen 180 ha ehemals landwirtschaftlicher Flächen. Am Maison du Parc, nahe dem Friedhof, hat es einen großen Palmengarten angelegt.

Lieblingsort

Plage Notre-Dame – ein Hauch von Karibik ▶ Karte 5, C 2
Türkisblaues Wasser, heller Sand und Pinien, die sich leise im Wind schaukeln – an der sanft geschwungenen Plage Notre-Dame herrschen karibische Verhältnisse. Und wenn die letzten Boote der Tagestouristen abgelegt haben, ist man hier fast allein. Aber auch tagsüber ist der Strand ganz im Osten der Insel Porquerolles nicht überfüllt, denn es gibt andere, die näher am Hafen liegen.

Port-Cros ▶ Karte 5

Port-Cros – 4,5 x 2 km groß – ist die hügeligste der Iles d'Or; 197 m erhebt sich der Mont Vinaigre über den Meeresspiegel. Die Insel ist zerklüfteter, aber auch grüner und noch dichter bewachsen als Porquerolles.

Besucher können den Nationalpark von Port-Cros auf mehreren Wanderwegen kennen lernen. Der gelb markierte **Parcours historique** führt in gut vier Stunden zu den Forts der Insel. Das **Fort de l'Estissac,** das eine Meeresausstellung mit Aquarium beherbergt und auch eine Panoramaterrasse besitzt, kann als einziges besichtigt werden (Juni–Sept. 10–18 Uhr, kein Eintritt).

Ein grün ausgeschilderter **botanischer Lehrweg** verbindet das Dorf mit der Plage de la Palud (ca. 30 Min., Juni–Sept. Gratisführungen). Dort wurde ein 300 m langer **Parcours Sousmarin** angelegt. Wer Flossen und Schnorchel mitgebracht hat, kann an insgesamt zehn Beobachtungsstationen unter Wasser neben Seesternen und Algenarten auch ein Bombenloch erkunden, das an die Landung der Alliierten im August 1944 erinnert (Dauer ca. 45 Min., kein Materialverleih, Ausgangspunkt Plage de Palud, Info-Tel. 04 94 01 40 72).

Ile du Levant ▶ Karte 5

Rund 90 % der mit 8 km Länge und 1 km Breite kleinsten der Iles d'Hyères gehören der Marine. Die restlichen 10 % sind den Anhängern der FKK-Kultur vorbehalten. Auf Levant gibt es das größte Nudistenzentrum der Côte d'Azur. Es wurde im Jahr 1931 von Docteur Gaston Durville gegründet. Die Hotels der Insel verstehen sich als FKK-Hotels, alle Strände sind FKK-Gebiet.

Übernachten & Essen

Porquerolles
Luxusklasse – **Mas du Langoustier:** Tel. 04 94 58 30 09, www.langoustier.com, DZ 291–528 €. Das beste Hotel der In-

Abendstimmung im Hafen von Porquerolles

sel, sehr einsam und ruhig an der West-spitze Pointe du Grand Langoustier ge-legen. Es gibt einen separaten Hotel-strand sowie Tennisplätze. Auf der schönen Terrasse des zugehörigen **Res-taurant L'Olivier** isst man mit Blick auf das Meer und das alte Fort vorzugs-weise Fisch und Meeresfrüchte (Menü 55, 85 €).

Dorfhotel – **Villa Sainte-Anne:** Tel. 04 98 04 63 00, www.sainteanne.com, DZ 168–268 € inkl. Halbpension. Frisch re-noviertes kleines Hotel am Dorfplatz. Restaurant mit Terrasse.

Provenzalisch – **Auberge des Glycines:** Place d'Armes, Tel. 04 94 58 30 36, www.auberge-glycines.com, DZ 130–250 €. Renoviertes Elf-Zimmer-Hotel im Dorf mit geschmackvoller Einrichtung. Das hauseigene Restaurant serviert in einem hübschen Patio gute boden-ständige Küche (à la carte 30–40 €). Fahrradverleih.

Port-Cros

Typisches Inselhaus in Weiß – **Manoir d'Hélène:** Tel. 04 94 05 90 52, Fax 04 94 05 90 89, DZ 140–200 €. Das einzige Ho-tel und Restaurant der Insel in einem hübschen ehemaligen Herrenhaus mit dunkelgrünen Fensterläden zwischen Eukalyptusbäumen. Mit großem Pool. Das Restaurant serviert gute, proven-zalische Küche (Menü ab 23 €).

Le Levant

Familiär – **La Brise Marine:** La Corniche des Arbousiers, Tel. 04 94 05 91 15, www.labrisemarine.net, DZ 60–85 €. Hübsche Zimmer, Patio, hoteleigenes Restaurant (Menü ab 20 €) und Schwimmbad.

Aktiv & Kreativ

Bootsausflüge – **Aquascope:** Tel. 04 94 05 92 22. Im Hafen von Port-Cros wer-den Fahrten mit einem gläsernen Schiff angeboten, von dem man die geschützte Unterwasserwelt sehen kann, ohne nass zu werden.

Bootsverleih – **Locamarine:** Porquerol-les, Tel. 04 94 58 35 84. Im Angebot Ka-tamarane, Segel- und Motorboote.

Tauchen – **Porquerolles Plongée,** Por-querolles, Carré du Port, Local 7, Tel. 04 98 04 62 22. Tauchkurse für alle Ni-veaus. **Sun Plongée:** Port-Cros, Tel. 04 94 05 90 16. Bootsverleih und Verleih von Tauchausrüstungen. **Levant Plon-gée:** Ile du Levant, Le Cigalon, Tel. 04 94 00 45 50.

Infos

Touristeninformation

Auskünfte über die Iles d'Hyères beim Office de Tourisme von Hyères. Auf den Inseln informieren das **Bureau d'Information Porquerollais,** am Hafen in Porquerolles, Tel. 04 94 58 33 76, www.porquerolles.com; der **Centre d'Information du Parc National,** Port-Cros am Hafen, Tel. 04 94 05 90 17; das Naturistenzentrum **Syndicat d'Admi-nistration Héliopolis,** Le Levant, Tel. 04 94 05 92 74, www.aln.fr.

Verkehr Porquerolles

Schiffsverkehr: Im Sommer regelmä-ßige Verbindungen von der Tour Fon-due auf der Presqu'île de Giens nach Porquerolles (15 Min.) oder ab Port d'Hyères nach Port Cros und Le Levant (ca. 1 Std.), Tel. 04 94 58 21 81, www. tlv-tvm.com. Außerdem von Le Lavan-dou nach Porquerolles (50 Min.), Port Cros und Le Levant (30 Min.), Tel. 04 94 71 01 02.

Motorboottaxis: Yellow Pelican, Tel. 04 94 58 31 19. Die Taxi-Linie zwischen Hyères und Porquerolles ist auch abends außerhalb des Fährbetriebs un-terwegs, aber sehr viel teurer.

Toulon ▶ F/G 9

Toulon ist weder Urlaubsort noch Seebad, sondern eine Großstadt mit rund 170 000 Einwohnern – davon über 20 000 arabische Einwanderer – Verwaltungssitz des Département Var und Frankreichs wichtigster Marinestützpunkt am Mittelmeer. Die Stadt lebt von der Schnittblumenzucht, der Schiffs- und Waffenindustrie und nur zu einem geringen Teil vom Tourismus. Die Marine ist der größte Arbeitgeber der Region.

Der größten Naturhafen des Mittelmeers, geschützt durch die vorgelagerte Halbinsel St-Mandrier, war ab Ende des 15. Jh. für Frankreich von strategischer Bedetung. Ludwig XIV. erteilte im 17. Jh. seinem Festungsarchitekten Vauban den Auftrag, Toulon zum Kriegshafen auszubauen. Im November 1942 versenkten die Franzosen vor der Küste 60 Schiffe ihrer Kriegsflotte, damit sie nicht der deutschen Wehrmacht in die Hände fielen, die nun auch Südfrankreich besetzte. Im Winter 1943/44 zerstörten mehrere Luftangriffe die Stadt: Das Hafenviertel war Hauptziel der Bombardierungen. Im August 1944 befreiten die aus dem Hinterland vorrückenden Alliierten Toulon. Zuvor sprengten die deutschen Besatzer einen Großteil des Hafens und die Zitadelle in die Luft.

Die Altstadt baute man nach dem Krieg nur teilweise wieder auf. Ansonsten ist das Stadtbild von wenig attraktiven Wohnvierteln mit Betonbauten und von Industrieansiedlungen geprägt. Der Verkehr in Toulon ist recht chaotisch.

Altstadt und Hafen

Die Altstadt ist ein lebhaftes Viertel mit Einkaufsstraßen, einer Fußgängerzone und Märkten. Nördlich vom **Quai Stalingrad** am Hafen wurden einige Straßen von den Bomben verschont. Zentrale Plätze sind die **Place Puget** und die **Place de la Cathédrale**, mit der Kathedrale **Ste-Marie**. Sie stammt aus dem 11. Jh., wurde im 17. Jh. umgebaut und diente im deutsch-französischen Krieg 1870/71 der Banque de France als Versteck für ihre Goldbarren.

Musée de la Marine

Tel. 04 94 02 02 01, April–16. Sept. tgl. 10–18.30, Okt.–März Mi–Mo 10–12, 14–18 Uhr, 15. Dez.–31. Jan. geschl., Eintritt 6,50 €

Am Hafen liegt das Marinemuseum, das Schiffsmodelle, Galionsfiguren, Waffen, Fotos aus dem Zweiten Weltkrieg sowie viele andere Exponate zur Geschichte der Stadt zeigt. Einen schönen Blick auf das Hafenbecken hat man unter der **Tour Royal**, 3 km weiter südlich. In dem ehemaligen Gefängnis ist ein Ableger des Marinemuseums untergebracht (Pointe de la Mitre).

Musée d'Art et Musée d'Histoire Naturelle

113, bd. Général Léclerc, Tel. 04 94 36 81 01, 12–18 Uhr, Mo, Fei geschl., Eintritt 4,50 €

Lohnend ist auch ein Besuch des Kunstmuseums mit Werken von Van Loo und Fragonard, aber auch zeitgenössischer französischer Kunst (u. a. Sol LeWitt, Christo) sowie einer Fotografieabteilung mit Aufnahmen von Cartier-Bresson und Kertész. Im selben Gebäude kann man auch ein naturhistorisches Museum besuchen.

Mont Faron

Vom Boulevard Admiral de Vence führt eine Drahtseilbahn auf den nördlich des Ortes gelegenen Mont Faron (542

Gesichtslose Häuserblocks säumen den Hafen von Toulon

m), von dem man bei gutem Wetter bis zu den Iles d'Hyères sehen kann. In der **Tour Beaumont** ist ein Museum mit Dokumenten zur Landung der Alliierten in Südfrankreich untergebracht (Mi–So 9.45–11.45, 13.45–16.30 Uhr).

Übernachten

3-Sterne-Komfort – **La Corniche:** 17, Littoral Fréderic Mistral, Tel. 04 94 41 35 12, www.bestwesternhotelcorniche.com, DZ 90–130 €. Schön gelegen gegenüber den Stränden und dem Hafen Port Louis. Pool, Terrasse.

Familiär – **Les Bastidières:** 2371, av. de la Résistance, Tel. 04 94 36 14 73, Fax 04 94 42 49 75, DZ 80–120 €. Fünf-Zimmer-Hotel in einem Wohnviertel inmitten von Pinien und Feigenbäumen. Garten und Pool.

Einfach – **Grand Hôtel Dauphiné:** 10, rue Berthelot, Tel. 04 94 92 20 28, www.grandhoteldauphine.com, DZ 50–60 €. 2-Sterne-Haus in der Fußgängerzone im Zentrum. 55 Zimmer.

Essen & Trinken

Für Gourmets – **Le Jardin du Sommelier:** 20, Allée Courbet, Tel. 04 94 62 03 27, www.lejardindusommelier.com, Menü 32 (mittags), 39, 49 €, à la carte bis 55 €. Provenzalische Küche und eine ausgesuchte Weinkarte in einem eher klassisch möblierten Speisesaal mit dunkelroten Wänden und gekacheltem Boden.

Klassisch und einfach – **La Chamade:** 25, Rue de la Comédie, Tel. 04 94 92 28 58, Menü 35 €. Regionale Küche in einem Lokal hinter dem Marinemuseum.

Tunesisch – **Chez Mimi:** 83, Av. de la République, Tel. 04 94 24 97 42, à la carte 25–35 €. Nordafrikanische Küche am Hafen mit Couscous in allen Variationen.

Infos

Office de Tourisme
Place J. Raimu, 83000 Toulon, Tel. 04 94 18 53 00, www.toulontourisme.com.

Verkehr

Flughafen: Flughafen Toulon-Hyères, 21 km östlich der Stadt, Tel. 04 94 00 83 83. Tgl. Verbindungen nach Paris. Bustransfer zur Stadt.

Bahn: Der TGV Méditerranée verbindet Paris mehrmals tgl. mit Toulon in nur 4 Std. Regelmäßige Zugverbindungen zu beiden Seiten der Küste. Info Tel. 08 36 35 35 35.

Bus: Ab Place de l'Europe tgl. nach Hyères, St-Tropez und St-Raphaël (Sodetrav, Tel. 04 94 18 93 40) und Nizza (Phocéens, Tel. 04 93 85 66 61).

Schiffsverkehr: Tgl. zu den Iles d'Hyères, im Sommer 2 x wöchentlich nach St-Tropez, Tel. 04 94 41 65 87.

Sanary-sur-Mer ▶ F 9

Der ehemalige Fischerort mit zahlreichen, versteckt im Grünen liegenden Villen entwickelte sich ähnlich wie das benachbarte Bandol – die beiden Orte gehen fast ineinander über – schon um die Wende zum 20. Jh. zu einem bekannten Urlaubsort. Während des Zweiten Weltkriegs wurde Sanary zum **Exil für deutsche Schriftsteller.** Damals lebten u. a. Lion Feuchtwanger, Thomas Mann, Franz Werfel und René Schickele hier (s. S. 78). Heute hat der Ort eine eher familiäre Atmosphäre. Vom **hübschen Hafen** verkehren im Sommer regelmäßig Boote zur Ile des Embiez, nach Toulon und zu den Calanques von Cassis.

Strände

Abgesehen von dem kleinen **Stadtstrand Esplanade** in Hafennähe liegen die Strände nordwestlich der Altstadt an der **Baie de Portissoll** – Plage Beaucours, Plage Aricot – und weiter nördlich an der **Baie de Bandol** – Plage La Gorguette, Plage Dorée, Roche Taillée, Plage Lido. Alle sind Sandstrände, viele werden von Rettungsschwimmern überwacht (Juni–Sept. 9–18 Uhr).

Übernachten

Schlafen wie einst die Literaten – **La Tour:** Quai Général de Gaulle, Tel. 04 94 74 10 10, www.sanary-hoteldelatour. com, DZ 80–140 €. In einem mittelalterlichen Turm am Hafen. In den 1930er-Jahren war das Hotel Anlaufstation der Exilliteraten. Thomas Mann bezog das einzige Zimmer mit Balkon.

In Strandnähe – **Grand Hôtel des Bains:** Bd. E. d'Orves, Tel. 04 94 74 13 47, www.1-hotel-provence.com, DZ 62–135 €. Älteres, einfaches 2-Sterne-Hotel hinter dem Hafen. Garten, Restaurant. 30 Zimmer.

Essen & Trinken

Fischgerichte – **L'Aricot:** 464, av. du Prado, Baie de Bandol, Tel. 04 94 74 10 33, à la carte 35–55 €. Terrasse am Meer, mit Blick auf Bandol. Provenzalische Küche und fangfrischer Fisch aus Sanary.

Essen im Innenhof – **Cour Fleurie:** Rue Barthélémy de Don, Tel. 04 94 88 08 05, Menü 20, 26 €, à la carte 20–30 €. Restaurant mit Patio und regionaler Küche im Zentrum.

Aktiv & Kreativ

Segeln – **Société Nautique:** Quai des baux, Tel. 04 94 74 16 39. Segelkurse und Bootsvermietung.

Tauchschule – **Centre de Plongée de Sanary:** 251, Av. de la Corniche, Tel. 06 28 05 24 57, www.sanary-plongee. com. Kurse und Ausrüstung.

Infos

Office de Tourisme
Jardins de la Ville, 83110 Sanary, Tel. 04
94 74 01 04, www.sanarysurmer.com.

Verkehr
Bahn: Regelmäßige Verbindungen mit
Marseille und Toulon.
Schiffsverkehr: Im Sommer nach Toulon, zu den Calanques und zur vorgelagerten Ile des Embiez, einer paradiesisch einsamen, naturbelassenen Insel.

Bandol ▶ E/F 9

Zu Beginn des 20. Jh. ein exklusives
Seebad, ist Bandol heute ein populärer
Familienbadeort mit palmengesäum-
ter Strandpromenade. Die Rotweine
von Bandol gehören zu den besten der
gesamten Küste, die **Weinanbaugebiete** erstrecken sich im Hinterland bis
nach Le Castellet und Evenos.
   Vor Bandol liegt die 7 ha große **Ile
de Bendor,** die seit 1950 dem Pastis-
Hersteller Paul Ricard gehört. Auf der
autofreien Privatinsel, die in einem 15-
minütigen Spaziergang umrundet ist,

liegt das Hotel Delos, es gibt mehrere
Restaurants und ein Wassersportzen-
trum (Boote ab Bandol stündl., in der
Saison alle 30 MIn., Überfahrt 7 Min).

Strände

Stadtnah liegen die sandige Plage du
Grand Valet, Plage du Casino und Plage
Centrale mit Duschen und Rettungspos-
ten sowie die ebenfalls überwachte
Plage de Renecros, kreisrund und mit
türkisblauem Wasser. **Kieselstrände**
gibt es an der kleinen Plage Eden Roc
und der Plage du Barry, schöne wilde
Felsbuchten an der Crique de l'Anglaise
und der Crique des Engraviers.

Übernachten

Inselresort – **Hôtel Delos:** Ile de Bendor,
Tel. 04 94 05 90 90, www.bendor.com,
DZ 140–425 €. Drei verschiedene For-
meln der Unterbringung: klassische
Zimmer im Delos mit einem großen
Schwimmbad und Blick auf die Bucht,
elegante und stilvolle Zimmer im Le
Palais mit weißen Gardinen, Holzfuß-

Traubenernte in den Weinbergen von Bandol

boden und Blick aufs Meer und Mini-häuser im Les Petites Villas mit Privat-gärten und Hotelservice.

Romantisch-dörflich – **Le Bérard:** Av. Gabriel Péri in La Cadière d'Azur (6 km von Bandol), Tel. 04 94 90 11 43, www.hotel-bérard.com, DZ 92–176 €. Sehr empfehlenswertes, schönes 40-Zimmer-Haus mit Garten, Spa und Pool. Geschmackvoll eingerichtete Zimmer. Sehr gutes Restaurant (Menü 28 €).

Einfache Zimmer in Strandnähe – **Le Provençal:** 25, Rue des Ecoles, Tel. 04 94 29 52 11, www.hotel-provencal.fr, DZ 70–85 €. Familiäres, ruhiges 20-Zim-mer-Hotel mit kleinem Garten in der Nähe der Plage Renecros und 100 m vom Hafen entfernt. Von manchen Zimmern hat man einen traumhaften Blick auf die Bucht.

Essen & Trinken

Meeresfrüchte mit Hafenblick – **Au-berge du Port:** 9, allée Jean-Moulin, Tel. 04 94 29 42 63, à la carte bis zu 50 €. Fischgerichte, Gambas und Do-rade im Salzmantel auf einer Terrasse am Hafenbecken.

Italienisch-französische Küche – **L'Ou-livo:** 19, rue des Tonneliers, Tel. 04 94 29 81 79, Menü 17 € (mittags), 28 €. *Sardinade,* Gambas mit Knoblauch und Petersilie oder Ravioli mit Steinpilzen in einer kleinen, ruhigen Seitenstraße gleich neben der Kirche.

Einkaufen

Weinverkostung und Weinkauf – **Mai-son des Vins de Bandol:** Bandol, 29, Al-lées Vivien, Tel. 04 94 29 45 03. **Les Maî-**

Cap de l'Aigle – ein markanter Felsen bei La Ciotat

tres Vignerons du Beausset: Le Beaus-set, RN 8, Tel. 04 94 98 70 17. **Domaine de Souviou:** Le Beausset, RN 8, Tel. 04 94 90 57 63. **Domaine de Pibarnon:** Comte Henri de St-Victor, La Cadière-d'Azur, Tel. 04 94 90 12 73. **Château des Baumelles:** Thiery Grand, St-Cyr-sur-Mer, Tel. 04 94 26 46 59. **Domaine de Frégate:** Comte Jean de Pissy, route de Bandol/RN 559, St-Cyr-sur-Mer, Tel. 04 94 26 17 02.

Aktiv & Kreativ

Meerwasserkuren – **Thalazur Bandol:** 25, bd. Louis Lumière, Tel. 04 94 29 33 00, www.thalazur.fr. Thalassotherapie-zentrum mit Meerwasser-Pool, Privat-strand und dem angeschlossenem 4-Sterne-Hotel Ile Rousse (DZ 112–368 €).

Tauchen – **Bandol Plongée:** Quai de la Consigne, Tel. 06 07 45 27 81, www.bandol-plongée.com. **Centre Interna-tional de la Plongée Bendor:** Ile de Bendor, Tel. 04 94 20 55 12, www.cip-bendor.com. Beide Clubs bieten Kurse für Anfänger und Fortgeschrittene an, auch für Kinder ab 8 Jahren.

Wasser- und Jetski – **Entre Ciel et Mer:** Parking du Casino, Tel. 04 94 90 29 23, www.entre-ciel-et-mer.com. Wasser-ski, Scooter, Jetski. Vverleih und Kurse.

Infos

Office de Tourisme: Allées Vivien, 83150 Bandol, Tel. 04 94 29 41 35, www.bandol.org.

La Ciotat ▶ E 8/9

La Ciotat ist kein Urlaubsort im übli-chen Sinn. Die krisengeschüttelten Schiffswerften prägen das Bild der Ha-fenstadt, zu der auch der neue Badeort **La Ciotat-Plage** mit Strand und Palmen gehört. Seit die großen Werftanlagen geschlossen wurden – 1989 verloren 10 000 Werftangestellte des 30 000-Einwohner-Ortes ihre Arbeit –, soll u. a. ein **Freizeithafen** für mehr Einkünfte aus dem Tourismus sorgen.

Hinter den stillgelegten Docks zeichnet sich die eindrucksvolle Silhouette des **Cap de l'Aigle** ab, die einem riesigen Adlerkopf gleicht. Auf dem Kap steht die Fischerkapelle **Notre-Dame-la-Gardiole**, zu der längs der Küste ein Wanderweg führt (ca. 1 Std. ab Hafen).

Cinéma Eden
Bd. Clémenceau, gegenüber dem Jachthafen, Port de Plaisance
Für Cineasten ist La Ciotat ein ganz besonderer Ort, denn hier fanden die allererersten Kinovorstellungen statt. Die Brüder Louis und Auguste Lumière, die den Cinematographen erfanden, luden am 28. Dezember 1895 zu einer Vorführung von Kurzfilmen in das kurz zuvor fertiggestellte Cinema Eden ein. Gezeigt wurde u. a. die »Ankunft eines Zuges im Bahnhof von La Ciotat«. Das Eden gilt seitdem als das älteste noch existierende Kino der Welt.

Musée Ciotaden
Quai Ganteaume, Mi–Mo 15–18 Uhr, Eintritt 3,20 €
Auch die Geburtsstätte des Pétanque liegt in La Ciotat. Neben der Kirche Notre-Dame-du-Port widmet sich das **Museum** der Geschichte dieses französischen Nationalsports. Weil Jules le Noir Rheuma hatte, konnte er nicht mehr Boule spielen. Deshalb schlug der Arzt dem passionierten Boulespieler vor, nicht mehr wie üblich drei Schritte vor dem Abwurf der Kugel zu gehen, sondern sozusagen mit angebundenen Füßen zu spielen – *les pieds tanqués*. Daraus wurde dann die Petanque. Auf dem **Terrain des Pieds Tanqués** soll die neue Variante des Boule 1910 erstmals erprobt worden sein (Schlüssel zum Platz bei der Boulevereinigung in der Bar Berceau de la Pétanque, av. de la Pétanque, Tel. 04 42 08 08 88, tgl. 9.30–21 Uhr).

Mein Tipp

Die Route des Crêtes
▶ Karte 4, G 7
Die Panoramastraße oberhalb der Steilküste zwischen La Ciotat und Cassis entführt in eine surreal anmutende Felslandschaft. Immer wieder bieten sich Schwindel erregende Ausblicke von hohen Klippen hinunter aufs Meer. Die Straße schraubt sich zur wuchtigen Felsformation des Cap Canaille empor, die am 399 m hohen Grande Tête kulminiert. Doch Achtung bei starkem Wind! Auch ein 18 km langer, ausgeschilderter Wanderweg führt durch diese bizarre Landschaft (Auskunft und Wanderkarte im Office de Tourisme von Cassis).

Übernachten

Im Grünen – **Hôtel Ciotel – Le Cap:** 6 km außerhalb auf der Corniche du Liouquet, Tel. 04 42 83 90 30, www.leciotel.com, DZ 120–195 €. 44 Zimmer in kleinen Bungalows, Meerblick, Pool, Tennisplatz und Garten.
Schmucklos, aber im Zentrum – **La Rotonde:** 44, Bd. République, Tel. 04 42 08 67 50, www.hotel-larotonde-ciotat. com, DZ 50–70 €. Kleines einfaches Hotel mit Blick auf die Altstadt. Parkplatz vorhanden.

Essen & Trinken

Terrasse zum Meer – **Auberge Le Revestel:** Corniche du Liouquet, Tel. 04 42 83 11 06, www.revestel.com, Menü 25 (mittags), 37 €. Provenzalische Küche mit Jacobsmuscheln-Carpaccio, Fischsuppe und gegrillten Fischen. Etwa 6 km außerhalb des Ortes. Es werden auch sechs Zimmer vermietet (DZ 60– 100 €).

Heißes vom Holzkohlefeuer – **Roche Belle:** Corniche du Liouquet, Tel. 04 42 71 47 60, Menü 32 €. Rustikales Restaurant mit Terrasse unter Olivenbäumen und Blick auf die Küste. Pizza, Fleisch und Fisch.

Infos

Office de Tourisme: Bd. Anatole France, 13600 La Ciotat, Tel. 04 42 08 61 32, www.laciotatourisme.com.

Cassis ▶ D 8 und Karte 4, G 6

Cassis ist ein hübscher, kleiner Hafenort 22 km östlich von Marseille. Im **ehemaligen Fischerhafen,** den Restaurants und Cafés säumen, liegen heute zwar hauptsächlich Ausflugsboote, aber noch immer sieht man in Cassis Fischer, die am Quai ihre Netze flicken.

Lange Zeit lebte Cassis von der Fischerei. Eine weitere Einkommensquelle waren die **Steinbrüche** entlang der Küste, deren weißer Kalkstein im Sockel der Freiheitsstatue von New York steckt, aber auch beim Bau des Suezkanals verwendet wurde. 1982 hat man die Steinbrüche geschlossen und unter Denkmalschutz gestellt. Die flachen Steinterrassen am Meer dienen seitdem zum Sonnenbaden. Berühmt ist der Weißwein von Cassis, der hervorragend zu Bouillabaisse und Fleischgerichten passt und auf den terrassenförmig angelegten **Weinbergen** im Hinterland wächst.

Cassis zog schon die Schriftsteller Virginia Woolf und Frédéric Mistral sowie die Fauvisten Manguin und Derain an – und bis heute kann man verstehen warum. Die **Altstadt** hinter dem Hafen blieb ebenso wie die Fassaden der alten **Fischerhäuser** am Quai von Modernisierungen verschont.

Les Calanques !
▶ Karte 4, E/F 6

45-, 60- und 90-minütige Rundfahrten ab Cassis Hafen, Tel. 04 42 01 90 83, www.cassis-calanques.com. Achtung, nur die kleinen Boote können tief in die Felsbuchten hineinfahren!
Wie aus einem Bardot-Film der 1950er-Jahre muten die unberührten, engen Felsbuchten zwischen Cassis und Marseille an. Bisher haben sich die Einwohner von Cassis erfolgreich gegen Hotel- und Campingplatzprojekte an diesem paradiesischen Küstenabschnitt gewehrt. Auf den flachen Terrassen aus Kalksandstein kann man herrlich sonnen und im glasklaren Wasser wunderbar baden, allerdings muss man sich einigen Jahren zu Fuß dorthin wandern (über den Küstenwanderweg GR98b). Die Boote fahren zwar bis vor die Buchten, setzen aber keine Touristen mehr in den Calanques zum Baden ab.

Port Miou heißt die dem Ort am nächsten gelegene Felsenbucht, die inzwischen als Hafen für rund 500 Boote dient. **Port Pin** ist ein Naturisten-Treffpunkt, doch wird man hier auch in Bikini oder Badehose toleriert. **En-Vau** gilt als die schönste und wildeste der Calanques (s. Lieblingsort S.266). Weiter westlich folgen die Buchten von **l'Oule**, **Le Defenson** mit 318 m hohen

Lieblingsort

**Calanque d'En-Vau –
Naturwunder in Weiß und Blau**
▶ Karte 4, F 6
Tief schneidet der schmale Fjord
von **En-Vau** ins weiche, weißfar-
bene Kalkgestein. An seinem Ende
liegt ein sehr kleiner Strand. Hier
badet man im türkisblauen Wasser
unter schroff aufragenden Felsna-
deln.

Uferklippen, **L'Oeil de Verre** und **Sugiton.** Den Abschluss bilden die **Calanque de Morgiou** und **Sormiou,** in denen einige Fischerbaracken und einfache Häuschen stehen.

Strände

Die 300 m lange **Plage de la Grande Mer** befindet sich im Ort östlich des Hafens zu Füßen des Châteaus, hier kann man Kajaks und Surfbretter leihen. In einer schönen Bucht westlich des Ortes liegt die kleine, 150 m lange **Plage du Bestouan,** ein Kiesel- und Felsstrand, an den sich die **Roches Plates** anschließen, bizarre Felsterrassen zum Sonnen und Baden. Sehr schön und naturbelassen sind die *Anse de L'Arène,* ein Kiesel- und Felsstrand mit sehr klarem Wasser. Auf alle Fälle aber sollte man in Cassis einmal per Boot zu den Calanques fahren (s. o.). Dank des glasklaren Wassers vor seiner Küste und der interessanten Unterwasserwelt ist Cassis ein ideales Gebiet für Tiefseetaucher.

Übernachten

Ein Hotel wie ein Schiff – **Roches Blanches:** Route Port-Miou über Av. Dardanelles, Tel. 04 42 01 09 30, www.roches-blanches-cassis.com, DZ 110–250 €. Außerhalb des Ortes auf einem Felsen am Meer gelegen, eine Leiter führt zum Wasser. Wunderschöne Restaurantterrasse, Pool direkt über dem Meer, angenehme Zimmer mit Blick auf die Küste.

In Hafennähe – **Royal Cottage:** 6, av. du 11 Novembre, Tel. 04 42 01 33 34, www.royal-cottage.com, DZ 95–200 €. Gemütliches Haus in einem kleinen Park. Schöner, großer Pool. Zimmer teilweise mit Terrasse.

Intim – **Le Jardin d'Emile:** Plage du Bestouan, Tel. 04 42 01 80 55, www.le-jardindemile.fr, DZ 109–139 €. Sieben hübsche Zimmer in pastellfarbenem

Kaffeepause am alten Hafen von Cassis

Haus am Meer. Gutes Restaurant mit Terrasse (Menü 25 €).

Essen & Trinken

Gehobene Mittelmeerküche – **La Presqu'Ile:** Quartier de Port-Miou, Tel. 04 42 01 03 77, www.restaurant-la-pres quile.fr, Menü 30, 49 €. Auf der Halbinsel vor Cassis über dem Meer. Terrasse auf einem Felsen. Gegrillter Seewolf mit Olivenöl und Zitrone, Calamari provenzalisch und Bouillabaisse in einer ehemaligen Villa.
Angesagt – **Romano:** Tel. 04 42 01 08 16, www.restaurant-romano.com, Menü 28, 38, 48 €. Fisch und Fusion-Food, z. B. Artischocken mit Thymian, Sushi, Krabbenravioli und Trüffelrisotto, direkt am Hafen in modernem Dekor mit blutroten Wänden.
Terrasse am Hafen – **Chez Panisse:** Tel. 04 42 01 93 93, Menü 24 u. 30 €. Hier isst die ehemalige Fußballstar Michel Platini gern – Lachstartar mit grünem Pfeffer zum Beispiel. Ein Klassiker in Cassis.

Einkaufen

Weinprobe und Verkauf – **Domaine Caillol:** Caillol Frères, 11, chemin du Bérard, Cassis, Tel. 04 42 01 05 35. **Ferme Blanche:** François Paret, RN 559, Cassis, Tel. 04 42 01 00 74.

Aktiv & Kreativ

Klettern in den Calanques – Professionelle Führer vermittelt José Ferreira, Tel. 06 30 80 50 03.
Tauchen – **Centre Cassidain de Plongée:** 3, rue Michel Arnaud, Tel. 04 42 01 89 16, www.centrecassidaindeplon gee.fr. Professionelle Tauchschule.

Infos

Office de Tourisme: Quai des Moulins, 13260 Cassis, Tel. 08 92 25 98 92, www.ot-cassis.com.

Marseille !

▶ C/D 7/8 und Karte 4

Marseille, größte Hafenstadt und mit 875 000 Einwohnern nach Paris zweitgrößte Stadt Frankreichs, ist die Hauptstadt der Region Provence-Alpes-Côte-d'Azur. Auch wenn Marseille geografisch gesehen nicht mehr zur Blauen Küste gehört, lohnt es hier Station zu machen. Für diejenigen, die über die Autoroute du Soleil in den Süden fahren, liegt es direkt am Weg. Außerdem landen viele Flugreisende auf dem Aéroport Marseille-Provence.

Um 600 v. Chr. wurde Marseille von griechischen Seeleuten als *massalia* gegründet und gilt damit als die älteste Stadt Frankreichs. Seit jeher ist das Hafengebiet das Herz von Marseille. Jahrzehntelang war die Stadt ein bedeutender Brückenkopf zu den französischen Kolonien in Nordafrika. Mit der Fertigstellung des Suezkanals im Jahr 1869 erlebten der Hafen und damit verbunden die wirtschaftliche Entwicklung der Stadt einen rasanten Aufschwung. Unter der deutschen Besatzung wurden 1943 große Teile des Hafens gesprengt, da die Deutschen in den verwinkelten Gassen einen Hort der Résistance vermuteten.

In der jüngeren Vergangenheit machte die Mittelmeermetropole immer wieder Schlagzeilen als Drogenumschlagplatz, als südfranzösische Mafia-Zentrale, als Chicago des Südens und als die Stadt, in der die rechtsextreme Front National von Jean-Marie Le Pen besonders viele Stimmen bekam. Dieses

Auf Entdeckungstour

Marseille gestern und heute – rund um den Vieux Port

Das älteste Viertel der Stadt ist wieder in: Rund um den Hafen gibt es Szenerestaurants, Bars und neue Läden, alte Kneipen, Pastis- und Seifenhändler und jede Menge Kultur.

Dauer: Ca. 2–3 Std.

Start: Am Quai des Belges **1**.

Fischmarkt und vergangener Ruhm

Einige wenige Stände mit fangfrischem Fisch, verkauft von Händlern, die hier schon seit Jahrzehnten stehen – der kleine Fischmarkt des Vieux Port hat durchaus etwas Rührendes. Er findet jeweils am Vormittag statt, direkt auf dem **Quai des Belges** 1 , mit Blick auf das Hafenbecken. Im Rücken der Kundschaft liegt die Stadt, links oben auf einem 160 m hohen Kalkfelsen thront das Wahrzeichen Marseilles: die Kirche Notre-Dame de la Garde mit einer allabendlich angestrahlten Marienfigur.

Einst war Marseilles Hafen einer der wichtigsten Europas. Im 19. Jh. wurde er zu Frankreichs Tor zum Orient, zum Brückenkopf nach Nordafrika. Von hier legten die Schiffe zu den französischen Kolonien in Afrika und Indochina ab. Mit dem Ende der Kolonien verlor auch der Hafen an Bedeutung.

Unter der deutschen Besatzung im Zweiten Weltkrieg wurde das Hafenviertel – bis dahin ein weitläufiges Labyrinth mit verwinkelten Gängen, engen Treppen und Gassen, in dem sich nur die Einheimischen zurechtfanden – geräumt und in die Luft gesprengt. Lediglich der Stadtteil Le Panier oberhalb des Hafens auf einem kleinen Hügel gelegen blieb zumindest teilweise verschont.

Marseiller Institutionen

Im Hafen befinden sich seit jeher einige der Institutionen der Stadt: Die Fans von Olympic Marseille feiern den Sieg ihrer Mannschaft im Vereinslokal **OM Café** am Quai des Belges 3 1 .

Am Quai de Rive Neuve 25 bei **Castaldi** 5 , einem der ältesten Geschäfte von Marseille, kaufen Bootsbesitzer seit 120 Jahren Schiffsbedarf ein: Bootseinrichtungen, Taue und Kordeln,

Modellboote, Schiffslampen und natürlich die traditionelle *savon de marseille* in Würfelform.

Einige Schritte entfernt liegt das **Théâtre de la Criée** 2 , das Marseiller Nationaltheater, das zu Beginn der 1980er-Jahre die ehemalige Fischauktionshalle *(criée)* bezogen hat, der es auch seinen Namen verdankt.

Mit dem **Ferry-Boat,** das seit 1880 auf einer der kürzesten Fährstrecken der Welt unterwegs ist, geht es hinüber zum Quai du Port auf der anderen Seite des Hafens, zum Anlegeplatz vor dem hübschen **Hôtel de Ville** 3 .

Am Quai du Port 108 steht die **Maison du Pastis** 7 in der über 600 verschiedene Sorten des traditionellen Anisschnaps verkauft werden. Paul Ricard hatte ihn 1932 in Marseille auf den Markt gebracht, nachdem Jahre zuvor der ebenfalls anishaltige Absinth verboten worden war. Bis heute gilt Pastis in Frankreichs Süden als Nationalgetränk. Frédéric Bernard, der Besitzer des bis unter die Decke mit Flaschen gefüllten Geschäfts berät seine Kunden gern und ausgiebig bei der Auswahl.

Kultur im Armenhaus

In den engen Straßen hinter dem Rathaus auf dem Panier-Hügel entdeckt man eines der Schmuckstücke des alten Marseille, die **Vieille Charité** 5, 1671 als Wohnort für die Armen der Stadt erbaut. Heute sind in dem Sandsteingebäude mit dreistöckigen, seitlichen Galerien und einer barocken Kapelle im Innenhof verschiedene Museen und ein Kulturzentrum untergebracht. An der Fassade deuten noch immer zwei kleine Pelikanfiguren auf die einstige Nutzung des Hauses hin – sie füttern ihre Kleinen.

Einer neuen Nutzung wurden auch die **Docks de la Joliette** 7 an der gleichnamigen Place zugeführt. In die historischen Speicherbauten aus dem

19. Jh. zogen Büros, rund um die neu gestalteten Innenhöfe öffneten Restaurants, Cafés und Geschäfte – eine gelungene und lebendige Mixtur mitten in einem der ältesten Viertel der Stadt.

Vom Problemstadtteil zum Szeneviertel

Rund um das Hafenbecken bezogen in den 1960er- und 1970er-Jahren Einwanderer aus Nordafrika Wohnungen, unter ihnen auch viele Algerienfranzosen. Lange Zeit galt die Gegend als vernachlässigt, Putz bröckelte von den Fassaden, niemand kam auf die Idee, hier abends auszugehen.

Das hat sich geändert: Der Hafen, die umliegenden Straßen und das Panier-Viertel wurden in den vergangenen Jahren wieder entdeckt. Kleine Restaurants, Szene-Bars und Cafés machten auf. Von der frischen Brise profitierten auch viele der alten Läden und blieben.

Dazu gehört die **Chocolatière du Panier** 2, Rue du Petit Puits 49, nahe der Vieille Charité. In einem winzigen Ladenlokal verkauft der Familienbetrieb – nunmehr in dritter Generation –138 verschiedene Sorten Schokolade, unter anderem mit Lavendel verfeinert oder noch ausgefallener mit Zwiebeln.

In der **Bar L'Equivoque** 1 an der Place de Lenche gibt es mittags Salate und andere Kleinigkeiten auf der Terrasse, abends schaut ein bunter Mix von Stammgästen und neuer, modebewusster Kundschaft vorbei.

Im **Une Table au Sud** 2 am Quai du Port steht seit einigen Jahren ein Schüler des französischen Starkochs Ducasse am Herd und serviert zwischen dunkelroten Wänden avangardistische Gerichte. Dazu gibt es aus Panoramafenstern den Blick auf das Hafenbecken.

Image hat Marseille abgelegt: Die Arbeitslosenquote ist gesunken, und der neue TGV Méditerranée hat die Stadt näher an Paris herangerückt. Marseille investierte viel in die Kultur: Öffentliche Gebäude wurden von französischen Stararchitekten neu gestaltet, rund um den Hafen eröffneten viele kleine Restaurants und modische Cafés. Und auf einmal titelten selbst die voreingenommenen Pariser Wochenmagazine, Marseille sei jetzt à la mode und außerordentlich interessant.

Zentrum

Vieux Port

Er ist das Herz der Stadt, der Hafen mit dem provinziell anmutenden Fischmarkt auf dem **Quai des Belges** 1. Gleich neben den Ständen der Fischhändler fahren kleine Ausflugsschiffe zur 1524 angelegten Gefängnisinsel **Château d'If** ab – bekannt vor allem dank des Romans von Alexandre Dumas, in dem der Graf von Montechristo hier eingekerkert wurde.

An der Südseite des Hafens befindet sich das **Théâtre de la Criée** 2, auf der Nordseite das **Hôtel de Ville** 3 (s. Entdeckungstour S. 271). Neben dem Rathaus fand in dem alten Reederpalais **Maison Diamantée** 4 aus dem 16. Jh. das **Musée du Vieux-Marseille** Platz, das u.a. die Originalmauern des ersten Hafens von Marseille aus der Zeit um 600 v. Chr. zeigt (2, Rue de la Prison, tgl. 10–17 Uhr, Eintritt 2 €)

Vieille Charité 5

2, rue de la Charité, Di–So Juni–Sept. 11–18, Okt.–Mai 10–17 Uhr, Fei geschl., Eintritt 2 € pro Museum, Wechselausstellungen 3,50 €, Sammelticket für alle drei Museen 4,50 €.
Auf dem Panier-Hügel, im ältesten Teil von Marseille, steht das berühmte Armenhaus aus dem 17. Jh. Es wurde in den 1980er-Jahren renoviert und zum Kulturzentrum umfunktioniert, in dem – ähnlich wie im Pariser Centre Pompidou – große Wechselausstellungen stattfinden. Außerdem beherbergt das Haus das **Musée d'Archéologie Méditerranéenne**, das **Musée des Arts Africains, Océaniens et Amerindiens** und das **Musée d'Egyptologie.**

Le Panier und La Joliette

Unterhalb des Panier-Hügels erhebt sich die **Cathédrale La Major** 6, die Mitte des 19. Jh. im romanisch-byzantinischen Stil errichtet wurde (Di–Sa 12–17.30, So 9.30-17.30 Uhr, Mo geschl.). Weiter nördlich stößt man auf die schick umgebauten ehemaligen **Docks de la Joliette** 7.

La Canebière

Der vierspurige Boulevard führt vom Hafen Richtung Zentrum und galt einst als die Champs-Elysées der Stadt. Das ist seit langem vorbei, aber noch immer dient die Canebière mit ihren Bauten aus dem 18. und 19. Jh. als eine der Haupteinkaufsstraßen von Marseille.

Hier sind im **Musée de la Mode** 8 Kollektionen der Haute-Couture aus den 1930er-Jahren bis heute zu sehen (Nr. 11, Tel. 04 96 17 06 00, Öffnungszeiten wie Vieille Charité, Eintritt 3 €).

Musée Cantini 9

19, rue Grignan, Di–So Juni–Sept. 11–18, Okt.–Mai 10–17 Uhr, Fei geschl., Eintritt 3 €
Das in einem 1694 erbauten Stadtpalast untergebrachte Museum zeigt Gemälde des Impressionismus bis zur klassischen Moderne (ca. 1900–1960), darunter bemerkenswerte Werke namhafter Künstler wie Paul Signac, Joan Miró, Pablo Picasso, Vassily Kandinsky, Francis Picabia, Fernand Léger, und Francis Bacon.

Marseille

Sehenswert

1 Quai des Belges
2 Théâtre de la Criée
3 Hôtel de Ville
4 Maison Diamantée
5 Vieille Charité
6 Cathédrale La Major
7 Docks de la Joliette
8 Musée de la Mode
9 Musée Cantini
10 Notre-Dame de la Garde
11 Palais Longchamp/
   Musée Grobet-Labadié
12 Château und Parc Borély
13 Musée d'Art Contemporain
14 La Cité Radieuse

Übernachten

1 Sofitel Vieux Port
2 Mercure-Vieux Port
3 Résidence du Vieux Port
4 New Hôtel Bompard
5 Lutétia

Essen & Trinken

1 L'Epuisette
2 Une Table au Sud
3 La Côte de Bœuf
4 Les Arcenaulx
5 Café Rialto
6 Chez Etienne
7 Caffè Milano

Einkaufen

1 Four des Navettes
2 Chocolatier du Panier
3 Bataille
4 Marché des Capucins
5 Castaldi
6 Compagnie de Provence
7 La Maison du Pastis

Abends & Nachts

1 L'Equivoque
2 L'Intermédiaire
3 La Part des Anges
4 Le Trolleybus

Notre-Dame de la Garde 10

Wahrzeichen von Marseille ist die auf einem Hügel 162 m hoch über dem Hafen gelegene Kitschkirche Notre-Dame-de-la-Garde. Auf ihrem Campanile wacht eine vergoldete Marienfigur über die Stadt. Vom Platz vor der Wallfahrtskirche aus dem 19. Jh. bietet sich ein sehr schöner Blick über das Häusermeer und den Hafen.

Außerhalb des Zentrums

Palais Longchamp und Musée Grobet-Labadié 11 ▶ Karte 4, D 4

140 bd. Longchamp, Di–So Juni–Sept. 11–18, Okt.–Mai 10–17 Uhr, Fei geschl., Eintritt 3 bzw. 2 €. Metro Linie 1, Richtung La Rose (H Longchamp)

Das **Palais Longchamp** ist ein um 1860 erbauter, pompöser Stadtpalast mit zwei Seitenflügeln, die jeweils ein Museum beherbergen: Das **Musée des Beaux-Arts** besitzt Bilder von Malern und Bildhauern aus Marseille sowie Werke von Rubens und Brueghel. Im zweiten Flügel des Palais befindet sich das **Musée d'Histoire Naturelle,** ein naturgeschichtliches Museum mit einem Aquarium sowie Skeletten von Walen, Elefanten und Rhinozerossen.

Im benachbarten **Musée Grobet-Labadié** werden französische Tapisserien, Porzellan, alte Musikinstrumente und Gemälde ausgestellt – alles in einem wunderschönen Stadtpalais.

Château und Parc Borély 12

▶ Karte 4, D 5

Promenade de la Plage, Mo/Di, Fr 13–18, Mi/Do, Sa/So 10–19 Uhr, Eintritt frei, Bus 83 (H Parc Borély)

Das Schloss und die Parkanlagen südlich des Zentrums stammen aus dem 18. Jh. und gehörten früher dem reichen Kaufmann Louis Borély. Ein Teil der einstigen Wohnräume kann während Ausstellungen besichtigt werden. Die Eröffnung eines Museums für Angewandte Kunst (Musée des Arts Décoratifs) mit einer bedeutenden Fayence-Sammlung ist für 2012 vorgesehen. Während der Umbauarbeiten ist das Château vorübergehend geschlossen und nur der Park öffentlich zugänglich.

Musée d'Art Contemporain 13

▶ Karte 4, D 5

669, av. d'Haifa, Di–So Juni–Sept. 11–18, Okt.–Mai, 10–17 Uhr, Eintritt 3 €, Metro Linie 1 Richtung La Timone, ab H Castellane mit Metro Linie 2 Richtung Ste-Marguerite (H Rond Point du Prado) oder Bus 44

Das neue Museum für zeitgenössische Kunst, kurz MAC genannt, verfügt über eine permanente Sammlung von Werken internationaler Künstler wie Rauschenberg, César, Roth und Balkenhol, organisiert aber auch Wechselausstellungen. Es liegt sehr weit vom Stadtzentrum entfernt.

La Cité Radieuse 14

▶ Karte 4, D 5

280, bd Michelet, www.marseille-citeradieuse.org, Bus 21 (H Le Corbusier)

In der Cité Radieuse verwirklichte Le Corbusier seine Vision des modernen Wohnens. Das Haus steht auf Säulen, im Inneren gibt es auch Geschäfte, ein Hotel und Restaurant, einen Kindergarten, ein Schwimmbad und eine riesige Dachterrasse (s. auch S. 84).

Übernachten

Spektakuläres Hafenpanorama – **Sofitel Vieux Port 1**: 36, bd. Livon, Tel. 04 91 15 59 00, www.sofitel.com, DZ 250–400 €. Modernes Luxushotel mit Pool, Fitnessclub und Restaurant.

Moderner Komfort in altem Haus – **Mercure-Vieux Port 2**: 4, rue Beauveau,

Tel. 04 91 54 91 00, www.mercure.com, DZ 120–240 €. Renoviertes altes Hotel mit Blick auf den Hafen. Hier wohnten schon Chopin und George Sand.

In perfekter Lage – **Résidence du Vieux Port 3**: 18, quai du Port, Tel. 04 91 91 91 22, www.hotelmarseille.com, DZ 180–200 €. Hübsches, frisch renoviertes Hotel mit Blick auf den Hafen und Notre-Dame-de-la-Garde. Die geschmackvoll eingerichteten Zimmer haben eine kleine Terrasse. Hoteleigene Bar.

Im Grünen – **New Hôtel Bompard 4**: 2, rue Flots Bleus, Tel. 04 91 99 22 22, www.new-hotel.com, DZ 95–200 €. Ruhiges, kleineres Hotel in einem herrlichem Park südlich vom Vieux Port.

Einfach – **Lutétia 5**: 38, allée Gambetta, Tel. 04 91 50 81 78, Fax 04 91 50 23 52, DZ 60–90 €. Renovierte Zimmer in einer ruhigen kleinen Parallelstraße zur Canebière.

Essen & Trinken

Für gehobene Ansprüche – **L'Epuisette 1**: 140, Vallon des Auffes, Tel. 04 91 52 17 82, Menü 45, 65, 100 €. Etwas außerhalb im Fischerhafen Vallon des Auffes, französische Küche mit Hummerpuree und in Mangold gewickeltem Petersfisch sowie eine vorzügliche Bouillabaisse.

Innovative französische Küche – **Une Table au Sud 2**: 2, quai du Port, Tel. 04 91 90 63 53, www.unetableausud.com, Menü 37 (mittags), 48, 74 €. Am Hafen. Restaurant eines ehemaligen Ducasse-Schülers. Hier gibt es Ausgefallenes wie *foie gras* mit Sellerie-Chutney. Das Mittagsmenü *L'Humeur du Jour* richtet sich dem Namen zufolge nach der Tageslaune.

Rote Fleischgerichte – **La Côte de Bœuf 3**: 35, Cours d'Estienne d'Orves, Tel. 04 91 54 89 08, Menü 25, 36 €, à la carte 42–50 €. Im Sommer Treffpunkt der

Marseiller Szene. Wie der Name schon sagt, gibt es hier vor allem Fleischgerichte.

Essen neben Büchern – **Les Arcenaulx 4**: 25, Cours d'Estienne d'Orves, Tel. 04 91 59 80 30, www.les-arcenaulx.com, Menü 24 (mittags), 34, 60 €. Wunderschönes Restaurant mit angeschlossener Buchhandlung auf einem zentralen Platz in der Altstadt – ein Lokal mit Seele. Die Küche ist provenzalisch – z. B. *artichauts à la barigoule* und *petits farcis –*, das Publikum bunt gemischt.

Italienisch – **Café Rialto 5**: 220, quai du Port, Tel. 04 91 91 71 82, à la carte 20–40 €. Schöne Terrasse am alten Hafen mit mediterranen Spezialitäten aus Italien.

Pizza – **Chez Etienne 6**: 43, rue Lorette, kein Telefon, à la carte 20–40 €. Kleines, enges Restaurant im Stadtviertel Panier, Kreditkarten werden nicht akzeptiert. Dafür gibt es die beste Pizza der Stadt, auch Pasta und andere Gerichte.

Bistroatmosphäre – **Caffè Milano 7**: 43, rue Sainte, Tel. 04 91 33 14 33, à la carte 20–30 €. Lautes, italienisches Bistro mit Tagesgerichten auf einer Schiefertafel.

Einkaufen

Backwaren und Süßes – **Four des Navettes 1**:136, rue Sainte. Die Bäckerei gibt es schon seit 1781. Bekannt sind ihre schiffchenförmigen *navettes,* ein Kleingebäck mit Orangenaroma. **Chocolatière du Panier 2**: 49, rue du Petit Puits (s. Entdeckungstour S. 272)

Delikatessen – **Bataille 3**: 25, place Notre-Dame du Mont. Bekannter Feinkostladen mit einer sehr guten Auswahl an Käse und Olivenöl. .

Märkte – **Am Quai des Belges 1** jeden Morgen Lebensmittel- und Fischmarkt.

Marché des Capucins 4, orientalischer Markt, jeden Morgen zwischen Rue d'Aubagne und Boulevard Garibaldi. An der **Canebière** Di und Sa Blumenmarkt. Flohmarkt jeden Sonntag in **Canet** im Norden der Stadt.

Typisches – **Castaldi** 5: 25, quai de Rive Neuve. Bootsbedarf (s. Entdeckungstour S. 272). **Compagnie de Provence** 6: 1, rue Caisserie. Hier gibt es die berühmte *savon de Marseille,* eine Seife in klobigen Würfeln. **La Maison du Pastis** 7: 108, quai du Port (s. Entdeckungstour S. 272).

Aktiv & Kreativ

Tauchen – **Centre de Loisirs des Goudes**: 2, bd. Delabre, Les Goudes, Tel. 04 91 25 13 16, www.goudes-plongee. com. Tauchzentrum mit Unterkunftsmöglichkeit. Rund um Marseille sowie in den Calanques gibt es interessante Tauchgebiete.

Wandern – **Guides des Calanques**: 20, rue de la Jeunesse, Allauch, Tel. 04 91 07 46 96, www.les-guides.com. Organisierte Wandertouren in die Calanques.

Den Zugang zum Vieux Port bewacht das Fort St-Jean

Abends & Nachts

Typische Quartier-Bar – **L'Equivoque** **1**: Place de Lenche. Südlich vom Hafen. Cross-over aus Stammgästen und Szenepublikum. Es gibt auch Kleinigkeiten zu essen.

Musikkneipe – **L'Intermédiaire** **2**: 63, place Jean-Jaurès, Tel. 04 91 47 01 25, 19–2 Uhr. Jazz, Blues- und Rockkonzerte in einem kleinen und stets vollen Lokal.

Weinbar – **La Part des Anges** **3**: 33, rue Sainte, Tel. 04 91 33 55 70, tgl. bis 2 Uhr. Weinbar, in der man auch essen kann.

Disco – **Le Trolleybus** **4**: 24, quai de Rive Neuve, Tel. 04 91 54 30 45, Do–So 23–5 Uhr. Eine der angesagten Diskotheken von Marseille.

Infos & Termine

Office de Tourisme

4, La Canebière, 13001 Marseille, Tel. 08 26 50 05 00, www.marseille-tourisme.com.

Termine

Fête de la Chandeleur: 2. Febr. Fest zu Ehren der Schutzheiligen der Stadt, u. a. Prozession zur Bäckerei Four des Navettes, deren Ofen an diesem Tag traditionell geweiht wird.

Fête de la Vièrge: 15. Aug. Messe und Prozession mit einer schwarzer Madonna ab der Kathedrale Sainte-Marie-Majeure.

Foire aux Santons: Dez. Weihnachtsmarkt im oberen Teil der Canebière.

Verkehr

Flughafen: Aéroport Marseille-Provence, Tel. 04 42 14 14 14. 25 km außerhalb. Regelmäßige Busverbindungen in die Stadt und alle 20 Min. zur Gare St-Charles.

Bahn: Gare St-Charles, Tel. 08 36 35 35 35. Merhmals tgl. TGV nach Toulon.

Bus: Gare Routière, place Victor-Hugo, Tel. 04 91 08 16 40. Verbindung nach Cassis und Toulon.

Schiffsverkehr: Ab Quai des Belges Überfahrten zum Château d'If und zu den Iles du Frioul sowie Rundfahrten zu den Calanques. Info: www.frioul-if-express.com, www.marseille-cote-mer.com, www.croisieres-marseille-calanques.com.

Innerstädtisch: In der Stadt verkehren Busse, eine Straßenbahn sowie eine U-Bahn auf bislang zwei Linien. Info www.rtm.fr.

Sprachführer

Allgemeines

guten Morgen/Tag	bonjour
guten Abend	bonsoir
gute Nacht	bonne nuit
auf Wiedersehen	au revoir
Entschuldigung	pardon
hallo/grüß dich	salut
bitte	de rien/
	s'il vous plaît
danke	merci
ja/nein	oui/non
einverstanden	d'accord
bis später	à plus tard
Wie bitte?	Pardon?
Wann?	Quand?

Unterwegs

Haltestelle	l'arrêt
Bus	le bus/le car
Auto	la voiture
Ausfahrt/-gang	la sortie
Tankstelle	la station-service
Benzin	l'essence
rechts	à droite
links	à gauche
geradeaus	tout droit
Auskunft	l'information
Telefon	le téléphone
Postamt	la poste
Bahnhof	la gare
Flughafen	l'aéroport
Stadtplan	le plan de ville
alle Richtungen	toutes les directions
Einbahnstraße	la rue à sens unique
Eingang	l'entrée
geöffnet	ouvert/-e
geschlossen	fermé/-e
Kirche	l'église
Museum	le musée
Strand	la plage
Brücke	le pont
Platz	la place
Hafen	le port
hier	ici
dort	là-bas

Zeit

Stunde	l'heure
Tag	le jour
Woche	la semaine
Monat	le mois
Jahr	l'année
heute	aujourd'hui
gestern	hier
morgen	demain
morgens	le matin
mittags	le midi
nachmittags	l'après-midi
abends	le soir
früh	tôt
spät	tard
vor	avant
nach	après
Montag	lundi
Dienstag	mardi
Mittwoch	mercredi
Donnerstag	jeudi
Freitag	vendredi
Samstag	samedi
Sonntag	dimanche
Feiertag	le jour de fête
Winter	l'hiver
Frühling	le printemps
Sommer	l'été
Herbst	l'automne

Notfall

Hilfe!	Au secours!
Polizei	la police
Arzt	le médecin
Zahnarzt	le dentiste
Apotheke	la pharmacie
Krankenhaus	l'hôpital
Unfall	l'accident
Schmerzen	la douleur
Zahnschmerzen	le mal aux dents
Panne	la panne

Übernachten

Hotel	l'hôtel
Pension	la pension

Einzel-/	la chambre indivi-	teuer	cher/chère
Doppelzimmer	duelle/double	billig	bon marché
Doppelbett	le grand lit	Größe	la taille
mit/ohne Bad	avec/sans	bezahlen	payer
	salle de bains		

Zahlen

Toilette	le cabinet				
Dusche	la douche	1	un	17	dix-sept
mit Frühstück	avec petit-déjeuner	2	deux	18	dix-huit
Halbpension	demi-pension	3	trois	19	dix-neuf
Gepäck	les bagages	4	quatre	20	vingt
Rechnung	l' addition	5	cinq	21	vingt et un
Preis	le prix	6	six	30	trente
		7	sept	40	quarante

Einkaufen

		8	huit	50	cinquante
Geschäft	le magasin	9	neuf	60	soixante
Markt	le marché	10	dix	70	soixante-dix
Kreditkarte	la carte de crédit	11	onze	80	quatre-vingt
Geld	l'argent	12	douze	90	quatre-vingt-dix
Geldautomat	le guichet	13	treize	100	cent
	automatique	14	quatorze	150	cent cinquante
Bäckerei	la boulangerie	15	quinze	200	deux cent(s)
Lebensmittel	les aliments	16	seize	1000	mille

Die wichtigsten Sätze

Allgemeines

Sprechen Sie Deutsch/Englisch?	Parlez-vous allemand/anglais?
Ich verstehe nicht.	Je ne comprends pas.
Ich spreche kein Französisch.	Je ne parle pas français.
Ich heiße …	Je m'appelle …
Wie heißt Du/ heißen Sie?	Comment t'appelles-tu/vous appellez-vous?
Wie geht's?	Ça va?
Danke, gut.	Merci, bien.
Wie viel Uhr ist es?	Il est quelle heure?

Unterwegs

Wie komme ich zu/nach …?	Comment est-ce que j'arrive à …?
Wo ist bitte …?	Pardon, où est …?
Könnten Sie mir bitte … zeigen?	Pourriez-vous me montrer … ?

Notfall

Können Sie mir bitte helfen?	Pourriez-vous m'aider?
Ich brauche einen Arzt.	J'ai besoin d'un médecin.
Hier tut es weh.	Ça me fait mal ici.

Übernachten

Haben Sie ein freies Zimmer?	Avez-vous une chambre de libre?
Wie viel kostet das Zimmer pro Nacht?	Quel est le prix de la chambre par nuit?
Ich habe ein Zimmer bestellt.	J'ai réservé une chambre.

Einkaufen

Wie viel kostet das?	Ça coûte combien?
Ich brauche …	J'ai besoin de …
Wann öffnet/ schließt …?	Quand ouvre/ ferme …?

Kulinarisches Lexikon

Zubereitung/Spezialitäten

à la nage de …	in einem Sud von …
à l'huile d'olive	in Olivenöl
au pistou	mit Basilikumpaste
à point	medium gebraten
bien cuit/-e	gut durchgebraten
braisé/-e	geschmort
chaud/-e	heiß
civet de …	Ragout von …
confit de …	Eingelegtes/
	Eingekochtes von …
cru/-e	roh
en crôute (de sel)	im (Salz-)Mantel
escabèche	saurer Sud
farci/-e	gefüllt
glacé/-e	gefroren, geeist
grillé/-e	gegrillt
nature	in Salzwasser ge-
	kocht, ohne Gewürze
petits farcis	verschiedene junge
	Gemüse mit Füllung
rouille	Knoblauchmayon-
	naise mit Peperoni
	und Chili
saignant	blutig/roh
taboulé	nordafrikanisches
	Grießgericht, oft als
	Salat mit Minze

Fisch und Meeresfrüchte

anchois	Sardellenfilet
anchoiade	Sardellenpaste
bourride/	Fischsuppe
bouillabaisse	
calamar	Tintenfisch
coquillage	Schalentier
daurade	Dorade, Goldbrasse
espadon	Schwertfisch
gamba	Garnele
homard	Hummer
huître	Auster
langouste	Languste
langoustine	Langustine
lotte de mer	Seeteufel
moule	Miesmuschel

rascasse	Drachenkopf
rouget	Rotbarbe
saint-pierre	Petersfisch
sardine	Sardine
saumon	Lachs
seiche	Sepia
thon	Thunfisch

Fleisch

agneau	Lamm
boeuf	Rind
brochette	Spießchen
cabri	Zicklein
carré (d'agneau)	(Lamm-)Rücken
côte de …	Rippenstück vom …
entrecôte	Zwischenrippenstück
escargot	Schnecke
escalope	Schnitzel/Schnitte
gigot (d'agneau)	(Lamm-)Keule
porc	Schwein
veau	Kalb
tripes	Kutteln

Geflügel und Wild

foie gras	Stopfleber
gésier	Geflügelmagen
lapin	Kaninchen
lièvre	Hase
magret de canard	Entenbrust
poule	Huhn
poulet	Hähnchen
sanglier	Wildschwein

Gemüse und Kräuter

ail	Knoblauch
artichaut	Artischocke
avocat	Avocado
basilic	Basilikum
câpre	Kaper
cèpe	Steinpilz
champignon	weißer Champignon
de Paris	
courgette	Zucchini
fenouil	Fenchel
fleur de courgette	Zucchiniblüte

oignon	Zwiebel	charlotte	Dessert aus Löffel-
poireau	Lauch		biskuits und Creme-
poivron	große Paprika		füllung
thym	Thymian	coupe de glace	Eisbecher
truffe	Trüffel	crème anglaise	Vanillecreme
		crème Chantilly	Schlagsahne

Obst

abricot	Aprikose	crêpe	dünner Pfannkuchen
cerise	Kirsche	fouace/fougasse	Hefebrot mit einge-
figue	Feige		backenen Kräutern
fraise (de forêt)	(Wald-)Erdbeere		und Oliven
framboise	Himbeere	fruits confits	kandierte Früchte
griotte	Sauerkirsche	gâteau	Kuchen
marron	Esskastanie	île flottante	Dessert aus Eischnee
melon	Honigmelone		in Vanillecreme
pastèque	Wassermelone	meringue	weiches Baiser
pêche	Pfirsich	profiterolles	mit Vanilleeis
poire	Birne		gefüllte Windbeutel
pomme	Apfel		in Schokoladensauce
		tarte tatin	heiße Apfeltarte

Käse

Getränke

banon	Ziegenkäse im	bière (pression)	Bier (frisch gezapft)
	Kastanienblatt	café	Kaffee
brebis	Schafskäse	eau de vie	Schnaps, Obstbrand
cabécou	kleiner Ziegenkäse	eau gazeuse/plate	Mineralwasser mit/
chèvre	Ziegenkäse		ohne Kohlensäure
fromage blanc	Quark, Frischkäse	jus	Saft
		lait	Milch

Nachspeisen und Gebäck

brioche	süßes Hefebrot	thé	Tee
calisson	Mandel-Melonen-	tisane/infusion	Kräutertee
	Plätzchen	vin blanc/rouge	Weiß-/Rotwein
		vin mousseux	Sekt

Im Restaurant

Ich möchte einen	Je voudrais réserver	Beilagen	garniture
Tisch reservieren.	une table.	Tagesgericht	plat du jour
Die Speisekarte, bitte.	La carte, s.v.p.	Gedeck	couvert
Weinkarte	carte des vins	Messer	couteau
Die Rechnung, bitte.	L'addition, s.v.p.	Gabel	fourchette
Appetithappen	amuse bouche	Löffel	cuillère
Vorspeise	hors d'œuvre	Glas	verre
Suppe	soupe	Flasche	bouteille
Hauptgericht	plat principal	Salz/Pfeffer	sel/poivre
Nachspeise	dessert	Zucker/Süßstoff	sucre/saccharine
		Kellner/Kellnerin	serveur/serveuse

Register

Register

Abbildungsnachweis/Impressum

Abbildungsnachweis

Robert Capa/Magnum Photos/Agentur Focus: S. 164

La Colombe d'Or, St-Paul-de-Vence: S. 11 u. li., 206

Corbis, Düsseldorf: S. 120 re., 128 (Raga)

Getty Image, Münchens: S. 28/29 (Aurora/Black); vordere Umschlagklappe (Aurora/Colonel); S. 261 (Hemis.fr/Moirenc); S. 116 (Stone/Dennis)

Rainer Hackenberg, Köln: S. 89, 142, 188 re., 189 li., 198, 205, 208/209

Laif, Köln: S. 49 (Bungert); Umschlagrückseite, S. 92 li., 115, 125, 126/127 (Le Figaro Magazine/Martin); S. 10 o. li.104/105, 259 (Gaff/Adenis); S. 234 (Heeb); S. 23 (hemis); S. 268 (hemis.fr/Gardel); S. 247 li., 262 (hemis.fr/Guiziou); S. 86/87 (hemis.fr/Hervé); S. 109 (hemis.fr/Maisant); S. 30, 141, 272 (hemis.fr/Moirenc); S. 57 (hemis.fr/Nicolas); S. 271 (Knechtel); S. 20/21, 186/187 (Krinitz); S.84 (Lange); S. 62/63 (Raach); S. 26, 230/231 (Siemers); S. 65 (Zelck)

Look, München: S. 251 (age fotostock/O'Hara); S. 139 (Bibikow); S. 76 (Friedel); S. 156 re., 166 (travelstock44); S. 179 (Wothe)

Mauritius Images, Mittenwald: S. 82 (Photononstop)

Camille Moirenc,Aix-en-Provence: S. 9, 10 o. re, 10 u. li, 11 o. li., 11 o. re, 11 u. re., 12/13, 25, 32/33, 40, 42/43, 46, 52, 55, 58, 60, 66, 69, 70, 73, 78/79, 90/91, 92 re., 93 li., 96/97, 98, 112, 118, 121 li., 146/147, 150, 154/155, 156 li., 157 li., 162/163, 169, 172, 182/183, 184, 188 li., 193, 196/197, 202, 210 li., 210 re., 211 li., 215, 216, 218/219, 222, 227, 233, 242/243, 245, 246 li., 246 re., 252, 254/255, 256, 266/267, 270, 278/279

Picture-Alliance, Frankfurt: S. 144 (AKG/Almasy); S. 75 (dpa); S. 10 u. li., 238/239 (maxppp/Photopqr/Bedus)

Visum, Hamburg: S. 120 li., 131 (Buellesbach); S. 134, 176/177 (Cooperphotos), Titelbild (Hanke)

Wischmann Jörg, Hamburg: S. 8

Kartografie

DuMont Reisekartografie, Fürstenfeldbruck

© DuMont Reiseverlag, Ostfildern

Umschlagfotos

Titelbild: Blick vom Jardin Exotique auf den Stadtteil Monaco-Ville
Umschlagklappe vorn: Kletterer in den Calanques

Hinweis: Autorin und Verlag haben alle Informationen mit größtmöglicher Sorgfalt geprüft. Gleichwohl sind Fehler nicht vollständig auszuschließen. Alle Angaben erfolgen ohne Gewähr. Bitte, schreiben Sie uns! Über Ihre Rückmeldung zum Buch und über Verbesserungsvorschläge freuen sich Autorin und Verlag: **DuMont Reiseverlag,** Postfach 3151, 73751 Ostfildern, info@dumontreise.de, www.dumontreise.de

2., aktualisierte Auflage 2011
© DuMont Reiseverlag, Ostfildern
Alle Rechte vorbehalten
Grafisches Konzept: Groschwitz/Blachnierek, Hamburg
Printed in Germany